FORMO

FOR

FORMO

中華民國政府對
海外臺灣獨立
以美國為中心

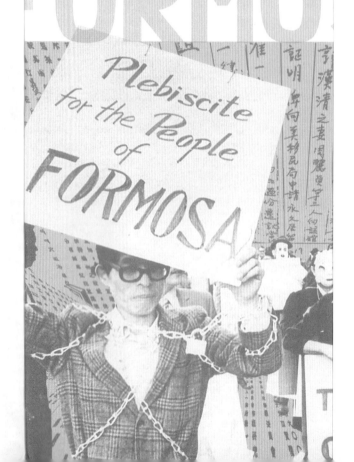

本書獲國史館國史研究獎勵

本書撰寫期間承蒙以下單位之獎補助

鄭福田文教基金會「台灣文史相關系所學位論文獎助金」

台北建成扶輪社「建成台文扶輪基金」

公益信託雷震民主人權基金會「雷震公益信託獎學金」

慈林教育基金會「慈河獎學金」

台灣教授協會「台灣研究優良碩博士論文獎助」

國立政治大學台灣史研究所「紀念石田浩教授台灣研究獎」

特此申謝

作者簡介

　　陳昱齊，台北人。台灣大學政治學系政治理論組學士（經濟系輔系）、政治大學台灣史研究所碩士，目前任職於立法院。著有學術論文〈國民黨政府對「異議言論」的因應策略：以《大學雜誌》為中心（1971-1975）〉、〈國民黨政府對美國台獨運動之因應：以 1960 年代護照延期加簽策略為中心〉等篇。

內容簡介

　　本書透過大量的一手史料探討中華民國政府如何因應挑戰其統治正當性與合法性的海外台灣獨立運動，並以對美國台獨運動之因應為中心。本書利用各單位所典藏之《外交部檔案》及美國外交檔案，輔以海外台獨團體所發行的刊物、文宣、相關當事人的回憶錄、口述訪談等資料，試圖以較系統性的方式探討中華民國政府如何從面對突發性海外台獨案例後，開始摸索因應機制，並進而在具體案例中實踐，事後又如何檢討成效、修訂策略，此歷程中又反映出哪一些侷限與挑戰，其如何（或無法）克服或跨越，乃至確立一套因應機制，整合性運用各種手法的過程。本書固然旨在探討這套因應海外台獨運動機制建立的過程，但事實上，因應機制背後更深層的關懷是，中華民國政府在面對異議人士及運動的挑戰下，如何動用黨國機器，以維護政權為名實則迫害人權，本書希望以堅實的史料為據與多方考證，為這段歷史留下公允的紀錄。

封面、封底圖片說明

　　封面圖片為 1971 年美國台獨人士於中華民國駐芝加哥總領事館前舉辦的「鎖鍊示威」，抗議者將鎖鍊綁在自己身上，象徵台灣人民被鎖鍊給禁錮著，無權決定自身的前途與命運，部分遊行者為了避免中華民國政府的「秋後算帳」不得不戴上面具，具體反映出那個年代要挺身對抗國民黨政權所需擔負的風險。該次「鎖鍊示威」的構想也在紐約聯合國大廈及日本東京同步舉行。圖片典藏於吳三連台灣史料基金會，感謝該會及楊宗昌先生同意使用。

　　封底圖片為 1971 年世界少棒賽，台獨人士租了一架小型飛機，機後拖曳著「台灣獨立萬歲 GO GO」標語，宣傳台獨理念。中華民國政府動員而來的使館人員及留學生見狀一時無法反制，遂與現場台獨人士發生肢體衝突，雙方都有人掛彩，而飛機就這樣在球場上空盤旋超過 40 分鐘，也得到當地媒體報導，算是台獨運動一次成功的宣傳出擊。圖片出自《台灣青年》。

薛化元教授序

　　有關台灣獨立運動的研究，早年以國外為中心，針對台灣的主權爭議問題，有不少的研究成果。近年來國內相關論文的產出，也有相當成果。相對地，有關台灣獨立運動本身，雖然陸續有研究論著的出版，仍以史料整理、回憶錄和口述歷史為大宗。而以國民黨當局對海外台獨運動的因應對策作為研究主題的專著，為數更少。陳昱齊的這本《中華民國政府對海外台灣獨立運動之因應：以美國為中心（1956-1972）》的出版，對於此一研究領域而言，無異於新添了生力軍。

　　我是陳昱齊碩士論文的指導教授，不過和他的認識，則早在他就讀台灣大學政治系大學部期間。那時陳昱齊投稿到我主持審查的一個獎學金，他的小論文論述清晰，引證有據，深得評審委員會的好評。後來，他高分考進政大台灣史研究所以後，對於史料的蒐集、考證用了不少功夫，而綜合、論證的能力也有超乎同儕的表現。整體而言，政大台灣史研究所從草創初期強調科際整合的訓練，陳昱齊的表現是一個相當不錯範例。

　　雖然困於經濟的壓力，必須打工擔任兼職的工作。陳昱齊對於碩士論文，更是全力以赴。從選擇題目的大方向開始，他就開始積極廣泛閱讀相關研究成果，蒐集相關的

史料，閱讀已經開放的檔案，同時展開其他外交檔案的調閱工作。作為一個歷史所的研究生，他充分展現了對於搜尋檔案、解讀檔案的興趣，並深刻認識到檔案在研究的重要性。但是，陳昱齊也意識到，由於官方檔案的內容，基本上是站在官方的立場發聲的，如果過度依賴官方的檔案，進行他的論文論述，也有可能成為當時官方意見的傳聲筒。因此，他相當程度掌握了作為研究者的分寸。既不會讓他自己的立場遮蔽了不同立場的史料，也沒有因為大量閱讀、使用官方檔案，而在浩瀚的檔案中滅頂。基於此一認知，陳昱齊也努力應用美國官方外交檔案的記錄、台獨運動關係人的回憶錄、口述歷史，讓這些當事人的意見可以和檔案在他的論文中對話。而且前述的對話，之所以有效，還必須是在研究者瞭解、掌握的外在歷史環境脈絡下進行。

　　前述的說法，在這本書即將出版前說得輕鬆，實際上對陳昱齊當時的研究而言，這是個嚴苛的考驗。他的研究主題，是涵蓋國民黨當局黨、政、軍、特不同的機制，如何因應海外台獨運動的發展。官方檔案和國民黨當局內部的說法，就是研究主題最重要的論述依據之一。戒慎恐懼地進行考證、比對，以免被檔案牽著鼻子走，對研究者的能力和耐力都是一大考驗。特別是，他意識到這個研究，不僅是對國民黨當局政策、作為的研究，也必須注意到政

策實施對人權傷害的面向，這也是歷史研究在台灣轉型正
義課題上的重要角色。

　　很高興，陳昱齊的努力，透過這本論文得到的獎勵，
受到高度的肯定。他除了成為好幾個獎學金的得主外，這
本學位論文由國史館出版，也是對他學術努力的重要肯
定。期待這本書的出版，可以引發研究者在此一研究領域
繼續深耕。

薛化元

2015/7/26

自　序

　　本書修改自我的碩士論文，很高興能以專書形式出版，讓更多人能夠接觸及瞭解本書所關心的主題。回想論文寫作的初衷，面對大批記載國民黨政府戰後統治台灣的檔案出土，總想著應該透過這些資料留下些什麼，透過不斷地閱讀與思考，終以希望「國民黨政府迫害人權的歷史應該如實地被記錄下來」作為論文寫作的初衷，如今論文即將出版，回頭檢視論文中的一字一句，應該已是夠水平的表現了！今日能夠透過「國家最高層級修史機構」國史館來出版，搭配本書的主題及論文宗旨，我想更是別具意義。

　　大學讀的是政治系，卻對「政治史」很不熟，對於「台灣政治史」更是陌生，對於外國政府的政治制度雖然能夠在考卷上振筆疾書，卻無法回答台灣政治制度的來由，這自然是與歷史教育有關，我雖然是「認識台灣」教科書前幾屆的受惠者，但若只從課本上要說對於台灣歷史有多少認識實在很慚愧。直到大三的某一天，當我照例徘徊在圖書館書架間漫無目的瀏覽架上圖書時，一套名為《自由中國選集》的套書吸引了我，中國就中國，自由中國是什麼東西？高中時雖然在教科書上讀過「自由中國」這個名詞，但大考完後已全無印象。在好奇心的驅使下便

翻閱了這套書，不翻則已，一翻就被裡面的每一篇文章給震懾住，裡頭以鏗鏘有力的文字批判國民黨政府各種違反人權、違反民主法治作為，著實讓我大開眼界，驚訝在1950年那個戒嚴威權的年代，竟然有刊物敢如此批判國民黨政府。這一次的閱讀經驗讓我對台灣歷史的想像產生很大的衝擊，迫使我開始大量閱讀台灣史的相關著作。適逢2007年公益信託雷震民主人權基金會舉辦首度的論文獎助活動，鼓勵學生以《自由中國》、雷震為主題撰寫論文，我便以《自由中國》為文本撰寫了一篇如今看起來不甚成熟的小論文並僥倖獲得獎助，在獎助的信心加持下，隔年再度投稿並獲獎，兩度撰寫的論文與當時政治系的課堂完全無關，卻讓我自得其樂，一頭栽進台灣史的領域中，在得獎的鼓勵下，讓我毅然決然轉換跑道，在政治大學台灣史研究所展開另一段旅程。

在政大台史所的期間，開始奠定走向台灣史研究的紮實基礎，最感謝的莫過於指導教師薛化元老師，薛老師的諸多著作都對我邁入戰後台灣史的研究領域有很大啟發，老師除了關心我的論文給予指點外，也關心我的生活情形，尤其是每逢經濟困難時，老師總是設法提供工讀機會並鼓勵我申請各種獎助學金，讓我無後顧之憂地專心在論文寫作上。本論文的完成也要感謝擔任口試委員的陳儀深及王泰升兩位老師，給予論文結構上的寶貴意見，讓我能

將論文調整至更切合主題。陳儀深老師對於海外台獨運動研究的長期投入是我寫作的重要參考，而王泰升老師對於學術研究的堅持與態度更讓我感佩不已也受惠良多。政大台史所的陳翠蓮老師、戴寶村老師、陳文賢老師、李福鐘老師、李衣雲老師、李為楨老師、林果顯老師、鍾淑敏老師、詹素娟老師、師大公民系的劉恆妏老師及中研院近史所的許文堂老師，無論是在學術知識的傳授上或是人生規劃，也都曾給我寶貴意見。

在本書修改過程中，張炎憲老師驟然逝世，老師生前致力於戰後政治案件的口述歷史、檔案整編等工作，對於任何一位研究戰後政治史的人來說都是相當具有參考價值的，本書便倚重老師所做的一系列有關海外台獨運動人士的口述訪談，在本書出版之際，也再次感謝老師為台灣人留下記錄的苦心。

此外，也要感謝政大圖書館數典組的譚修雯組長、柯雲娥小姐、張惠真小姐，讓我在偶然的機會能夠參與海外台灣民主運動史料數位化的計畫，對我在資料收集上提供莫大的幫助，也開拓我對於台灣民主運動發展的視野。

在研究所求學時期，除了課堂與論文寫作外，幸好所上有所壘隊，讓我有個可以強健體魄的地方，更難忘2010年花蓮史學杯的美好回憶！還有當然不可忘記的是所有研究所的同梯們，西瓜、孟濤、TT、君灝、南君、

小游、景雅、秀姿、雅玲、芊樺、昆諭、崇偉、昭宏、南旭、懷賢，感謝大家，能讓我與大家留下革命般的友誼。

　　本書的寫作過程中受到相當多單位的獎助支持，包含鄭福田文教基金會、台北建成扶輪社、公益信託雷震民主人權基金會、慈林教育基金會、臺灣教授協會、政大台史所的石田浩教授獎助金及國史館的國史研究獎助。尤其感謝國史館願意出版這本「政治不正確」的論文，肯定本書在學術研究上的價值，也感謝廖文碩協修等在編輯上的協助，讓本書能順利出版。

　　當然，必須感謝我的父母，對於我轉換跑道念台灣史，你們不但沒有反對，反而鼓勵我勇敢去追尋，是我最大的後盾。最後，要感謝從研究所到現在一路陪伴我的冠瑜，妳使我體認到人生除了「唸書」外，還有很多值得探索與追求的領域，使我這個書呆子也能走出書本，擁抱書本之外的世界，感謝妳帶給我的這一切。

陳昱齊

2015/7/20

目　次

表　次

圖　次

緒　論

一、研究動機與目的

　　1945 年 8 月 15 日，第二次世界大戰在日本天皇宣布投降後劃下休止符，對於台灣人而言，將是繼 50 年日本殖民統治後另外一個新局面的到來。經過短暫的社會混亂與騷動後，多數台灣人以愉悅心情迎接前來接收的「祖國」，然而在高度期待的背後，迎接台灣人的卻是政治上的貪污腐敗、差別待遇、對台灣人人格的屈辱（台人奴化論）[1]、經濟上嚴重的通貨膨脹，終至 1947 年爆發二二八事件。隨後全島性規模的清鄉綏靖，更導致台灣社會菁英被剷除大半。[2] 1949 年底，國民黨領導的中華民國政府敗退來台，在「反共復國」的最高國策下，以「肅清異己」、「保密防諜」為名所造成的白色恐怖，迫使台灣人不得不對政治採取「噤聲」的態度。然而，卻有一群台灣人選擇在海外展開反對國民黨政權的運動，並發展成台灣獨立運動。

---

[1]　陳翠蓮，〈去殖民與再殖民的對抗：以一九四六年「台人奴化」論戰為焦點〉，《台灣史研究》，第 9 卷第 2 期（2002 年 12 月），頁 145-201。

[2]　行政院研究二二八事件小組，《二二八事件研究報告》（台北：時報文化，1994 年），頁 3-44。

　　1950 年代中後期起，台灣有越來越多赴海外求學的留學生，相較於台灣島內嚴密的政治控制與肅殺的社會氛圍，這些在異國求學的台灣留學生得以沐浴在多元思潮之中，並享有更多的言論與思想自由，有更多機會接觸到、聽聞到不同於中華民國政府在島內的宣傳，部分的台灣留學生進而在異國的自由環境中，重新認識了自己的家鄉（是台灣而非中國），對於國民黨統治下的台灣重新評量，懷疑過去所受教育與被灌輸的政治教條之合理性，對於二二八事件、白色恐怖有了不同於官方版本的瞭解，對於「台灣為中國一部分」之台灣地位論述產生質疑，經歷一場政治上的重新「啟蒙」，而集上述「政治啟蒙」於大成的便是在海外所推動的台獨運動，該運動無疑是台灣人在海外歷經政治啟蒙後的一個重要「成果」。

　　對於中華民國政府而言，「台灣獨立」的訴求自然與其「台灣為中國一部分」之立場嚴重衝突，而海外台獨運動對其統治的種種抨擊、質問，關於台灣地位歸屬的論述，更是對其統治台灣的「正當性」與「合法性」構成雙重挑戰。雖然中華民國政府總是給海外台獨人士戴上「叛國者」、「數典忘祖」的大帽子，也在公開的場合中不斷強調所謂的「台灣獨立」，不過是「一小撮人」的「荒謬主張」，是「分裂祖國」的「險惡陰謀」，是共產勢力用以打擊台灣民心士氣的「詭計」。然而，海外台獨運動不

斷茁壯發展卻也是不爭的事實，中華民國政府除了用這些帶有強烈價值批判意味的言詞回擊外，究竟採取了什麼樣的因應策略來「對付」海外台獨運動，目前還未見太多的研究成果。

　　面對展開於海外的台獨運動，對中華民國政府而言，最大的挑戰莫過於「鞭長莫及」。換言之，在管轄範圍之外的「海外地區」，中華民國政府無法像壓制台灣島內反對聲浪般採取「如己意」的手段。因此，堅決反對台獨主張的中華民國政府，如何因應在海外不斷「茁壯」乃至「整合」的台獨運動，其因應手法、策略及反制機制，就是一個相當值得研究的課題。

　　選擇這個題目的另一個原因在於，筆者曾發表〈1971年中華民國對聯合國代表權的因應策略〉及〈國民黨政府對「異議言論」之因應策略──以《大學雜誌》為例（1971-1975）〉兩篇文章，[3] 兩文共同關注戰後中華民國政府對於重大內外挑戰的因應作為。本研究關於中華民國政府對海外台獨運動之因應，可說是上述研究取徑下的進一步擴大延伸。

　　在研究對象方面，本文將以美國台獨運動為具體討論

---

[3]　分別發表及刊登於：台灣歷史學會、國立台北教育大學台灣文化研究所主辦之「2010 全國研究生歷史學論文發表會」；《台灣風物》，第 61 卷第 3 期（2011 年 9 月），頁 75-115。

對象。美國不論就外交或是內政等方面均對當時在台灣的中華民國政府有相當影響力。美國台獨運動所訴諸的對象中，美國政府與民間亦是重要一環。因此，探討在美國的台獨運動，自有其重要意義。美國台獨運動開始於 1956 年盧主義、陳以德等人成立的「台灣人的自由台灣」（Formosans' Free Formosa），這是美國境內第一個以推動台灣獨立為宗旨的組織，也是 1970 年初，日本、美國、加拿大及歐洲等地台獨團體整合成立世界性「台灣獨立聯盟」的前身。中華民國政府因應海外台獨運動最重要的組織：「海外對匪鬥爭工作統一指導委員會」也成立於 1956 年，此外，配合本文倚重的《外交部檔案》，目前大體開放至 1972 年，[4] 因此，本研究將研究時段定在 1956 年至 1972 年，將討論時限擴及至 1970 年代初期，正好可以窺見經歷 1950、60 年代與台獨運動的屢屢交鋒後，中華民國政府因應機制之確立，以及面對 1970 年代台獨運動組織整合性的發展，該機制又遭遇到什麼樣的挑戰與困難。

最後，必須說明本書題目「中華民國政府」一詞的意義。基本上，在本文研究時期內的「中華民國政府」，其

---

[4] 本研究所倚重的典藏於台北中央研究院近代史研究所之《外交部檔案》，雖然開放至 1975 年，但台獨運動的相關檔案，以至 1972 年者較為完整。

運作是透過以黨領政、以黨領軍的黨國體制，主導政府運作的事實上是「國民黨」，就本文所討論的對海外台獨運動之因應而言，「國民黨」扮演相當重要的角色。然而，若涉及公權力行使或是外交行動等國家行為時，則必須由「政府」為之。而當時的政府是由國民黨主政，因此，有的研究會以「國民黨政府」或「國民黨政權」來指稱。綜上所述，本文所稱「中華民國政府」，實際上指涉的對象包含了「國民黨」（黨）與「政府」兩個體系。

二、文獻回顧

在一般論述方面，陳銘城的《海外台獨運動四十年》、[5] 陳銘城與施正鋒主編的《台灣獨立建國聯盟的故事》[6] 二書就海外台獨運動有一般性的概述。李逢春等人所著《風起雲湧：北美洲台灣獨立運動之發展》，是第一本以美國台獨運動為題的著作，雖非學術作品，但由於作者均為實際運動參與者，因此得以引用一些一手文獻及口述訪談，對於初步理解美國台獨運動有所助益。[7]

在學術研究方面，將分以下數類來回顧：

5　陳銘城，《海外台獨運動四十年》（台北：自立晚報，1992 年）。
6　陳銘城、施正鋒主編，《台灣獨立建國聯盟的故事》（台北：前衛出版社，2000 年）。
7　李逢春等，《風起雲湧：北美洲台灣獨立運動之發展》（Kearny, N.J.：世界台灣獨立聯盟，1985 年）。

（一）海外台獨運動研究

在日本台獨運動的研究方面，目前以廖文毅所領導的台獨活動較受到研究者關注，如黃富三〈戰後在日台人之政治活動：以林獻堂、廖文毅為中心〉、[8] 陳欣欣的碩士論文〈廖文毅與「台灣共和國臨時政府」〉、[9] 許瓊丰〈戰後日本的台灣獨立運動：以廖文毅及其台灣共和國臨時政府為中心〉、[10] 陳正茂〈戰後台獨運動先驅：廖文毅與「台灣再解放聯盟」初探〉、[11] 陳慶立《廖文毅的理想國》[12] 等，都是以相關官方檔案為主，試圖拼湊出廖文毅在日本領導台獨運動之情況。蔡佳真的碩士論文〈二二八事件後之海外台獨運動，1947-1970〉，[13] 雖然名為「海

---

[8] 黃富三，〈戰後在日台人之政治活動：以林獻堂、廖文毅為中心〉，2004 年度財團法人日台交流中心歷史研究者交流事業報告書（2005 年 6 月）。

[9] 陳欣欣，〈廖文毅與「台灣共和國臨時政府」〉（台北：淡江大學公共行政學系公共政策碩士論文，2006 年）。

[10] 許瓊丰，〈戰後日本的台灣獨立運動：以廖文毅及其台灣共和國臨時政府為中心〉，發表於中央研究院台灣史研究所主辦，「台灣人的海外活動國際學術研討會」（2011 年 8 月 25 日至 26 日）。

[11] 陳正茂，〈戰後台獨運動先驅：廖文毅與「台灣再解放聯盟」初探〉，《台北城市大學學報》，第 35 期（2012 年 5 月），頁 361-382。

[12] 陳慶立，《廖文毅的理想國》（台北：玉山社，2014 年）。

[13] 蔡佳真，〈二二八事件後之海外台獨運動 1947-1970〉（台中：東海大學歷史所碩士論文，2005 年）。

外台獨運動」研究，實則以日本的廖文毅與「台灣青年社」的台獨運動為討論主軸。

　　與本研究最為相關的美國台獨運動方面，在台灣主要有吳錦煊的碩士論文〈「世界台灣獨立聯盟」組織發展與實力分析〉[14] 與陳佳宏的《海外台獨運動史：美國「台獨」團體之發展與挑戰：50 年代中至 90 年代中》，[15] 兩人雖皆以美國台獨團體為研究的核心，但受限於使用之資料，對於美國台獨運動之組織型態、成員組成及活動等情形，都待進一步考察。陳佳宏的《台灣獨立運動史》，[16] 雖然將探討的時限由 1945 年拉至 2000 年，討論的地域更橫跨上海、香港、日本、美國、島內等地，但對於美國台獨運動的發展，並未側重在中華民國政府因應的面向。

　　在外文方面的研究，Douglas Mendel 在 1970 年出版的 *The Politics of Formosan Nationalism*，[17] 親身觀察於寫作當時在美、日兩地的台獨運動發展，並運用口述

[14] 吳錦煊，〈「世界台灣獨立聯盟」組織發展與實力分析〉（桃園：中央警察大學警政研究所碩士論文，1985 年）。

[15] 陳佳宏，《海外台獨運動史：美國「台獨」團體之發展與挑戰：50 年代中至 90 年代中》（台北：前衛出版社，1998 年）。

[16] 陳佳宏，《台灣獨立運動史》（台北：玉山社，2006 年）。該書書評見許維德，〈評陳佳宏著《台灣獨立運動史》〉，《台灣國際研究季刊》，第 3 卷第 3 期（2007 年 9 月），頁 237-264。

[17] Douglas Mendel, *The Politics of Formosan Nationalism* (Berkeley: University of California Press, 1970).

訪談、私人信件與台獨刊物等一手史料，鋪陳海外台獨運動在 1970 年之前的發展歷程。Claude Geoffroy 的博士論文，後來翻譯成中文出版的《台灣獨立運動：起源及 1945 年以後的發展》，[18] 對於台獨運動的發展歷史，尤其是海外部分著墨有限。此外，Mei-ling T. Wang [19] 與 Kuo-Yang Tang [20] 兩人對於美、日台獨運動的著墨也大多倚靠二手文獻，不過兩者大量參考美國報紙（主要是 *The New York Times*）的投書與報導，啟發筆者使用這類史料的視野。許維德 "Who Joined the Clandestine Political Organization? Some Preliminary Evidence from Overseas Taiwan Independence Movement" 一文，[21] 將焦點放在分析誰參加海外台獨運動？作者對 14 位海外台獨運動者進行

---

[18] Claude Geoffroy 著，黃發典譯，《台灣獨立運動：起源及 1945 年以後的發展》（台北：前衛出版社，1997 年）。

[19] Mei-ling T. Wang, *The Dust that Never Settles: the Taiwan Independence Campaign and U.S.-China Relations* (Lanham: University Press of America, 1999).

[20] Kuo-Yang Tang , "The formation and decline of the Taiwan independence organization in the United States of America 1950's-1990's: A case study of social organization." (MA thesis, University of Missouri - Columbia, 2005).

[21] Wei-der Shu, "Who Joined the Clandestine Political Organization?: Some Preliminary Evidence from Overseas Taiwan Independence Movement," in Stephane Corcuff, eds., *Memories of the Future: National Identity Issues and the Search for a New Taiwan* (Armonk, New York: M.E. Sharpe, 2002), pp.47-69.

訪談，探討他們參加台獨運動的動機、加入過程，並以簡單的統計來分析其族群背景、年齡分布、參與運動時的年紀、性別、出生地、學歷、職業等。雖然有「取樣代表性」的問題，但分析參與者背景、構成的研究方法，對筆者深具啟發性。

張文琪〈海外台灣人運動刊物介紹——其涵蓋的意義及所反應的歷史條件〉、[22] 許維德〈發自異域的另類聲響：戰後海外台獨運動相關刊物初探〉，[23] 與藍適齊〈再討論戰後海外台獨運動相關刊物及「海外台灣人史」〉等文，[24] 則針對當時海外台獨團體發行的刊物，提供了分類、起迄時間、形式、主要負責人等基本資料，雖仍有需要補充或修正的部分，但對於本研究所欲參考的刊物已能建立基本性的認識。

（二）台獨運動者的主張、思想

張炎憲〈戰後初期台獨主張產生原因的探討：以廖

---

[22] 張文琪，〈海外台灣人運動刊物介紹——其涵蓋的意義及所反應的歷史條件〉，《台灣史料研究》，第 16 號（2000 年 12 月），頁 130-136。

[23] 許維德，〈發自異域的另類聲響：戰後海外台獨運動相關刊物初探〉，《台灣史料研究》，第 17 號（2001 年 5 月），頁 99-155。

[24] 藍適齊，〈再討論戰後海外台獨運動相關刊物及「海外台灣人史」〉，《台灣史料研究》，第 18 號（2002 年 3 月），頁 99-109。

家兄弟為例〉、[25] 吳叡人〈祖國的辯證：廖文奎（1905-1952）台灣民族主義思想初探〉[26]、楊欽堯的博士論文〈二二八事件前後廖文毅思想轉變之研究〉[27] 三文，分析廖文奎與廖文毅兩兄弟台獨主張產生的原因和轉變。陳儀深〈台獨主張的起源與流變〉一文，[28] 主要分析戰後台獨主張的起源與流變，對於海外台獨運動者，如廖文毅、史明、王育德、黃昭堂、盧主義、陳隆志等人的台獨主張，有概略性分析。政大圖書館出版之《左翼台灣》內收錄多篇關於研究史明思想的文章。[29] 柳金財〈國府遷台以來反對勢力台獨論述的形成、理論建構與轉型〉[30] 與〈台獨論述理論的建構：以史明、彭明敏、黃昭堂及陳隆志為中心的探討〉二文，[31] 同樣對於島內外台獨論述的發展歷程有

25　張炎憲，〈戰後初期台獨主張產生原因的探討：以廖家兄弟為例〉，收入陳琰玉、胡慧玲編，《二二八學術討論會論文集（1991）》（台北：二二八民間研究小組，1992 年），頁 279-304。

26　吳叡人，〈祖國的辯證：廖文奎（1905-1952）台灣民族主義思想初探〉，《思與言》，第 37 卷第 3 期（1999 年 9 月），頁 47-100。

27　楊欽堯，〈二二八事件前後廖文毅思想轉變之研究〉（台中：中興大學歷史學系研究所博士論文，2013 年）。

28　陳儀深，〈台獨主張的起源與流變〉，《台灣史研究》，第 17 卷第 2 期（2010 年 6 月），頁 131-169。

29　國立政治大學圖書館數位典藏組編，《左翼・民族》（台北：國立政治大學圖書館，2013 年），頁 129-255。

30　柳金財，〈國府遷台以來反對勢力台獨論述的形成、理論建構與轉型〉，《台灣史料研究》，第 17 號（2001 年 5 月），頁 71-98。

31　柳金財，〈台獨論述理論的建構：以史明、彭明敏、黃昭堂及陳隆

概要性分析，後文尤著重在海外台獨運動者的論述。

　　許維德的博士論文 "Transforming National Identity in the Diaspora: An Identity Formation Approach to Biographies of Activists Affiliated with the Taiwan Independence Movement in the United States"（在流離中轉變國家認同：以認同形成取向來分析美國台獨運動參與者的傳記），[32] 則以彭明敏、吳木盛、蔡同榮、陳錦芳、莊秋雄、陳芳明等六位美國台獨運動者的傳記為中心，分析他們在國族認同上的轉變過程。嚴婉玲的碩士論文〈1960 年代《台灣青年》的民族主義論述〉，[33] 則是以日本台獨團體「台灣青年社」所發行的機關刊物《台灣青年》為主要史料，探究其民族主義論述。

（三）中華民國政府對海外台獨活動的因應

　　近來隨著《外交部檔案》的開放利用，與本論文相關

志為中心的探討〉，收入胡健國編，《二十世紀台灣歷史與人物：第六屆中華民國史專題論文集》（台北：國史館，2002 年），頁 1449-1486。

[32]　Wei-der Shu, "Transforming National Identity in the Diaspora: An Identity Formation Approach to Biographies of Activists Affiliated with the Taiwan Independence Movement in the United States," (Ph.D. dissertation, Syracuse University, 2005).

[33]　嚴婉玲，〈1960 年代《台灣青年》的民族主義論述〉（台北：政治大學台灣史研究所碩士論文，2010 年）。

的研究也已有一些成果。如陳佳宏〈被放逐的鳳凰——戰後「中華民國政府」對「台灣共和國臨時政府」成立之因應與策略〉，[34] 與陳慶立〈廖文毅在日台獨活動與國民黨政府的對策〉[35] 兩文探討中華民國政府對廖文毅在日台獨活動之因應；陳儀深針對彭明敏與海外台獨運動之間的關係，寫有〈彭明敏與海外台獨運動（1964-1972）——從《外交部檔案》看到的面向〉一文；[36] 王景弘〈美國外交檔案中的「彭明敏案」〉一文，[37] 則以美國外交檔案為主，討論美方對於彭明敏案的關注，從美方紀錄中亦可窺探出中華民國政府對彭明敏，尤其是其與海外台獨運動合流的疑慮，並設法加以阻止的過程。陳儀深另外針對1970 年的四二四刺蔣案，寫有〈1970 年刺蔣案：以《外

---

[34] 陳佳宏，〈被放逐的鳳凰—戰後「中華民國政府」對「台灣共和國臨時政府」成立之因應與策略〉，收入作者，《鳳去台空江自流——從殖民到戒嚴的台灣主體性探究》（台北：博揚文化，2010年），頁 65-104。

[35] 陳慶立，〈廖文毅在日台獨活動與國民黨政府的對策〉，《台灣風物》，第 63 卷第 2 期（2013 年 6 月），頁 41-70。

[36] 陳儀深，〈彭明敏與海外台獨運動（1964-1972）——從《外交部檔案》看到的面向〉，收入《台灣 1950-1960 年代的歷史省思：第八屆中華民國史專題論文集》（台北：國史館，2007 年），頁 221-241。

[37] 王景弘，〈美國外交檔案中的「彭明敏案」〉，收入彭明敏，《自由的滋味》（台北：玉山社，2009 年），頁 264-288。

交部檔案》為主的研究〉；[38] 陳翠蓮、嚴婉玲針對 1968 年日本台獨運動者柳文卿遭日方遣返案，有〈1960 年代政治反對人士強制遣返政策初探：以柳文卿案為中心〉一文。[39] 上述研究對於理解中華民國政府於特定台獨活動案件中之因應有所助益。

　　陳美蓉〈國府統治時期對海外留學生的監控：以日本為例〉，[40] 與許建榮〈國府統治時期對海外留學生的監控——以美國為例〉兩文，[41] 則皆以中華民國政府對海外留學生之監控為題，前文利用官方檔案試圖鋪陳政府對海外留學生監控的一套機制架構，並以陳中統、柳文卿兩案為例說明；後文雖未使用檔案，且其探討的對象並非都是台獨運動的從事者或支持者，但透過口述訪談與參考當時美國報刊的報導，對於理解中華民國政府在海外壓制或監

---

[38]　陳儀深，〈1970 年刺蔣案：以《外交部檔案》為主的研究〉，收入《戰後檔案與歷史研究：第九屆中華民國史專題論文集》（台北：國史館，2008 年），頁 1073-1093。

[39]　嚴婉玲、陳翠蓮，〈1960 年代政治反對人士強制遣返政策初探：以柳文卿案為中心〉，收入《戰後檔案與歷史研究：第九屆中華民國史專題論文集》，頁 873-906。

[40]　陳美蓉，〈國府統治時期對海外留學生的監控：以日本為例〉，收入張炎憲、陳美蓉主編，《戒嚴時期白色恐怖與轉型正義論文集》（台北：吳三連台灣史料基金會，2009 年），頁 363-382。

[41]　許建榮，〈國府統治時期對海外留學生的監控——以美國為例〉，收入張炎憲、陳美蓉主編，《戒嚴時期白色恐怖與轉型正義論文集》，頁 323-362。

控「異議份子」的方式，提供了當事人一方的說法。湯熙勇〈戰後台灣駐美外交人員對留美學人學生的態度〉一文，[42] 也利用部分的《外交部檔案》，呈現駐美外交人員對台灣留美學生的觀察與評價，焦點雖不在台獨運動者，但與許建榮的文章一樣，提供我們駐外機構對駐在國「異議份子」的觀察視角，頗具參考價值。曾咨翔在其碩士論文〈台灣國際地位與中國流亡政府〉中的第四章「國民黨對海外台灣人壓制」，[43] 則對於當時中華民國政府對海外台獨運動的因應做了一個比較概略性的探討。

綜上所述，可以發現關於海外台獨運動之研究集中於日本，其中又以廖文毅所領導的活動最受到關注，不過對於日本各台獨團體及美、日台獨團體間的來往互動、交流乃至整合的過程都未深入探究。而本研究所關心的美國台獨運動，既有研究的探討仍相當有限，多半僅引述《海外台獨運動四十年》、《台灣獨立建國聯盟的故事》或是當事人的回憶來做陳述，而未能利用當時各團體所發行的刊物及官方檔案等一手史料，有關團體組織型態、成員組成、活動內容、主張等都有待進一步的考察。

---

[42] 湯熙勇，〈戰後台灣駐美外交人員對留美學人學生的態度〉，收入李又寧編，《華族留美史：160 年的學習與成就論文集》（紐約：天外，2009 年），頁 137-155。

[43] 曾咨翔，〈台灣國際地位與中國流亡政府〉（台北：政治大學台灣史研究所碩士論文，2010 年）。

　　在台獨運動者的主張、思想研究方面，既有研究多針對個別的台獨運動者，就其言論、傳記等資料，分析其台獨論述的發展歷程或國族認同轉變的過程；或針對單一台獨團體的機關刊物來分析其民族主義的論述。

　　近年來隨著《外交部檔案》的開放利用，部分研究者開始利用該批檔案，試圖拼湊出海外台獨運動特定事件的具體過程及中華民國政府的應對手法，對於理解當時中華民國政府對特定事件的因應策略及該事件本身的大致輪廓已有些許積累，但受限於主題、篇幅及關懷焦點不同，多停留在個案分析，尚未能針對中華民國政府應對海外台獨運動之手法、策略乃至整套的機制，進行全面性的整理與考察，而這正是本研究嘗試突破的地方。

　　就研究價值而言，本研究一方面可以補足既有研究中關於美國台獨運動發展及中華民國政府因應的不足，另一方面亦可和已有初步研究成果的對日本台獨運動的因應作對照，究明中華民國政府對兩地台獨運動，在因應手法、策略上之異同，並可為其對島內政治異議活動之因應提供比較與對照的案例。

三、研究方法與史料

　　本研究將利用包括官方檔案、台獨刊物、已出版的口述訪談、時人回憶錄、著作、傳記及當時報刊雜誌等文

獻，相互對照驗證，究明中華民國政府因應海外台獨運動
之策略。以下概略介紹本研究所使用的各種史料。

官方檔案方面，本研究倚重中研院近史所、檔案管
理局、國史館等單位所典藏之《外交部檔案》[44] 及《美國
外交檔案》，如 *Foreign Relations of the United States*。
在台獨刊物部分，主要仰賴吳三連台灣史料基金會、台
灣大學及中研院等地的收藏，重要者如 *Ilha Formosa*、
Formosagram、*Independent Formosa*、《台灣青年》、
《台獨月刊》等。口述資料部分，近幾年來在陳儀深、張
炎憲[45] 等人的努力下，海外台獨人物的口述歷史有相當可
觀的成果，如《一門留美學生的建國故事》、[46]《青春·
逐夢·台灣國系列 2：披種》、[47]《青春·逐夢·台灣
國系列 3：發芽》、[48]《青春·逐夢·台灣國系列 6：釘

---

[44] 由於本書所引用的《外交部檔案》多數典藏於中央研究院近代史
研究所檔案館，為節省篇幅，文中若未特別註明典藏處者，表示
典藏於此，若是典藏於國史館或檔案管理局者將另外註明。

[45] 張炎憲老師於 2014 年 10 月 3 日於美國進行口述歷史採訪時逝
世，在生命的最後一刻仍在為台灣人留下歷史紀錄，令人感佩又
不捨，在此註記以為追念。

[46] 張炎憲、曾秋美主編，《一門留美學生的建國故事》（台北：吳
三連台灣史料基金會，2009 年）。

[47] 張炎憲、曾秋美、沈亮訪問，《青春·逐夢·台灣國系列 2：披
種》（台北：吳三連台灣史料基金會，2010 年）。

[48] 張炎憲、曾秋美、沈亮訪問，《青春·逐夢·台灣國系列 3：發
芽》（台北：吳三連台灣史料基金會，2010 年）。

根》、[49]《海外台獨運動相關人物口述史》、[50]《海外台獨運動相關人物口述史續篇》、[51]《建國舵手黃昭堂》[52] 等。吳三連台灣史料基金會出版的《自覺與認同：1950-1990 年海外台灣人運動專輯》[53] 也收錄部分當事人的說法，對於釐清台獨運動本身的發展甚有助益。此外，當時運動者所留下的回憶錄、著作集、自傳及國內外各種報刊，如 *The New York Times*、*The Washington Post*、《中央日報》等亦是本研究所倚重的材料。

四、章節安排

本書在章節安排上，除緒論與結論外，共分五章，各章架構如下：

第一章「戰後海外台獨運動的發展」。本章分三節，第一節為海外台獨運動之源起，討論戰後台灣社會如何從

---

[49] 張炎憲、沈亮主編，《青春‧逐夢‧台灣國系列 6：釘根》（台北：吳三連台灣史料基金會，2013 年）。

[50] 陳儀深訪問，簡佳慧等紀錄，《海外台獨運動相關人物口述史》（台北：中央研究院近代史研究所，2009 年）。

[51] 陳儀深訪問，林東璟等紀錄，《海外台獨運動相關人物口述史續篇》（台北：中央研究院近代史研究所，2012 年）。

[52] 黃昭堂口述，張炎憲、陳美蓉採訪整理，《建國舵手黃昭堂》（台北：吳三連台灣史料基金會，2012 年）。

[53] 張炎憲、曾秋美、陳朝海編著，《自覺與認同：1950-1990 年代海外台灣人運動專輯》（台北：吳三連台灣史料基金會，2005 年）。

熱烈歡迎「祖國」到民心思變，進而在二二八事件後讓台獨主張有滋長的機會並從「海外」發展成有組織性的運動。第二節及第三節則針對戰後海外台獨運動主要發展的兩個區域——日本與美國，探究兩地台獨運動之發展，作為後續討論的基礎。

第二章「因應海外台獨運動之組織與機制」。本章分兩節，第一節旨在探討中華民國政府因應海外台獨運動相關組織之設立，討論其如何在「對匪鬥爭」的框架下，建構相關因應組織，其沿革與成員組成。第二節則以對台獨言論及示威遊行活動之反制為例，探討中華民國政府如何從台獨運動一次次不斷的行動中建立起因應機制，及從中遭遇到的困難及挑戰。

接下來的兩章則將焦點鎖定在中華民國政府因應海外台獨運動兩項最重要的手法，分別是運用忠貞學生及護照延期加簽。第三章「反台獨先鋒：『忠貞學生』之運用」。本章將探討面對以留學生為主體及校園為基地的台獨運動，中華民國政府如何運用同在校園且具備學生身分的「忠貞學生」反制台獨運動的相關活動，並以台灣同學會、校園文宣戰及世界青少棒賽為例，具體討論「忠貞學生」在其中扮演的角色。第四章「返鄉路迢迢：對台獨運動人士居留問題之處理」。本章將處理中華民國政府如何運用政府公權力，透過護照延期加簽之權限，試圖對台獨

運動人士之居留問題產生困擾，進而迫使其放棄台獨運動之過程，以及台獨人士的回應。

　　第五章「1970 年代初期代表性台獨運動案例之因應分析」。本章將以 1970 年代初期兩個最具代表性的台獨活動案例為中心：彭明敏逃出台灣及刺蔣案，將分析的視角擴及中華民國政府與美國政府就台獨問題之交手，一方面分析中華民國政府在上述個案中的因應策略，另一方面則檢視前面幾章所談的各種因應策略在 1970 年代的運用，是否有所改變及遭遇到的挑戰與侷限。

　　最後說明幾個可能會混淆而本文經常使用之用語：

台籍留學生：本文沿用當時（本文研究斷限，下同）中華
　　民國政府的用語，指台灣省籍（亦稱本省籍）的留學
　　生。

台灣留學生：泛指台灣來的留學生，不特意區分其省籍背
　　景，包含台灣省籍及其他省籍者。

中國同學會：指台灣來的留學生所組成的同學會，雖然成
　　員都來自台灣（包含台灣省籍及其他省籍者），但在
　　當時的時空背景下，普遍以「中國同學會」為名，只
　　有少數學校另外成立以「台籍留學生」為主體的「台
　　灣同學會」。本文所指涉的「中國同學會」與 1970
　　年代後期，中華人民共和國開放留學後，其留學生所
　　成立的「中國同學會」並不相同。此外，本文所指的

「中國同學會」也是指主動或被動配合中華民國政府反制台獨活動的團體。

台灣同學會：指部分具台獨意識或台灣主體意識的台灣留學生所組成的同學會，成員以台灣省籍者為主。在本文研究斷限內，「台灣同學會」的成立很大程度是為了與既存的「中國同學會」做區隔。

台籍人士：本文沿用當時中華民國政府的用語，係指台灣省籍者。

第一章　戰後海外台獨運動的發展

　　本章將先對戰後海外台獨運動之源起做討論，說明戰後台灣社會如何從對「祖國」的滿心期盼到高度失望乃至絕望，而在「民心思變」的過程當中，台灣社會對於未來前途又有何別於「復歸祖國」的看法與態度，而二二八事件又是如何影響到台獨運動的興起，以及「海外」作為台獨運動發展起點的原因。第二節及第三節則探討海外台獨運動的主要兩個基地——日本與美國的發展情形，包含主要運動團體的沿革、重要活動及其在運動歷史上的角色定位，以作為下兩章討論中華民國政府因應海外台獨運動之背景與基礎。

第一節　海外台獨運動之源起

　　台獨運動作為一個有組織及具備明確理論基礎的運動是在戰後才發展起來的，戰後國民政府「接收」統治的「失政」及二二八事件等因素，無疑是催生台獨運動的重要推手，但這不代表戰前台灣歷史的發展與戰後的台獨運動之間完全無關連。事實上，從鄭氏時期與清朝間的對抗、清領時期的各種抗官及反抗活動，乃至日治時期近代化統治體制所造成的台灣人共同體意識等，都為戰後台獨

運動的發展提供國族認同的基礎。[1] 不過，以下將焦點集中至戰後，探討面對戰後統治者更替的新局勢，台灣人民對於台灣前途的看法歷經怎麼樣的變化，而這樣的變化又如何促成海外台獨運動的發展。

一、熱迎「祖國」到民心思變

1945 年 8 月 15 日，第二次世界大戰在日本天皇宣布投降後終於劃下休止符，對台灣人而言，將是繼 50 年日本殖民統治後另外一個新局面的到來。大體而言，台灣社會對於即將前來接收的「祖國」，大多懷抱高度期待，歡慶「祖國」的言論屢見於報刊。[2] 為求早點融入「新祖國」，台灣社會更掀起一股「祖國熱」，面對新的「國語」、「國旗」、「國歌」，多數台灣人無不認真學習。有關這股「祖國熱」，陳逸松的回憶最為生動：

---

[1] 陳儀深，〈台獨主張的起源與流變〉，《台灣史研究》，第 17 卷 2 期（2010 年 6 月），頁 160。

[2] 如當時台灣社會流傳一首「歡迎歌」：「台灣今日慶昇平，仰首青天白日青，六百萬民同快樂，壺漿簞食表歡迎。哈哈！到處歡聲，哈哈！到處歡聲，六百萬民同快樂，壺漿簞食表歡迎！」充分反映出當時多數台灣人對「祖國」前來「接收」的態度。朱昭陽口述，吳君瑩記錄，林忠勝撰述，《朱昭陽回憶錄：風雨延平出清流》（台北：前衛出版社，1994 年），頁 99-100；李筱峰，《島嶼新胎記》（台北：自立晚報，1993 年），頁 14。有關當時歡慶「光復」之言論可見曾健民編著，《一九四五光復新聲：台灣光復詩文集》（台北：印刻，2005 年）。

台灣人不僅在學唱國歌，也在努力講國語，……
台灣人不分男女老幼，都自動自發認真學
習。……到九月中，台北街道青天白日滿地紅的
國旗迎風飄揚，孫中山和蔣介石的掛像到處可
見，商店改名了，蔣渭川的「日光堂」也變成
「三民書局」了。這一切的舉動與反射，顯現出
台灣人的歡欣與對祖國的嚮往，正如一個長年被
遺棄的孤兒，如今要重回母親的懷抱，完全無
知，沒有任何懷疑，只有一味的純真，滿腔的激
情，迫不及待地企盼祖國接收大員的早日到臨，
其他的一切，似乎都無暇計及，也似乎都不重要
了。[3]

多數台灣人確實在「光復」之初對「祖國」抱持極大
熱誠，就像小孩重回母親懷抱一般，希望能在「祖國」的
帶領下，拋開過去被日本統治者視為二等公民的處境，作
自己的主人，共同為建設「新台灣」來打拼。然而，「祖
國」不但未解除台灣人身上原有的殖民枷鎖，反而成為新
的「殖民者」，指控台灣人受到日本統治的「奴化」，以
不諳「國語文」為由，將台灣人排除在政府體系之外，新

---

[3] 陳逸松口述，吳君瑩記錄，林忠勝撰述，《陳逸松回憶錄：太陽旗
下風滿台》（台北：前衛出版社，1994 年），頁 299。

的統治者並未帶來新的氣象，反而帶來貪污腐敗、牽親引戚、徇私舞弊的惡習，經濟上的統制政策導致物價飆漲，民眾失業及飢餓的情況嚴重，連帶致使社會治安惡化。[4] 在二二八事件爆發前，社會輿論就已經預告「山雨欲來風滿樓」的情勢。《前鋒》雜誌就指出，台灣人民經過「接收」一年多以來各種政經上不平等遭遇與痛苦生活後，已由「光復」之初對執政者的「熱望」，一步步往「希望」、「失望」的方向後退，《前鋒》更預言未來可能演變成「絕望」的局面。[5] 另一個民間輿論的指標《民報》則直言台灣社會已面臨「朱門酒肉臭，路有餓死骨」的情勢，「天堂」與「地獄」同時存在於台灣社會，《民報》對當政者提出嚴重警告，指出若是人民的痛苦到了「喊不出聲」時，「其爆發之烈也，有不易猜測之處」，希望執

4　有關「光復」至二二八事件爆發前台灣社會的動盪情況見行政院研究二二八事件小組，《二二八事件研究報告》（台北：時報文化，1994年），頁3-44；張炎憲等，《二二八事件責任歸屬研究報告》（台北：二二八事件紀念基金會，2006年），頁13-42；葛超智 (George H. Kerr) 著，陳榮成翻譯，《被出賣的台灣》（台北：前衛出版社，1991年），頁117-250；李筱峰，〈從《民報》看戰後初期台灣的政經與社會〉，《台灣史料研究》，第8號（1996年12月），頁98-122；吳純嘉，〈人民導報研究（1946-1947）—兼論其反映出的戰後初期台灣政治、經濟與社會文化變遷〉（桃園：中央大學歷史研究所碩士論文，1999年）。

5　社論，〈新人，新生，與新年〉，《前鋒》，第11期（1947年1月1日），頁1-2。

政者要及時補救。[6]

　　上述輿論的擔憂或是預言，在因查緝私煙所引爆的二二八事件當中得到驗證與實現。其實，在事件爆發前，已有部分的台灣人重新思考「光復」之意義，對台灣前途的走向，也不再只有「回歸祖國」一種想法。隨著台灣社會動盪不安的加劇，社會上開始出現質疑台灣地位已定（歸屬中國），提議聯合國託管台灣、公投獨立、人民自決等各種對於台灣前途的不同看法。

　　1946 年 6 月，黃紀男以「台灣青年同盟」主席名義，提出一份請願書，請美國駐台領事葛超智（George H. Kerr，1911-1992）轉交給聯合國及美國政府，希望台灣能在聯合國的監督下，舉行公民投票，成為像瑞士一般的中立國。[7] 同年 7 月，黃紀男（時任職台電公司）又趁英國派團來台考察日月潭電廠復原情形時，將上述請願書之副本偷偷投到一位團員的房間中，希望他能將公投獨立的訴求轉達到國際上去。[8] 1947 年 1 月，則出現由 William Huang 領銜，共有 150 個團體代表署名，代表超過 800 人的集體請願行動，欲透過美國駐台領事館轉

6　社論，〈老百姓的隱痛〉，《民報》，1947 年 2 月 10 日，版 2。

7　黃紀男口述，黃玲珠執筆，《老牌台獨：黃紀男泣血夢迴錄》（台北：獨家，1991 年），頁 146。

8　黃紀男口述，黃玲珠執筆，《老牌台獨：黃紀男泣血夢迴錄》，頁 146-147。

送給美國國務卿馬歇爾將軍（George C. Marshall，1880-1959）。[9] 請願書中除對當前統治者的施政表達痛苦、失望之外，更對台灣地位之歸屬提出質疑，認為「在聯合國與日本的和約締結之前，台灣還未完全歸還給中國」（Formosa has not yet perfectly returned to China before the Peace Treaty concludes between the United Nations and Japan），並指出要解決當前台灣社會的問題，必須藉由聯合國在台灣的聯合行政，暫時切斷台灣與中國之間的政經關係。[10]

---

[9] 請願書之副本見蘇瑤崇編，《葛超智先生相關書信集（上）》（台北：台北市二二八紀念館，2000 年），頁 305-308；該請願書也被葛超智寫入 *Formosa Betrayed* 中，中文翻譯見葛超智著，陳榮成翻譯，《被出賣的台灣》，頁 250-252。關於請願書的日期，收入在《葛超智先生相關書信集（上）》副本上面的日期為 1947 年 1 月 15 日，而 *Formosa Betrayed* 也提到 1947 年 1 月 15 日，有一群年輕領袖草擬了一份至少 150 人簽名的請願書，準備呈送給馬歇爾將軍，這份請願書於同年 2 月中旬送達美國駐台北領事館。在美國外交檔案中，收錄一份駐中國大使司徒雷登給國務卿的電文，提到台北領事館於 3 月 3 日來的電文中表示，今天收到一份 141 個簽名（代表 807 人）致馬歇爾將軍的請願書。*FRUS, 1947. Volume VII, The Far East: China.*, pp.429-430. 王景弘，《第三隻眼看二二八》（台北：玉山社，2002 年），頁 45-46。

[10] 原文為 In conclusion we dare say that the shortest way of the Reformation of the Provincial Government is wholly to depend upon the United Nations Joint Administration in Formosa, and cut the political and economical concern with China proper for some years. Otherwise we the Formosans will apparently become the stark naked. 蘇瑤崇編，《葛超智先生相關

1947 年 1 月 18 日，《前鋒》雜誌在台北中山堂舉辦「青年座談會」，研討中華民國憲法公布後之局勢。有一青年提問，台灣在國際法上的地位如何？政治學者廖文奎答以，雖然根據「開羅宣言」（The Cairo Declaration），台灣歸屬「祖國」，「光復」時台灣人民亦是非常熱望「祖國」的到來，然而，「我二個月前頭一次回台視察，看見今天鄉土的荒廢實在流淚不止」。廖文奎認為根據民主的原則及「大西洋憲章」（The Atlantic Charter），「台灣的命運是可由台灣人決定的」。[11] 換言之，廖文奎主張人民的

書信集（上）），頁 306-308；葛超智著，陳榮成翻譯，《被出賣的台灣》，頁 251-252。根據蘇瑤崇的研究，請願者所請求的「暫時切斷台灣與中國之間的政經關係」，乃是希望能讓台灣在政治、經濟上達到獨立自主，但最後仍將回歸中國，與後來台獨人士主張聯合國託管台灣一段時間後，舉辦公民投票，決定是否獨立成新的國家有所不同。*Confidential U.S. State Department Central Files: China*, 1945-1949：Internal Affairs. 檔　號：893.00/3-547、893.00/3/647。轉引自蘇瑤崇，〈葛超智（George H. Kerr）、託管論與二二八事件之關係〉，《國史館學術集刊》，第 4 期（2004 年 9 月），頁 158。

[11] 「大西洋憲章」第二條是：領土的調整必須符合當地人民的意願（territorial adjustments must be in accord with the wishes of the peoples concerned）；第三條是所有人均有自決權（all peoples had a right to self-determination）。前鋒編輯部，〈青年座談會〉，《前鋒》，第 14 期（1947 年 2 月 8 日），頁 11-12。張炎憲的文章引用廖史豪的口述資料稱，廖文奎在該次座談會提到台灣國際地位仍未定，國民政府統治台灣僅是臨時性的。不過，在《前鋒》上所刊載的座談會記錄上並未寫到此點；日後正式出版廖史豪的口述

自決權是高於「開羅宣言」的，因此，即便台灣根據「開羅宣言」而回歸「祖國」，不過，人民仍有權決定自己的前途。廖文奎所說「台灣的命運是可由台灣人決定的」，若是對照前一年他在〈台灣往何處去？〉一文中所提出台灣未來前途的三種可能性，當可推論廖文奎希望台灣像愛爾蘭一樣，成為獨立的國家。[12]

上述有關公投獨立、聯合國在台的聯合行政、人民自決等暫時脫離中國或獨立成新國家的主張，雖非當時的主

資料中也沒有提及這一點。張炎憲，〈戰後初期台獨主張產生原因的探討：以廖家兄弟為例〉，收入陳琰玉、胡慧玲編，《二二八學術討論會論文集（1991）》（台北：二二八民間研究小組，1992年），頁288。

[12] 三種可能性分別是：（1）台灣是否和1860年以後，統一義大利的薩丁尼亞一樣，成為統一中國的基地；（2）台灣像處於德法邊界的阿爾薩斯、洛林一樣，被列強占領瓜分。1870年普法戰爭後，阿爾薩斯、洛林由普魯士占領，1919年轉由法國占領，1940年又被德國占領，二次大戰又重新劃歸法國；（3）台灣是否像愛爾蘭一樣，成為獨立的國家。十二世紀以來，愛爾蘭受英國的統治，1949年成立「愛爾蘭共和國」。經過長期的奮鬥，愛爾蘭才達成民族獨立的願望。關於這篇文章的寫作時間，吳叡人根據1946年11月廖文奎在台灣所出版的《比較公民訓練》封底著作表中已列出該篇文章，推測該文寫作時間約在1946年中。張炎憲的文章雖然引用該篇文章，不過未註明出處，筆者也未能找到原文進行比對。張炎憲，〈戰後初期台獨主張產生原因的探討：以廖家兄弟為例〉，頁288-289；吳叡人，〈祖國的辯證：廖文奎（1905-1952）台灣民族主義思想初探〉，《思與言》，第37卷第3期（1999年9月），頁79。

流意見，卻已反映出部分台灣人民不願意再受中國政府統
治的態度。而當時民意的主流是主張在既有的憲政架構
下，爭取更多台灣人自治的空間，以解決當前社會的各種
問題與困境。[13] 在上述廖文奎發表「人民自決」主張的同
一場合，與會的邱炳南[14] 就反對「台灣獨立」，認為不符
合世界潮流，主張根據憲法實現「以台治台」的地方自
治；廖文毅也認為應該依據憲法來爭取台灣的民主，還提
議組織自治法研究會。[15] 在此之前，廖文毅於主張「聯省
自治」時也強調「聯省」的目的在於爭取「自治」而非
「獨立」。[16]《民報》上也屢見在民主憲政的原則上爭取
「地方自治」的呼聲。[17] 換言之，台灣人民縱使批判陳儀

---

[13] 蘇瑤崇，〈葛超智（George H. Kerr）、託管論與二二八事件之關係〉，頁 159。

[14] 邱炳南即邱永漢（1924-2012），在《前鋒》雜誌上發表許多有關台灣經濟的文章，後來在日本參加台獨運動。1972 年 4 月 2 日，自日本返台，宣布脫離「偽叛亂組織」（指台獨聯盟日本本部）。《中央日報》，1972 年 4 月 3 日，版 3。

[15] 前鋒編輯部，〈青年座談會〉，頁 12-13。「自治法研究會」於1947 年 2 月 2 日成立，旨在研究促進台灣實行憲政的各種方法，並推派宋進英、顏春和、蔡章麟、邱炳南及蕭友山等人進行初步研究。《前鋒》，第 15 期（1947 年 2 月 21 日），頁 26。

[16] 社論，〈憲法公佈後之台灣〉，《前鋒》，第 13 期（1947 年 1 月16 日），頁 2-3。

[17] 社論，〈爭取地方自治〉，《民報》，1946 年 8 月 29 日，版 1；社論，〈謝南光氏歸台——台胞們心機一轉〉，《民報》，1946年 9 月 13 日，版 2；社論，〈嚴辦貪官與實施自治〉，《民

政府貪污腐敗、特權橫行、統制經濟等之不當，但多以「自治」作為解決之道。[18] 不過，陳儀及南京中央政府無視台灣人民所提出的改革要求，而將人民的舉動視為「叛亂」，強行以武力鎮壓的結果，使得台灣人民對於「祖國」的寄望徹底破滅。

二、二二八事件與台獨運動之展開

二二八事件當時，雖然許多台灣人被以「倡議台灣獨立」、「宣傳台灣獨立自治」、「鼓動獨立」、「提出獨立口號」、「意欲台灣獨立」遭逮捕。[19] 不過，當時不論是二二八事件處理委員會或旅外台灣人團體所提出的各項改革建議中，均未提出「台獨」主張，如「二二八事件處理委員會」的「告全國同胞書」中，將二二八事件定調為「肅清貪官污吏」，「爭取本省的政治改革」，最後還高呼「中華民國萬歲！國民政府萬歲！蔣主席萬歲」；[20]

報》，1946 年 9 月 16 日，版 1；社論，〈奮勇爭取民主政治〉，《民報》，1946 年 9 月 18 日，版 1；社論，〈限期完成地方自治〉，《民報》，1946 年 9 月 25 日，版 1。

18　張炎憲、胡慧玲、曾秋美，《台灣獨立運動的先聲：台灣共和國》，上冊（台北：吳三連台灣史料基金會，2000 年），總論 5-6。

19　陳佳宏，《台灣獨立運動史》（台北：玉山社，2006 年），頁 79-81。

20　《台灣新生報》，1947 年 3 月 7 日，版 1；林元輝編註，《二二八

處委會所提出的 32 條要求中，表達出以「台人治台」的「高度自治」來解決當前社會困境的態度。[21] 在上海由 6 個台灣人團體所組成的「台灣二二八慘案聯合救援會」所提出的要求也是立即在台灣實行自治，省長、縣長民選。[22] 換言之，二二八事件發生當時，多數台灣人民仍希望透過「高度自治」來化解當時社會所面臨的各項問題，不過，國民政府處理的不當，尤其是不分青紅皂白的鎮壓及隨後的綏靖清鄉，以暴力手段平息台灣社會對於政經社會改革的呼聲，終讓部分的台灣人民體認到「回歸祖國」最殘酷的現實，因此，萌生或是強化脫離中國而獨立自主的想法，誠如作家李喬所言：

> 台灣人經二二八的洗禮，心痛惶惑之餘，精神領
> 域中的「文化祖國」虛偽化了，卻可能「創造」
> 自己的文化認同；台灣人對於「國家」產生根本

事件台灣本地新聞史料彙編》，第 1 冊（台北：二二八基金會，2009 年），頁 90-91。

[21] 行政院研究二二八事件小組，《二二八事件研究報告》，頁 68。

[22] 《益世報》（上海），1947 年 3 月 6 日。轉引自李祖基編，《「二二八」事件報刊資料彙編》（台北：海峽學術，2007 年），頁 243-244。該會 3 月 9 日向南京中央政府提出五項要求當中，第一項仍重申「立即允許台灣地方自治，省縣市長一律民選」。張炎憲，〈戰後初期台獨主張產生原因的探討：以廖家兄弟為例〉，頁 290-296。

的迷惑了，然而卻也深化確定了「台灣意識」、
「台灣人意識」，進而凝成動力——建造屬於自
己的國家。[23]

不論是親身經歷或是親屬受害，乃至透過家庭教育，
二二八事件無疑是播下「建造屬於自己的國家」的種子。
許多日後在台獨運動中扮演要角者，多受到二二八事件
的影響，如事件前就主張公投獨立的黃紀男說，二二八
事件是加強他台獨理念與思想的重要轉捩點，使他對台
獨理念更加堅定。[24] 原本僅主張「聯省自治」的廖文毅在
事件後也遠走海外展開台獨運動，他認為台灣人在經過
二二八事件「大屠殺」的經驗後，對於「聯邦自治」的幻
想已全然消失，取而代之的是「台灣人的台灣」的「台灣
獨立」。[25] 彭明敏的父親曾在事件當時參與和政府間之談
判，但卻被以暴力相待，後來雖獲釋，但對於中國政治的
幻想已徹底破滅，甚至以自己身上的華人血統感到可恥，
彭明敏日後走向台獨，發表〈台灣人民自救宣言〉的遠

---

[23] 李喬，〈「二二八」在台灣人精神史的意義〉，收入張炎憲、陳
美蓉、楊雅慧編，《二二八事件研究論文集》（台北：吳三連台
灣史料基金會，1998 年），頁 407。

[24] 黃紀男口述，黃玲珠執筆，《老牌台獨：黃紀男泣血夢迴錄》，
頁 169。

[25] 廖文毅，《台灣民本主義》（東京都：台灣民報社，1956 年），
頁 110。

因，與其父親的遭遇應有關係。[26] 二二八事件更成為長輩「訓誡」子女的重要「負面教材」，二二八事件當時才六歲，日後留學美國後投入台獨運動的陳希寬就回憶：

> 他（按：陳希寬的父親）教我們要認清自己是台灣人，中國不是我們的祖國。二二八事件讓他發現中國人的奸詐，國民黨政府的腐敗，中國人居然敢如此殺死那麼多無辜的台灣菁英，無理劫奪台灣人的財產。二二八事件的教訓，透過爸媽的講解，是我一生當中上過最重要的歷史課，也是我毅然走向台獨運動的最大理由。[27]

透過這樣的家庭教育，也在當時蒙懂無知的陳希寬心中埋下台獨種子。

二二八事件可說是戰後台獨運動發展最重要的起源，[28] 提供台獨運動批判中華民國政府統治台灣及追求台

---

[26] 彭明敏，《自由的滋味》（台北：李敖，1991 年），頁 71。彭明敏認為二二八事件是台灣命運的重要分水嶺，更為台獨運動開啟了源頭，且日趨強化與深刻。〈彭明敏先生口述記錄〉，收入魏永竹、李宣峰主編，《二二八事件文獻補錄》（南投：台灣省文獻委員會，1994 年），頁 162-163。

[27] 〈陳希寬訪談記錄〉，收入張炎憲、曾秋美主編，《一門留美學生的建國故事》（台北：吳三連台灣史料基金會，2009 年），頁 159。

[28] 陳儀深，〈台獨主張的起源與流變〉，頁 160。

灣獨立正當性的重要素材，台獨運動者更將之視為「國殤」。[29] 從廖文毅成立「台灣共和國臨時政府」，王育德、黃昭堂等人組織「台灣青年社」，乃至美國台獨聯盟首度的公開記者會，都是選在 2 月 28 日這一天進行，就可知這一天在台獨運動中的象徵意義。

殘酷的鎮壓及隨後的清鄉綏靖，乃至 1949 年之後的戒嚴統治，不只造成許多寶貴性命的喪失，也導致台灣人長期對政治感到恐懼與冷漠。[30] 在白色恐怖的氛圍下，多數台灣人對於「二二八事件」乃至對台灣前途之不同看法多只能採取「噤聲」態度，以免惹禍上身。中華民國政府透過高壓統治，封鎖不同意見的發聲管道。不過，卻有人選擇流亡到海外從事反對蔣政權的運動，並發展成台獨運動；此外，台灣島內窒悶的政治環境，也讓許多台灣青年選擇遠赴國外留學，在多元思潮及同鄉刺激等因素影響

---

[29] 1969 年 2 月 28 日，全美台灣獨立聯盟發表一份紀念二二八事件的文稿（FORMOSAN NATION SPEAKS ITS HEART ON FEBRUARY 28TH MEMORIAL DAY），《台灣青年》翻譯成中文時，標題即為「二二八國殤紀念日台灣民族對美宣言」。《台灣青年》，第 101 期（1969 年 4 月 5 日），頁 24-29。1987 年，在美國由北美洲台灣人教授協會、全美台灣同鄉會舉辦的「二二八事件四十週年紀念學術討論會」，會後出版的論文集，其副標題即為「台灣人國殤事件」。陳芳明編，《二二八事件學術論文集：台灣人國殤事件的歷史回顧》（台北：前衛出版社，1988 年）。

[30] 張炎憲等，《二二八事件責任歸屬研究報告》，頁 77-79。

下，也讓部分的台灣青年展開政治上的重新「啟蒙」，認同乃至於投入台獨運動的行列。對中華民國政府而言，所謂的台獨運動者不過是「一小撮人」的「荒謬主張」，是「分裂祖國」的「險惡陰謀」，是共產勢力用以打擊台灣民心士氣的「詭計」；然而，海外台獨運動日益蓬勃發展卻也是實際趨勢，中華民國政府雖然極力在島內掩蓋此一事實，但終究不得不起身因應，這個嚴重威脅到其自身存在根基的運動。以下兩節將先討論日本與美國兩地台獨運動的發展狀況，作為接下來兩章討論中華民國政府因應對策之基礎。

第二節　日本的台獨運動

　　戰後的台獨運動受限於島內的政治環境，是以「海外」為基地而發展起來的，其中日本與美國是主要活動的區域，加拿大與歐洲雖然也有台獨運動的發展，但相較於前兩地，不論就人數或是活動力上都較小，因此，本文將集中討論日本與美國的台獨運動。[31] 本節將先討論日本。

---

[31]　有關加拿大與歐洲台獨運動之發展可見林哲夫，〈加拿大的台灣人運動〉；張英哲，〈1970-2000 年歐洲台灣人的社會—政治運動〉，收入張炎憲、曾秋美、陳朝海編著，《自覺與認同：1950-1990 年海外台灣人運動專輯》（台北：吳三連台灣史料基金會，2005 年），頁 125-202；陳儀深訪問，簡佳慧等紀錄，《海外台

日本的台獨運動，大體可分成兩支系統，一支是以廖文毅為領導中心，具體組織包含「台灣民主獨立黨」及「台灣共和國臨時政府」；另一支則是王育德、黃昭堂等人成立的「台灣青年社」。前者又因為各種因素衍生、分裂出許多派別與組織，但都與廖文毅的組織有關。[32] 以下便分這兩大系統來討論日本的台獨運動，說明其組織沿革及重要活動，並對其在台獨運動史上的定位作一評價。

一、廖文毅領導的台獨運動

廖文毅所領導的台獨運動是海外台獨運動的濫觴，其實在「光復」初期，廖文毅非但沒有「台獨」思想反而稱中國為「祖國」，高呼「中華民國萬歲」，認為台灣人流著的是大陸民族的血統，「我們的國家是世界五大強國中的大中華民國」，[33] 這與他後來從事台獨運動後所提的

獨運動相關人物口述史》，頁 521-585；〈叛偽在歐活動〉，《外交部檔案》，檔號：406/0047；〈台獨辜寬敏；台獨歐炯雄；台獨林榮勳；加拿大台獨運動；台獨柳文卿〉，《外交部檔案》，檔號：406/0032。

32　許瓊丰，〈戰後日本的台灣獨立運動：以廖文毅及其台灣共和國臨時政府為中心〉，頁 6，發表於中央研究院台灣史研究所主辦，「台灣人的海外活動國際學術研討會」，2011 年 8 月 25-26 日。

33　廖文毅，〈告我台灣同胞——發刊辭〉，《前鋒》，光復紀念號（1945 年 10 月 25 日），頁 2-3。

「台灣民族混血論」大異其趣。[34] 二二八事件前，廖文毅主張「聯省自治」時，也特別強調「聯省」的目的在於爭取「自治」而非「獨立」。[35] 此外，廖文毅也參與省參議員選舉，創辦《前鋒》雜誌針貶時政，積極投入戰後台灣的復興，對於長官公署的施政雖感到不滿，但也未主張以「台獨」作為台灣前途的另一個選項。促使廖文毅轉向「台獨」的關鍵是二二八事件，雖然在事件前廖文毅就已離台赴上海，是透過當地報紙才得知二二八事件，隨即結合旅外台灣人團體組成「台灣二二八慘案聯合救援會」，再三向中央政府呼籲將陳儀撤職查辦、調查事件真相、允許台人自治等。廖文毅（及其兄廖文奎）雖然有「不在場證明」，但仍被以「幕後策動指示野心份子實行事變策略」為由列名「二二八事件首謀亂在逃主犯名冊」，成為通緝要犯。[36]

1947 年 6 月，廖文奎、廖文毅、林本土、陳炳煌、王麗明五人在上海成立「台灣再解放聯盟」，並由廖文

---

[34]　廖文毅，《台灣民本主義》（東京都：台灣民報社，1956 年），頁 40。

[35]　社論，〈憲法公佈後之台灣〉，《前鋒》，第 13 期（1947 年 1 月 16 日），頁 2-3。

[36]　中央研究院近代史研究所編，《二二八事件資料選輯（六）》（台北：編者，1997 年），頁 255-262。

奎署名向國際媒體投書，批評國民政府在台之失政。[37] 同年 7 月，後來加入「台灣再解放聯盟」的黃紀男趁美國派巡迴大使魏德邁（Albert C. Wedemeyer，1897-1989）訪台時，透過美國駐台總領事遞交請願書，表示「二二八事件證明了國民黨無能統治台灣人的事實，對於如此一個暴虐無道的政權，我們呼籲應賦予台灣依照「大西洋憲章」的精神，讓台灣人民享有自決之權。其次，台灣人應有權利派代表參與對日和約，並有為其日後命運，透過公民投票的方式決定之權利。」[38] 請願書中明確訴求台灣人享有透過公投決定自身前途的主張。同年 9 月，黃紀男前往上海與廖文奎會面，透過金陵大學校長貝斯（Miner S. Bates，1897-1978）的引介，到南京拜訪美國駐中國大使司徒雷登（Leighton Stuart，1876-1962），說明二二八事件情況，請美國政府在聯合國提案，讓台灣人在聯合國的監督下舉行公投，決定自己的前途。[39] 同年 10 月，「台灣再解放聯盟」在上海召開記者會，由黃紀男向外國媒體

---

[37] 張炎憲、胡慧玲、曾秋美，《台灣獨立運動的先聲：台灣共和國》，上冊，頁 34。

[38] 黃紀男口述，黃玲珠執筆，《老牌台獨：黃紀男泣血夢迴錄》，頁 169。*FRUS* 中並未找到有關該請願書的資料。

[39] 黃紀男口述，黃玲珠執筆，《老牌台獨：黃紀男泣血夢迴錄》，頁 173；張炎憲、胡慧玲、曾秋美，《台灣獨立運動的先聲：台灣共和國》，上冊，頁 93-94。

說明二二八事件的真相及事件後台灣的情勢，內容與對魏德邁與司徒雷登所言相同。[40] 之後，黃紀男又拜訪美國駐上海總領事蔡斯（Augustus S. Chase），內容仍不出之前的請願與記者會內容。[41] 同年 11 月 1 日，廖文毅以「台灣再解放聯盟」宣傳部負責人為名，向在日本的盟軍統帥麥克阿瑟（Douglas MacArthur，1880-1964）提出請願書，希望麥克阿瑟能規劃一個計畫來「重新解放」六百萬台灣人（formulate a plan to RE-LIBERATE our six million people），並允許他們這些流亡者能進入日本以便進一步說明台灣人的希望，請願書最後提出六點訴求，希望麥克阿瑟納入考慮：（1）立即引進民主制度；（2）規劃台灣人政府；（3）復原農工業；（4）釋放在二二八事件中被捕者及撤銷「叛亂」通緝名單；（5）調查陳儀的失政及在二二八事件中的屠殺行為；（6）讓台灣舉辦公投，由台灣人自己決定未來地位。[42] 由以上一連串的請願、拜會各界人士的動作來看，廖文毅、黃紀男等人在 1947 年

---

[40] 黃紀男口述，黃玲珠執筆，《老牌台獨：黃紀男泣血夢迴錄》，頁 175；張炎憲、胡慧玲、曾秋美，《台灣獨立運動的先聲：台灣共和國》，上冊，頁 94。

[41] 黃紀男口述，黃玲珠執筆，《老牌台獨：黃紀男泣血夢迴錄》，頁 176。

[42] *Confidential U.S. State Department Central Files: Formosa, 1945-1949: Internal Affairs.* 檔號：894A.01/1-1248。

二二八事件後就已明確主張台灣人民應透過公投來決定自己的前途。

　　廖文毅等人為求進一步擴展聯盟力量，遂前往香港。1948 年 2 月 28 日，廖文毅以上海「台灣再解放聯盟」為基礎重新改組，由其擔任主席，黃紀男擔任秘書長。[43] 香港「台灣再解放聯盟」成立後，秘書長黃紀男積極會見各方人士，包含外國記者，各國駐香港代表等，重申為對陳儀政府的控訴及以公投方式達成台獨的主張。[44] 之後，廖文毅又指派黃紀男到日本去，透過各種關係會見日本黨政要員，宣傳台獨主張；[45] 同年 9 月 1 日，香港「台灣再解放聯盟」以七百萬台灣人的名義，向聯合國提出託管請願，主張由聯合國暫時託管台灣，再由台灣人民以公投方

---

[43] 有關香港「台灣再解放聯盟」成立時間有多種說法，這邊根據的是黃紀男的說法。黃紀男口述，黃玲珠執筆，《老牌台獨：黃紀男泣血夢迴錄》，頁 188；各種說法之討論見陳佳宏，《台灣獨立運動史》，頁 184，註 15。根據黃紀男的說法，香港「台灣再解放聯盟」成立時，廖文毅還主張台灣能與國民政府組成聯邦，但黃紀男力主應以爭取台灣獨立為聯盟主要宗旨。

[44] 黃紀男口述，黃玲珠執筆，《老牌台獨：黃紀男泣血夢迴錄》，頁 190-191；張炎憲、胡慧玲、曾秋美，《台灣獨立運動的先聲：台灣共和國》，上冊，頁 96。

[45] 黃紀男口述，黃玲珠執筆，《老牌台獨：黃紀男泣血夢迴錄》，頁 197-212；張炎憲、胡慧玲、曾秋美，《台灣獨立運動的先聲：台灣共和國》，上冊，頁 96-98。

式決定是要隸屬中國或是獨立自主；[46] 對於台灣應該在聯
合國監督之下舉行公投決定前途，廖文毅與黃紀男持續抱
著高度期望。1949 年 1 月及 2 月間，再度接連向麥克阿
瑟與聯合國遞交請願書。[47] 隨後廖文毅又前往馬尼拉宣傳
台獨。[48]

　　香港政府雖然對於言論自由極為尊重，不過對於廖文
毅從事政治活動仍有所疑慮，加上香港在國共內戰後已成
為雙方勢力鬥爭之地，台獨運動難有發展空間，廖文毅遂
在 1949 年底前往日本，另覓發展空間。[49] 先在 1950 年 2

---

[46] 台灣獨立聯盟，〈台湾独立運動の全貌〉，《日本週報》，第 147
期（1950 年 4 月 15 日），頁 20；廖文毅，《台湾民本主義》，
頁 110。黃紀男口述，黃玲珠執筆，《老牌台獨：黃紀男泣血夢迴
錄》，頁 204-205。根據黃紀男的說法，請願書並透過當時駐日的
合眾社遠東分社社長霍爾布萊特（Earnest Horbright）的協助，發
出通訊報導。黃紀男稱與霍爾布萊特是於 1948 年 7 月間見面，這
篇通訊報導是見面的隔日所發出；台灣的《公論報》因刊載該則
電訊而遭停刊 5 日處分。不過，筆者查閱 1948 年 7 月間的《公論
報》，並未看到該則電訊，該時期前後的《公論報》也並無停刊
狀況。此外，該請願書也託廖史豪的二妹婿黃雲裳帶至歐洲，寄
給歐洲各聯合國會員會。張炎憲、胡慧玲、曾秋美，《台灣獨立
運動的先聲：台灣共和國》，上冊，總論 8。

[47] *Confidential U.S. State Department Central Files: Formosa, 1945-
1949: Internal Affairs.* 檔號：894a.01/2-949. 黃紀男口述，黃玲珠執
筆，《老牌台獨：黃紀男泣血夢迴錄》，頁 223。

[48] 廖文毅，《台湾民本主義》，頁 112。

[49] 黃紀男口述，黃玲珠執筆，《老牌台獨：黃紀男泣血夢迴錄》，頁
226、269；張炎憲、胡慧玲、曾秋美，《台灣獨立運動的先聲：

月 28 日在京都舉行二二八件事三週年紀念會，為在日本從事台獨活動暖身。[50] 雖然 3 月間，廖文毅被以偷渡及違法從事政治活動為由遭盟軍總部逮捕，關了 7 個月，不過監獄管理並不嚴，使得廖文毅在繫獄期間仍能聯合在日台灣人團體，並於 5 月 17 日將「台灣再解放聯盟」改組為「台灣民主獨立黨」，由廖文毅及黃南鵬擔任正副主席，成為當時日本台獨的領導中心。[51] 6 月，台灣民主獨立黨向聯合國提出請願書，持續呼籲將台灣置於聯合國託管之下，三年後由台灣人民投票決定是否獨立。[52]

在廖文毅轉往日本之前，「台灣再解放聯盟」台灣地下工作委員會就在台灣運作，由黃紀男與廖史豪主其事，拜訪各地仕紳與政治人物，藉以散播台獨思想及吸收同志，北中南各地都有人負責發展當地活動，甚至曾經研議組織特別行動隊，打算從事武裝革命。不過，1950 年 5

台灣共和國》，上冊，總論 9。

50　陳佳宏，《台灣獨立運動史》，頁 171。

51　「台灣民主獨立黨」乃結合吳振南的「台灣公民投票促進會」及林白堂的「台灣民主獨立同盟」等台灣人團體所組成。台灣獨立聯盟，〈台湾独立運動の全貌〉，頁 21；廖文毅，《台湾民本主義》，頁 111-112；有一說認為盟軍總部逮捕廖文毅乃是一種保護措施，一方面可以向國民黨政府交代，另一方面也讓廖文毅免於被遣返回台灣。張炎憲、胡慧玲、曾秋美，《台灣獨立運動的先聲：台灣共和國》，上冊，頁 48、121。

52　廖文毅，《台湾民本主義》，頁 111。

月，多人遭到逮捕，島內台獨發展並不順利。[53]

　　1955 年 2 月，台灣民主獨立黨發生分裂，黃南鵬因與廖文毅在運動路線上有所歧異，退黨另組「台灣獨立聯盟」。[54] 廖文毅也隨即改組台灣民主獨立黨，由吳振南出任副主席，並決議成立台灣臨時國民議會籌備處。同年 9 月 1 日，台灣臨時國民議會正式成立，由吳振南、鄭萬福任正副議長；11 月 27 日，國民議會通過「台灣共和國臨時政府組織條例」，決議設立台灣共和國臨時政府。1956 年 2 月 28 日，台灣共和國臨時政府正式成立，並發表「獨立宣言」，由廖文毅出任大統領，副統領為吳振南，台灣臨時國民議會也更名「台灣共和國臨時議會」，[55] 同年 9 月 1 日，臨時議會通過「台灣共和國臨時憲法」，將台灣共和國定位在承繼 1661 年鄭成功王國及 1895 年台灣民主國之傳統，領土範圍涵蓋台澎及新南群島。[56]

---

[53] 廖文毅，《台湾民本主義》，頁 112-113；黃紀男口述，黃玲珠執筆，《老牌台獨：黃紀男泣血夢迴錄 》，頁 241-257；張炎憲、胡慧玲、曾秋美，《台灣獨立運動的先聲：台灣共和國》，上冊，頁 41-45；李世傑，《台灣共和國臨時政府大統領廖文毅投降始末》（台北：自由時代，1988 年），頁 68-71。

[54] 《台湾の聲》，創刊號（1955 年 9 月 1 日）。該刊為「台灣獨立聯盟」的機關刊物。

[55] 許瓊丰，〈戰後日本的台灣獨立運動：以廖文毅及其台灣共和國臨時政府為中心〉，頁 8。

[56] 憲法內容包含國民權利義務、總統職權、行政府、立法府、司法府、地方自治、國家財政、國家產業、文化教育、特殊地域、憲法

　　臨時政府成立後，卻不斷面臨賣官醜聞、國民黨滲透分化及內部派別分裂等因素之影響，至 1957 年左右即「惡評」不斷。[57]而臨時政府的成員自稱「大統領」、「大臣」、「議員」也遭人譏笑為「大頭病」。[58]面對台獨陣營的分裂情勢，廖文毅雖然於 1960 年 1 月，成立「台灣獨立統一戰線」，試圖統合日漸分歧的台獨勢力，但成效不彰。[59]1961 年 2 月 28 日，統一戰線最高委員張春興結合原台灣民主獨立黨財政部長廖明耀、臨時政府文化部部長劉吶明等人另組「台灣自由獨立黨」。[60]1962 年起，反廖文毅的台獨團體接連成立，如邱永漢的「台灣獨立同志社」、吳振南的「台灣獨立革命評議委員會」

修正，全部條文見《自由台湾》，第 1 期（1960 年 2 月 28 日），頁 11-22。（《自由台湾》為「台灣獨立統一戰線」之機關刊物）有關該部憲法之分析可見曾茂德，〈從闡釋台灣共和國臨時憲法試窺廖文毅時代 1950's 台灣共和國臨時憲法〉，收入張炎憲、曾秋美、陳朝海編著，《自覺與認同：1950-1990 年海外台灣人運動專輯》，頁 203-212。

[57] 黃昭堂，〈日本的台獨運動〉，收入張炎憲、曾秋美、陳朝海編著，《自覺與認同：1950-1990 年海外台灣人運動專輯》，頁 52。

[58] 黃昭堂口述，張炎憲、陳美蓉採訪整理，《建國舵手黃昭堂》（台北：吳三連台灣史料基金會，2012 年），頁 82。

[59] 《自由台湾》，第 1 期（1960 年 2 月 28 日），封底。

[60] 「參考資料：廖文毅及其活動內幕」（光華出版社再版，1962 年），收入〈偽台灣獨立聯合會〉，《外交部檔案》，檔號：406/0067/187-188；許瓊丰，〈戰後日本的台灣獨立運動：以廖文毅及其台灣共和國臨時政府為中心〉，頁 10。

等。[61] 不斷分裂的情況也讓原以臨時政府為中心的台獨力量難以團結，中華民國政府又以「威脅」的方式逼迫廖文毅回台，廖文毅於 1965 年 5 月 14 日返台，表示所謂「台灣獨立」、「兩個中國」、「第三勢力」，都是錯誤幻想，十八年來在海外的痛苦經驗使他看破這一切迷夢，下定決心解散「台獨」組織，放棄「台獨」主張，響應總統號召，毅然來歸。[62] 對於一位從事台獨運動超過 15 年的人來說，這種轉變與其說是「看破迷夢」，不如說是被脅迫的成分居多。臨時政府在廖文毅返台後失去領導中心，雖然改由郭泰成接任總統，但中華民國政府持續策動臨時政府要員回台，如曾任臨時政府議會議長、副統領的吳振南與副議長鄭萬福雙雙於廖文毅返台的隔年回台宣布「投降」。[63]

臨時政府雖然面臨不斷分裂的局勢，但在推進台獨運動的歷史上，仍有其一定的貢獻，除了「台灣再解放聯盟」時期就已主張藉由聯合國託管台灣，後舉辦公民投票，達成台灣獨立的目標外；臨時政府也透過演講、投書、舉辦座談會、研究會等方式爭取各界對台獨運動的

61　許瓊丰，〈戰後日本的台灣獨立運動：以廖文毅及其台灣共和國臨時政府為中心〉，頁 10-11。
62　《中央日報》，1965 年 5 月 18 日，版 1。
63　《中央日報》，1966 年 4 月 13 日，版 1；10 月 29 日，版 1。

支持。[64] 廖文毅、吳振南、簡文介等臨時政府要員也出版專書，宣傳台獨理念。[65] 此外，每年定期於 2 月 28 日舉辦二二八事件紀念會，9 月 1 日舉行九一紀念會，[66] 為二次大戰中死去的台灣人軍眷屬舉辦慰靈祭儀式等。除了在日本活動外，臨時政府也試圖向國際發聲，除了向聯合國提出請願書外，[67] 廖文毅也積極設法赴國外訪問，打開台獨運動的能見度，不過在中華民國政府的阻擾之下，至 1965 年返台為止，總共只有 3 次出訪機會。[68]

---

[64] Thomas W. I. Liao, "Formosa Referendum," *The Washington Post*, Apr 7, 1957, p.E4. Thomas W.I.Liao, "Formosa and China: The Struggle for Formosa's Freedom," *Far Eastern Economic Review*, Vol. 20 (May 15, 1958), pp. 618-624, Vol. 21 (May 22,1958), pp. 648-652. 許瓊丰，〈戰後日本的台灣獨立運動：以廖文毅及其台灣共和國臨時政府為中心〉，頁 18-19。

[65] 廖文毅，《台湾民本主義》；吳振南，《世界平和は台湾独立から》（東京都：台灣民報社，時間不詳）；簡文介，《台湾の独立》（東京都：有紀書房，1962 年）。

[66] 臨時政府於 1956 年 9 月 1 日將每年的這一天訂為「九一紀念日」，並舉辦海外革命先烈追悼會。選擇 9 月 1 日是因為該日為台灣臨時國民議會成立及台灣共和國臨時政府憲法公布之日。海外革命先烈追悼會主要紀念因台獨運動而犧牲的宣傳部長莊要傳及台灣民主獨立黨最高顧問廖文奎。吳振南，《世界平和は台湾独立から》，頁 41-43；許瓊丰，〈戰後日本的台灣獨立運動：以廖文毅及其台灣共和國臨時政府為中心〉，頁 17。

[67] 「駐日大使館致常駐聯合國代表團代電，日領（51）字第 3407 號」（1962 年 10 月 4 日），〈台灣獨立運動（二十二）〉，《外交部檔案》，檔案管理局藏，檔號：0051/006.3/023/235-240。

[68] 許瓊丰，〈戰後日本的台灣獨立運動：以廖文毅及其台灣共和國

　　廖文毅的返台，對於中華民國政府而言自是一大勝利，不過也代表台獨運動進入轉換期，由年輕一代接手，展現出新的路線與格局，[69] 並促成美國台獨團體間進一步整合之共識。

　　廖文毅返台宣布「放棄台獨運動」的行為被海外台獨人士視為「投降」，但不可否認的是，廖文毅對台獨運動有其重要貢獻，由以上所述，大體有以下三點：一是首開有組織性的台獨運動，為海外台獨運動之濫觴；二是將台灣獨立的聲音與意願帶到國際社會；三是讓中華民國政府正視台獨問題。簡言之，廖文毅的領導台獨活動讓世人（包含中華民國政府）知道台灣人民除了接受中國政府統治之外，還有想要獨立建國的另一種聲音。

二、「台灣青年社」的台獨運動

　　1950 年代中後期，廖文毅的臨時政府面臨分裂、中華民國政府滲透策反的困境，影響力日漸下滑，此時，出現另一個以留學生為主體的台獨團體──「台灣青年社」，承接臨時政府分崩離析、廖文毅返台之後日本台獨

臨時政府為中心〉，頁 19。

[69]　《台灣青年》，第 55 期（1965 年 6 月 25 日），頁 2-3；張炎憲，〈戰後初期台獨主張產生原因的探討：以廖家兄弟為例〉，頁 279。

運動的空窗，並替日後海外台獨運動重心轉移至美國奠下基礎。[70]

　　1959 年底，在日留學及任職的王育德、廖春榮、黃昭堂、蔡炎坤、黃永純、傅金泉等六人經常聚在一起討論有關託管論與台灣獨立的問題，大家對於是否要加入廖文毅的臨時政府、台灣獨立統一戰線或單獨成立新的團體有過論爭。最後，由黃昭堂做出折衷辦法，成立新的團體而不隸屬於其他組織，但應與之保持良好關係。[71] 新的團體——「台灣青年社」於 1960 年 2 月 28 日正式成立，由

---

[70] 日本台獨除了「台灣青年社」外，另外一支是史明於 1967 年 6 月成立的「獨立台灣會」，其宗旨有四：（1）推動台灣民族主義；（2）啟蒙台灣大眾，發展島內工作；（3）消滅外來殖民體制，達成台灣獨立建國目標；（4）以台灣民眾為社會改革的原動力和建國的生力軍；並發行機關刊物《獨立台灣》。有關該會之運作及史明從事台獨運動之歷程可見史明，〈半世紀的海外台灣獨立運動史〉，收入張炎憲、曾秋美、陳朝海編著，《自覺與認同：1950-1990 年海外台灣人運動專輯》，頁 61-71；史明口述史訪談小組，《史明口述史》（台北：行人文化實驗室，2013 年）。黃界清編著，《1980 年代史明與《台灣大眾》政論選輯》（台北：台灣教授協會，2010 年）；蘇振明，《衝突與挑戰：史明的生命故事》（台北：草根文化，2011 年）；政大圖書館出版之《左翼台灣》內收錄多篇關於研究史明思想的文章，國立政治大學圖書館數位典藏組編，《左翼·民族》（台北：國立政治大學圖書館，2013 年），頁 129-255。史明所著《台灣人四百年史》（日文版，1962 年）更是啟蒙許多年輕一代台灣意識的重要著作。

[71] 黃昭堂口述，張炎憲、陳美蓉採訪整理，《建國舵手黃昭堂》，頁 81-82、88。

王育德擔任首任「代表」。[72] 成立初期，以編輯機關刊物
《台灣青年》為主要業務。

　　隨著國際情勢的轉變及社員人數不斷增加，開始出現
將台灣青年社組織化的想法。1963 年 5 月 11 日，有十人
在王育德家中開會，決議以在場的十人為第一屆臨時中
央委員，訂定簡單規約，將組織更名「台灣青年會」，
由黃昭堂擔任中央委員委員長（1963 年 5 月—1965 年 3
月），王育德與廖春榮分任宣傳和組織部長，辦公地點也
由王育德的寓所改到新宿區南元町。為避免晚上有小偷闖
入，還安排宗像隆幸及廖春榮住進辦公室。改組之後，
陸續又有侯榮邦、林啟旭、柳文卿、張國興、張榮魁等
留學生加入，[73] 也開始建立值勤制度，每週定期召開執委
會。[74]

　　1964 年初，法國與中華人民共和國建交的過程[75]讓台

---

[72]　黃昭堂口述，張炎憲、陳美蓉採訪整理，《建國舵手黃昭堂》，
　　頁 80-81、86。

[73]　黃昭堂口述，張炎憲、陳美蓉採訪整理，《建國舵手黃昭堂》，
　　頁 124-126。

[74]　黃昭堂口述，張炎憲、陳美蓉採訪整理，《建國舵手黃昭堂》，
　　頁 124-126、153。

[75]　1964 年 1 月 27 日，法國與中華人民共和國簽訂建交公報，不過，
　　卻沒有同時與中華民國斷交，外界認為這是法國嘗試「兩個中國」
　　的表現，中華民國雖然沒有在第一時間宣布與法國斷交，美國也
　　力勸中華民國不要主動與法國斷交，但經過 2 週的考慮，仍於 2
　　月 10 日宣布與法國斷交。有關這段過程可見許文堂，〈建交與斷

灣青年會看到國際間開始承認中華人民共和國,中華民國
政府代表中國已不被國際社會接受的「一中一台」局勢已
近,故決定於同年 2 月 18 日,由黃昭堂、周英明、廖春
榮及許世楷四人出面舉行記者會,希望世界各國打破以台
灣為中國的神話,表明台灣人希望脫離國民黨政權及追求
獨立的意願,並對外公開組織,記者會得到媒體大篇幅的
報導。[76]

　　1964 年 4 月,中央委員改選,卻發生當選名單提前
外洩的事情,一份由「台灣青年愛國會」署名的「敬告台
灣留學生」傳單廣泛發送到留學生手中,除了公布新的中
央委員名單(真名)及人事布局外,還威脅不得加入或是
資助台灣青年會;台灣青年會遂進行內部調查,認為前年
(1962)以秘密會員身分入社的陳純真嫌疑重大,於是
將之找來質問。過程中,戴天昭因一時激動,不小心將削
鉛筆刀刺到陳純真,眾人隨即將之送醫,回來後陳純真始
坦承返台奔喪期間,因受到國民黨特務威脅,不得已才將

交:1964 年台北、巴黎、北京的角力〉,收入《戰後檔案與歷史
研究:第九屆中華民國史專題論文集》,頁 159-200。

[76]　《台灣青年》,第 40 期(1964 年 3 月 25 日),頁 51-54;「駐
日大使館致外交部代電,日文(53)字第 0704 號」(1964 年 3 月
12 日),〈台灣獨立運動(二十六)〉,《外交部檔案》,檔案
管理局藏,檔號:0052/006.3/027;黃昭堂口述,張炎憲、陳美蓉
採訪整理,《建國舵手黃昭堂》,頁 129-130。

名單透露給駐日大使館，陳純真並簽下自白書。不過後來陳純真仍向警方報案，導致當時參與質問的七人通通遭到羈押，後來更遭判刑（均獲緩刑），雙方的民事官司更纏訟多年。此事件導致台灣青年會在募款、招募會員方面更形困難，也被迫另尋辦公處所；[77] 中華民國政府亦藉此機會，替陳純真聘請律師，希望在法律層面上給予台灣青年會打擊，甚至設法將相關人員遣送回台。[78]

　　1965 年，辜寬敏受到彭明敏被捕的刺激而加入台灣

---

[77] 黃昭堂口述，張炎憲、陳美蓉採訪整理，《建國舵手黃昭堂》，頁 133-144；宋重陽，《台灣獨立運動私記：三十五年之夢》，頁 68-87、94-95。《外交部檔案》中可以看到早在 1961 年，中華民國政府就已與陳純真「秘密聯繫」，並「洽妥為我工作」，值得注意的是，檔案中記載乃是陳純真先與救國團聯繫，表示自己對於日本台獨團體內部知之甚詳，基於「愛國熱情」，願意「為國效力」，希望相關單位派人與他聯繫。「中國青年反共救國團總團部致外交部代電，（50）青教字第 3347 號」（1961 年 12 月 9 日）「外交部致駐日張大使、中國青年反共救國團總團部代電，外（50）東一字第 018247 號」（1960 年 12 月 15 日）、「駐日大使館致外交部，日文（50）字第 3938 號」（1960 年 12 月 27 日）、「外交部致中國青年反共救國團總團部，外（51）東一字第 0399 號」（1961 年 1 月 10 日），〈台灣獨立運動（二十）〉，《外交部檔案》，檔案管理局藏，檔號：0050/006.3/021/65-68、70。此外，在其他檔案中亦可見到陳純真為「運用人員」的資料。〈海外對匪鬥爭工作統一指導委員會〉，《外交部檔案》，檔號：817.1/0074/41-42；〈偽台灣青年會〉，《外交部檔案》，檔號：006.3/0036。

[78] 〈海外對匪鬥爭工作統一指導委員會〉，《外交部檔案》，檔號：817.1/0074/41-42。

青年會，辜寬敏的加入對於減輕組織運作經費的壓力有很大幫助。[79] 同年 5 月，辜寬敏當選為委員長，同年 9 月，中央委員會通過將「台灣青年會」更名為「台灣青年獨立聯盟」，以凸顯「台灣獨立」的組織宗旨，並發表聯盟綱領。[80] 另外，決定設置包含憲法、法律、行政、文化教育、社會建設的研究會，為台灣建設做基礎研究，並歡迎非會員參加。[81] 同年 11 月，對外公布聯盟旗幟。[82] 此外，也舉辦讀書會，研究世界各國革命史；[83] 組織「島內工作委員會」，作為島內工作的專責部門，研發炸彈製作方

---

[79] 辜寬敏在加入之前，就已固定每月捐款 2 萬日圓，擔任委員長的 5 年期間捐款更達 3,000 萬日圓，對於組織運作，尤其是刊物發行把助甚多。黃昭堂口述，張炎憲、陳美蓉採訪整理，《建國舵手黃昭堂》，頁 131、159、204、207、211-213。

[80] 有人建議直接稱「台灣獨立聯盟」，但考慮到《台灣青年》雜誌的名稱以及當初組織是以「台灣青年社」起始的，故決定保留「青年」兩字，稱為「台灣青年獨立聯盟」。《台灣青年》，第 58 期（1965 年 9 月 25 日），頁 1-6；宋重陽，《台灣獨立運動私記：三十五年之夢》，頁 95-96；黃昭堂口述，張炎憲、陳美蓉採訪整理，《建國舵手黃昭堂》，頁 152。

[81] 《台灣青年》，第 58 期（1965 年 9 月 25 日），頁 40。

[82] 《台灣青年》，第 60 期（1965 年 11 月 25 日），未標頁數；宋重陽，《台灣獨立運動私記：三十五年之夢》，頁 96；黃昭堂口述，張炎憲、陳美蓉採訪整理，《建國舵手黃昭堂》，頁 147-148。

[83] 黃昭堂口述，張炎憲、陳美蓉採訪整理，《建國舵手黃昭堂》，頁 153。

法、派秘密盟員回台發送文宣等。[84]

　　除了靜態宣傳外，從 1965 年起，每年的二二八事件紀念日、聯合國大會討論中國代表權問題、中華民國政府高官訪日等時間點，聯盟都會走上街頭，以示威遊行的方式來表達台獨訴求（表 1-2-1）；由於在日本舉辦此類活動須事前申請，且未必會獲得核准，聯盟不惜多次與警方對簿公堂，爭取發聲權利；手段激烈時還搭配絕食抗議。[85]

---

[84] 如 1966 年 3 月，印製「獨立鬥爭決戰書」，於各大專院校內發送並寄給台灣各階層重要人士，呼籲聯合所有台灣人一起打倒「蔣軍閥」及其同路人。《台灣青年》，第 69 期（1966 年 8 月 25 日），頁 38-39；侯榮邦，〈台灣獨立建國聯盟日本本部發行之刊物〉，收入張炎憲、曾秋美、陳朝海編著，《自覺與認同：1950-1990 年海外台灣人運動專輯》，頁 583。

[85] 黃昭堂口述，張炎憲、陳美蓉採訪整理，《建國舵手黃昭堂》，頁 156-158；宋重陽，《台灣獨立運動私記：三十五年之夢》，頁 98-101。

表 1-2-1 台灣青年社歷年舉辦示威遊行情況
（1965 年至 1971 年）

時間	時機點	《台灣青年》出處
1965.2.26	二二八事件紀念	51（1965.2.25），封面裡。
1965.9.24	聯合國討論中國代表權	58（1965.9.25），封面裡。
1966.2.28	二二八事件紀念	63（1966.2.25），封面裡。
1966.7	美國國務卿魯斯克訪日	68（1966.7.25），頁 5-20；69（1966.8.25），頁 40-46。
1966.11.6、11.23	聯合國討論中國代表權	72（1966.11.25），頁 7-8；73（1966.12.25），頁 10-11。
1967.2.28	二二八事件紀念	76（1967.3.25），頁 22-23。
1967.11	抗議蔣經國訪日	85（1967.12.25），頁 1-12。
1970.2.28	二二八事件紀念	112（1970.3.5），頁 3-8。
1970.4.30	抗議蔣經國訪日及聲援黃文雄與鄭自才	114（1970.5.5），頁 52-55。
1971.2.28	二二八事件紀念	126（1971.5.5），頁 37。
1971.10.16、10.19	聯合國討論中國代表權	133（1971.11.5），頁 63-64。

到了 1960 年中後期，成員在日居留產生重大問題，主要是中華民國政府與日本政府開始以交換煙毒犯的方式，合作遣返台獨人士。早在 1961、62 年，許世楷與黃昭堂向駐日領事館申請換發護照時，護照就被以從事台獨

活動為由遭沒收，幸好在日本入國管理局的協助下都能順利繼續居留在日本。[86] 1967 年 8 月 25 日，盟員張榮魁、林啟旭至入國管理局辦理延期居留手續時，突然遭到逮捕，日本政府並要將兩人強制遣返台灣。聯盟隨即聘請律師要求法院停止羈押，並聯絡兩人夥同其他成員共同絕食抗議，最後法院裁定強制遣返違法，兩人以「保外就醫」名義獲釋。[87] 隔年（1968）3 月 26 日，中央委員柳文卿辦理延期簽證時，同樣被扣留在收容所並準備強制遣送回台，聯盟雖然也向法院提起訴訟並到收容所及機場攔人，但仍無法阻止遣返作業。柳文卿回台後雖未受到司法審判，但長年遭到情治單位監控及禁止出境。[88] 雖然往後類

---

[86] 許世楷、盧千惠著，邱慎、陳靜慧譯，《台灣新生的國家》（台北，玉山社，2010 年），頁 95-96；黃昭堂口述，張炎憲、陳美蓉採訪整理，《建國舵手黃昭堂》，頁 76-77。

[87] 《台灣青年》，第 82 期（1967 年 9 月 25 日），該期為「張榮魁、林啟旭強制退出令事件專刊」；黃昭堂口述，張炎憲、陳美蓉採訪整理，《建國舵手黃昭堂》，頁 161-162；宋重陽，《台灣獨立運動私記：三十五年之夢》，頁 110-113。

[88] 黃昭堂口述，張炎憲、陳美蓉採訪整理，《建國舵手黃昭堂》，頁 159-172；宋重陽，《台灣獨立運動私記：三十五年之夢》，頁 122-135；許世楷、盧千惠著，邱慎、陳靜慧譯，《台灣新生的國家》，頁 102-104；陳美蓉，〈國府統治時期對海外留學生的監控：以日本為例〉，收入張炎憲、陳美蓉主編，《戒嚴時期白色恐怖與轉型正義論文集》（台北：吳三連台灣史料基金會，2009 年），頁 369-375。

似的強制遣返案不再，[89] 不過，聯盟成員此後被取消一年
一次的特別居留許可，改成每月申請的短期居留，且一旦
離開東京就要先向警視廳報備，這樣的居留及遣返風險自
然影響招募盟員的狀況；[90] 不過，本案卻也促成日、美、
加拿大台獨團體合作的契機。柳文卿遭遣返回台後，除了
台灣青年獨立聯盟展開一連串的抗議行動外，美國及加拿
大的台灣留學生也組成「柳文卿人權事件抗議委員會」，
向各界發送抗議書，並於同年 4 月 5 日，於日本駐美大
使館及中華民國駐美大使館前示威抗議。[91] 此事件也促成
Independent Formosa 與《台灣青年》自同年 8 月起，成
為美、日、歐、加拿大四地台獨團體共同的機關刊物。[92]

　　中華民國政府除了與日本政府合作遣返台獨人士外，
也趁台獨人士返台時加以逮捕。柳文卿事件後，就有顏尹

---

[89] 許世楷稱自己是強制遣返目標的第 2 人，1969 年，許世楷向入國
　　管理局辦理簽證更新時，一開始也未獲通過，後在東大教授我妻
　　榮的協助下才順利解決。許世楷、盧千惠著，邱慎、陳靜慧譯，
　　《台灣新生的國家》，頁 104-106。

[90] 黃昭堂口述，張炎憲、陳美蓉採訪整理，《建國舵手黃昭堂》，
　　頁 172、314。

[91] 《台灣青年》，第 89 期（1968 年 4 月 25 日），頁 15-17；第 90
　　期（1968 年 5 月 25 日），頁 22-24；*Formosagram*, 5:9 (Apr 1968),
　　pp.1-6。

[92] 黃昭堂口述，張炎憲、陳美蓉採訪整理，《建國舵手黃昭堂》，
　　頁 170。

謨、劉佳欽、陳中統等秘密盟員回台時遭到逮捕判刑。[93]
而原有的居留、募款、吸收新成員不易等問題，都讓日本
台獨活動受到影響，加上美國成為留學的主力區域，海外
台獨運動的重心漸由日本轉往美國。

　　1969 年 11 月，日本台灣青年獨立聯盟派吳枝鐘為代
表，赴紐約參加世界性台灣獨立聯盟設立籌備會。[94] 1970

---

[93]　有關顏尹謨、劉佳欽事件可見《台灣青年》，第 85 期（1967 年 12
　　　月 25 日），頁 16-19；「顏尹謨、劉佳欽」，《外交部檔案》，
　　　檔號：007.1/89010；黃昭堂口述，張炎憲、陳美蓉採訪整理，
　　　《建國舵手黃昭堂》，頁 173-174；曾品滄、許瑞浩訪問，曾品滄
　　　記錄整理，《一九六〇年代的獨立運動：全國青年團結促進會事件
　　　訪談錄》（台北：國史館，2004 年）。有關陳中統案可見《台灣
　　　青年》，第 106 期（1969 年 9 月 5 日），頁 23；第 110 期（1970
　　　年 1 月 5 日），頁 37-38；〈偽台獨份子陳中統叛亂〉，《外交
　　　部檔案》，檔號：006.3/0030；〈陳中統〉，檔案管理局藏《外
　　　交部檔案》，檔號：0065/409/0219；周美華編，《戰後台灣政治
　　　案件——陳中統案史料彙編》（台北：國史館，2008 年）；陳中
　　　統，《生命的關懷》（台北：印刻文學，2010 年）；張炎憲、沈
　　　亮編，《梅心怡 Lynn Miles 人權相關書信集 2——跨國人權救援
　　　的開端 1968-1974》（台北：吳三連台灣史料基金會，2009 年）；
　　　陳美蓉〈國府統治時期對海外留學生的監控：以日本為例〉，頁
　　　375-379。祕密盟員在島內遭逮捕的案例還有小林正成，其於 1971
　　　年 5 月間在台灣發送台獨文宣而被捕，同年 8 月獲釋。《台灣青
　　　年》，第 131 期（1971 年 10 月 5 日），頁 42-44；黃昭堂口述，
　　　張炎憲、陳美蓉採訪整理，《建國舵手黃昭堂》，頁 203、216；
　　　鄭欽仁口述，薛化元、潘光哲、劉季倫訪問，《鄭欽仁先生訪談
　　　錄》（台北：國史館，2004 年），頁 181-190；〈日人小林正成叛
　　　亂〉，《外交部檔案》，檔號：012.8/0001。

[94]　黃昭堂口述，張炎憲、陳美蓉採訪整理，《建國舵手黃昭堂》，

年1月，世界性的台灣獨立聯盟正式成立，整合美、日、歐、加拿大四地的台獨團體，日本台灣青年獨立聯盟成為世界性台灣獨立聯盟日本本部，海外台獨運動至此邁入另一個階段。[95]

在談台灣青年社的活動時，不可不提其在宣傳、啟蒙台獨主張、意識，乃至建構台獨理論上的貢獻。台灣青年社創立後的1個多月，機關刊物《台灣青年》就創刊（1960年4月10日），此後持續發行長達42年共500期，直到2002年才停刊。

《台灣青年》初為雙月刊，第10期（1961年9月）起改為月刊，內文全以日文撰寫，主要理由在於，創辦初期的執筆者用日文都比中文來得能夠充分表達想法，顯示出運動者多曾接受日本教育的情況，此外，也是希望能讓日本社會大眾瞭解台灣人的心聲。[96]全日文的編輯方針，卻讓剛到日本留學的年輕一代及歐美留學生頗感吃力，故《台灣青年》決定自43期（1964年6月）起開始參雜漢文文章，也有留學生以中文投稿；[97]同一時間針日文能力

頁185。

[95] 黃昭堂口述，張炎憲、陳美蓉採訪整理，《建國舵手黃昭堂》，頁185-187。

[96] 《台灣青年》，第71期（1966年10月25日），頁2；侯榮邦，〈台灣獨立建國聯盟日本本部發行之刊物〉，頁576-579。

[97] 《台灣青年》，第43期（1964年6月25日）。

尚不足的留日台灣學生，則發行日漢文併用的月刊新聞
《台灣青年報》。[98] 不過，「外文」閱讀畢竟無法速成，
許多留美台灣學生只能以日文的漢字來勉強拼湊意思，像
是莊秋雄在 1966 年以「在美一學生」為筆名投書《台灣
青年》表示：

> 我一生第一次有機會看到台灣青年會出版的刊
> 物，大為驚奇。可惜我們這一輩沒受過日本教
> 育，文章只能看些中文字。意會大意，恨不得這
> 些文章就是中文能一看就領會。〔中略〕可惜我
> 日文看得一知半解，我知道貴會出版的很多刊物
> 裏像王育德先生寫的文章、辜寬敏先生寫的文章
> 都如此感動，都是我們過去在台灣連作夢都沒想
> 到可念到的文章，但十二萬分遺憾都看不太懂。
> 相信在美國有很多年齡與我差不多，或比我更年
> 輕的青年學生必都有同感。好在貴會最近已逐漸
> 注重中文。在最近幾期的台灣青年已經有很多的
> 中文篇幅。對這些我實在感到如獲至寶。總是一
> 口氣將它念完而且有時候念五六次。我十二分誠
> 懇的期待貴會能守此原則，多多出版些中文資料

---

[98] 《台灣青年》，第 60 期（1965 年 11 月 25 日），封底；宋重陽，
《台灣獨立運動私記：三十五年之夢》，頁 97。

及中文方面的刊物。[99]

　　一方面因為「非日文」的讀者群大為擴大，另一方面也為了強化對全體台灣人的宣傳，《台灣青年》自71期（1966年10月）起改為漢文版。[100] 1967年1月，針對日本人發行日文刊物《台灣》；[101] 此外，早於1962年7月，就針對在歐美的台灣人及外國人發行英文季刊 *Formosan Quarterly*，1964年2月改為隔月刊，之後更名 *Independent Formosa*，發行至1967年12月。[102] 自1968年7月起，*Independent Formosa* 與《台灣青年》更成為美、日、歐、加拿大四地台獨團體共同的機關刊物，為往後進一步的合作奠下基礎。

　　以上各種出版刊物的對象，多是海外台灣人或外國人，針對島內宣傳部份，自1962年8月起，發行漢文

---

[99]　《台灣青年》，第63期（1966年2月25日），頁63-64。在此之前，也有一署名「在美一台灣人」在投書中提到：「台灣青年」在美國的台灣人之間雖是普遍，然因有一部分年輕的留學生不能完全了解日文之故，致使不能在他們之間發生如期的效果。《台灣青年》，第59期（1965年10月25日），頁41-43。

[100]　《台灣青年》，第71期（1966年10月25日），頁2-4。

[101]　黃昭堂口述，張炎憲、陳美蓉採訪整理，《建國舵手黃昭堂》，頁159；侯榮邦，〈台灣獨立建國聯盟日本本部發行之刊物〉，頁580。

[102]　侯榮邦，〈台灣獨立建國聯盟日本本部發行之刊物〉，頁580-581。

版不定期刊物《獨立通訊》（1963 年 6 月更名《獨立台灣》），採用聖經紙印刷以方便盟員將攜入台灣。[103] 此外，也透過將文宣夾帶在聖誕節、春節卡片中或是將台獨書刊裝上商業性書籍的外皮後，寄回台灣或由盟員攜入台灣等方式，希望將台獨思想傳入島內。[104]

「台灣青年社」成立初期便打算以《台灣青年》作為啟蒙台獨意識的媒介，從上述的討論可知，「台灣青年社」相當重視宣傳啟蒙的工作，發行刊物的種類相當多，針對不同對象及區域發行不同刊物，並考量閱讀者之便利及因應時代的變化，改換使用語言及印刷紙質。[105] 其刊物，不論就編排、印刷、發行量、流傳度等均比同時期美國台獨高一階。[106] 就刊物的「質」而言，除了敘述性的報導與資料外，還刊登許多關於台獨運動發展、台灣民族主義論述的文章，對於留學生台獨思想啟蒙、台獨理論的建構等方面都扮演重要角色，如莊秋雄的《台灣青年》初體

---

[103] 黃昭堂口述，張炎憲、陳美蓉採訪整理，《建國舵手黃昭堂》，頁 154。

[104] 侯榮邦，〈台灣獨立建國聯盟日本本部發行之刊物〉，頁 582。黃昭堂口述，張炎憲、陳美蓉採訪整理，《建國舵手黃昭堂》，頁 131-133、154。

[105] 《台灣青年》自 1967 年起還嘗試使用羅馬字來拼台灣話，對於羅馬字台灣話的研究與推廣也有其貢獻。《台灣青年》，第 76 期（1967 年 3 月 25 日），頁 45 的「編後語」。

[106] 這與出版經費相對充足有關。

驗：

> 自從我看到有關台灣獨立運動的文章後，我開始
> 到處去尋找各種有關台灣的文章書籍。每篇都飢
> 飢渴渴的念完，從中我對台灣的悲劇歷史，對於
> 國府在台灣厭〔壓〕榨魚肉百姓的惡毒手段及卑
> 賤行為才稍有瞭解，這些事實令我熱血填膺，心
> 中擁〔湧〕出一股憤怒的熱潮，我把你們所寫的
> 事實與我在台灣時的所看所聽一一對照，再經我
> 良知的判斷後，使我整個睡眠著的靈魂覺醒過
> 來。[107]

　　不久之後，被《台灣青年》啟蒙台獨意識的莊秋雄就
寫成〈我看台灣獨立運動〉一文，剖析台灣民族主義的發
展歷史及當前台獨運動的困境。[108]《台灣青年》也刊出委
員長辜寬敏的文章加以回應，頗有鼓勵的味道。[109]許多日
後從事台獨運動的留學生，其台獨啟蒙的過程多與莊秋雄
相似，《台灣青年》均扮演關鍵推手。[110]

---

[107] 《台灣青年》，第 63 期（1966 年 2 月 25 日），頁 63。

[108] 《台灣青年》，第 65 期（1966 年 4 月 25 日），頁 34-36。

[109] 莊秋雄，《海外遊子台獨夢》（台北：前衛出版社，1993 年），
頁 16。

[110] 〈陳希寬訪談記錄〉，頁 186-187；〈陳唐山訪談記錄〉，收入張
炎憲、曾秋美、沈亮訪問，《青春・逐夢・台灣國系列 3：發芽》

　　《台灣青年》在許多方面也扮演「前鋒」角色，如聲援島內政治犯、[111] 翻譯／散布〈台灣人民自救宣言〉、[112] 公布政治犯名單、[113] 報導島內政經社會情勢、大量收集有

（台北：吳三連台灣史料基金會，2010 年），頁 91；〈侯榮邦先生訪問記錄〉、〈鄭自才先生訪問記錄〉，收入陳儀深訪問，簡佳慧等紀錄，《海外台獨運動相關人物口述史》（台北：中央研究院近代史研究所，2009 年），頁 12、371。相較於有人因為閱讀《台灣青年》而啟蒙台灣意識，也有人收到《台灣青年》時害怕到用筷子將雜誌夾到垃圾桶去丟掉，以免留下指紋而被校園中的「特務」給查到。陳婉真，《啊！黑名單》（台北：前衛出版社，1991 年），頁 129。

[111] 如蘇東啟、彭明敏被捕時，《台灣青年》都在第一時間刊載消息，並向外界尋求援助。《台灣青年》，第 11 期（1961 年 10 月 25 日），封面裡、頁 62；第 47 期（1964 年 10 月 25 日），頁 2-3；第 48 期（1964 年 11 月 25 日），封面裡；黃昭堂口述，張炎憲、陳美蓉採訪整理，《建國舵手黃昭堂》，頁 107-109、146-148。

[112] 《台灣青年》將之更名為「台灣獨立宣言」，《台灣青年》，第 62 期（1966 年 1 月 25 日），頁 4-16；黃昭堂口述，張炎憲、陳美蓉採訪整理，《建國舵手黃昭堂》，頁 147-148。

[113] 《台灣青年》，第 120 期（1970 年 11 月 5 日），頁 29-37；第 121 期（1970 年 12 月 5 日），頁 29-32；第 123 期（1971 年 2 月 5 日），頁 31-32；第 125 期（1971 年 4 月 5 日），頁 11-13、31-32；第 143 期（1972 年 9 月 5 日），頁 12-26；第 145 期（1972 年 11 月 5 日），頁 16-19；第 148 期（1973 年 2 月 5 日），頁 26-40。

關台灣的資料、[114] 刊載台灣研究學術論文等，[115] 不但為當時海外台灣人社群提供島內情勢的資訊，也讓外國人知道台灣現況，其上豐富的台灣資料，更為台灣史留下珍貴史料。

綜上所述，《台灣青年》雖是日本台獨團體所出的刊物，但深深影響太平洋彼岸的台灣留學生，也提供一個世界各地台獨運動者交流與聯繫的平台，不論是在台獨運動消息的傳遞交換、島內情勢的散佈、台獨意識的啟蒙、台獨理論的建構等方面均有重要貢獻。

第三節　美國的台獨運動

美國台獨運動的濫觴起源於 1956 年 1 月，盧主義、陳以德、林榮勳等台灣留學生組織「台灣人的自由台灣」開始，之後該團體改組成「台灣獨立聯盟」、「全美台灣獨立聯盟」；1970 年初，全美台灣獨立聯盟與日本台灣青年獨立聯盟、歐洲台灣獨立聯盟及加拿大台灣人權委員

---

[114] 《台灣青年》以「世界中的台灣」及「台灣，月間日誌」專欄刊載台灣相關資料；黃昭堂回憶當時只要是有「台灣」字樣的報刊文章，必定都會細讀並極力收集。黃昭堂口述，張炎憲、陳美蓉採訪整理，《建國舵手黃昭堂》，頁 111。

[115] 如王育德的台灣話研究、黃昭堂的台灣民主國研究都曾刊載於其上。

會等地台獨組織整合成世界性的台灣獨立聯盟。本節將從
「台灣人的自由台灣」談起，以其組織沿革為中心，討論
其主張、成員組成及重要活動等。

一、「台灣人的自由台灣」（3F）時期

　　追溯美國台灣獨立運動之濫觴，起源於盧主義、陳
以德、林榮勳、楊東傑及林錫湖五人於 1956 年 1 月在
費城成立 Formosans' Free Formosa [116]（台灣人的自由台
灣）這個組織開始，這是在美國所成立的第一個以推動台
灣獨立為宗旨的組織，創始的五人因而被稱為「費城五
傑」。[117]

　　若是分析「費城五傑」的出生成長背景（表 2-3-

---

[116]　關於這個組織的名稱有很多說法（如 Free Formosans' Formosa、
　　　Free Formosan's Formosa、Free Formosa for Formosans），不過根
　　　據創始人盧主義的說法，應為 Formosans' Free Formosa，即「台
　　　灣人的自由台灣」。許維德，〈發自異域的另類聲響：戰後海外
　　　台獨運動相關刊物初探〉，《台灣史料研究》，第 17 號（2001
　　　年 5 月），頁 142-143，註 60；藍適齊亦考證過認為是 Formosans'
　　　Free Formosa 無誤，藍適齊，〈再討論戰後海外台獨運動相關刊
　　　物及「海外台灣人史」〉，《台灣史料研究》，第 18 號（2002
　　　年 3 月），頁 100。

[117]　盧主義，〈自由的號角──3F 及 UFI 之起源〉，收入張炎憲、曾秋
　　　美、陳朝海編著，《自覺與認同：1950-1990 年海外台灣人運動專
　　　輯》，頁 74。

1），五人都出生於 1920 至 30 年代日治時期的台灣，[118]
其中四人都曾就讀日治時期的台南二中，或戰後的台南一
中（即日治時期的台南二中）；[119] 五人都於 1950 年代前
期赴美留學，其中林榮勳與陳以德一開始即選擇費城的賓
州大學（University of Pennsylvania）攻讀國際關係；楊
東傑則是先到紐約作實習醫生，後也到賓州大學研習放射
醫學；盧主義則先就讀明尼蘇達的 Macalester College，
後轉赴西北大學（Northwestern University）讀了 1 年，
1955 年再轉到費城的天普大學（Temple University）醫學
院；林錫湖則是先取得新墨西哥大學（University of New
Mexico）碩士，於 1955 年到賓州大學攻讀有機化學博
士。換言之，在 1955 年這個時間點上，五人不約而同都
在費城求學。

　　楊東傑是透過姊夫謝緯而認識了林榮勳與陳以德，
後來楊東傑與其大妹楊瓊姿、林榮勳、陳以德四人更合
租房子。[120] 盧主義則是於 1955 年秋天要轉到費城時，透

---

[118] 林錫湖的生年雖不詳，但以其 1955 年攻讀博士往回推算，應為
1920 或 30 年代出生。

[119] 「台南州立台南第二中學校」（台南二中）於 1922 年（大正 11
年）創校，為日式中學五年制學校，1945 年國民政府接收台灣
後，改校名為「台灣省立台南第一中學」（台南一中），兼辦三
年制初中與三年制高中。林榮勳為台北人，就讀高中不詳。

[120] 〈楊東傑訪談記錄〉，收入張炎憲、曾秋美、沈亮訪問，《青
春・逐夢・台灣國系列 2：掖種》（台北：吳三連台灣史料基金

過以前台南一中的學長城錦榮認識了楊東傑，再透過楊東傑結識了陳以德、林榮勳與林錫湖。[121] 五位來自台灣的留學生經常在週末聚會，辯論台灣前途，台灣應否獨立，如何才能獨立，台灣與中國的不同、「開羅宣言」的效力等問題，約莫在 1955 年底，五人漸形成共識，決定成立一個組織來推動「台灣獨立」，名稱為 Formosans' Free Formosa（F. F. F.，3F），中文為「台灣人的自由台灣」。名稱是盧主義取的，其中「自由台灣」一詞的靈感來自於雷震的《自由中國》雜誌及中華民國政府自稱「自由中國」，然而「自由台灣」僅涉及「民主」，為了使「民主」與「獨立」並存，決定取名「台灣人的自由台灣」，「自由」代表「民主」，「台灣人的台灣」則意味「獨立」。[122] 同年 12 月，盧主義以 A FORMOSAN 為名投書 *The New York Times*，鼓吹台灣人民藉由公投建立自由且獨立的台灣國，美國則有道德上的責任支持台灣人民這項意願，台灣人民同時反對國民黨與共產黨的統治，呼

會，2010 年），頁 176-177；〈楊東傑先生訪問記錄〉，收入陳儀深訪問，簡佳慧等紀錄，《海外台獨運動相關人物口述史》（台北：中央研究院近代史研究所，2009 年），頁 134-135。

[121]　〈盧主義訪談記錄〉，收入張炎憲、曾秋美、沈亮訪問，《青春‧逐夢‧台灣國系列 2：掖種》，頁 104。

[122]　〈陳以德訪談記錄〉，收入張炎憲、曾秋美、沈亮訪問，《青春‧逐夢‧台灣國系列 2：掖種》，頁 37；〈盧主義訪談記錄〉，頁 107。

籲美國改變現行支持中華民國政府的政策，盧主義認為投書獲得刊登是 3F 能成立的關鍵。[123]

　　1956 年 1 月，3F 正式成立，是在美國第一個以推動台灣獨立為宗旨的組織，成立時間早於廖文毅的台灣共和國臨時政府（1956 年 2 月 28 日）及王育德、黃昭堂等人成立的「台灣青年社」（1960 年 2 月 28 日）。3F 於 1958 年改組為「台灣獨立聯盟」（United Formosans for Independence，U.F.I.）；1966 年改組為「全美台灣獨立聯盟」（United Formosans in America for Independence，U.F.A.I.）；1970 年初，全美台灣獨立聯盟與日本台灣青年獨立聯盟（United Young Formosans for Independence）、歐洲台灣獨立聯盟（United Formosans in Europe for Independence）及加拿大台灣人權委員會（Committee of Human Rights in Formosa）等地台獨組織整合成世界性的台灣獨立聯盟（World United Formosans for Independence，W.U.F.I.）。[124] 1987 年，更名「台灣獨立建國聯盟」，英文名稱不變。[125]

---

[123]　A FORMOSAN, "For a Free Formosa: Suggestion that a Plebiscite Be Held Is Welcomed," *The New York Times*, Jan 11, 1956, p.20；〈盧主義訪談記錄〉，頁 108。

[124]　陳佳宏，《台灣獨立運動史》（台北：玉山社，2006 年），頁 178-183。

[125]　陳銘城、施正鋒主編，《台灣獨立建國聯盟的故事》（台北：前衛出版社，2000 年），頁 85。

表 1-3-1　費城五傑基本資料

姓名	生卒年 （出生地）	大事記
楊東傑 （Tom Yang）	1923-（台南）	台南二中、東京慈惠醫科大學。 1953 赴美，到紐約作實習醫生；後到費城賓州大學醫科研究院研習一年的放射醫學。 1956.6 返台。 負責 3F 刊物英文稿打字。
林榮勳 （John Lin）	1928-1979.11 （台北）	1946-50 台大政治系。 1949 台大法學院學生自治會主席兼學生自治聯合會主席。 1949.4.15 以學生自治聯合會主席身份召開記者會，呼籲台大校長傅斯年營救「四六事件」被捕學生，而遭校方以欺瞞學校擅自召開記者會記申誡一次。 1949.8.26 在高雄被捕。後被台大校長傅斯年保釋。 1952 赴美就讀費城賓州大學。 1960 取得博士學位，在紐約州立大學紐帕茲校區（State University of New York, New Paltz Campus）執教，後升任政治系主任。
陳以德 （Edward Chen）	1930-（澎湖）	南門小學校、台南二中。 1948-52 台大法律系。 1952-53 鳳山陸軍官校、台南砲兵學校服兵役。 1953 退伍，在司法行政部任書記。 1954.10 赴美就讀費城賓州大學，攻讀國際關係。 1954-1966 旅居費城。 1960 底當選 U.F.I. 主席。

姓名	生卒年（出生地）	大事記
林錫湖（Echo Lin）	？（台南）	台南一中。 新墨西哥大學碩士。 1955 費城賓州大學攻讀有機化學博士。
盧主義（Jay Loo）	1932-（台南）	長榮初中、台南一中 1951.12 放棄剛考上的台大醫科，赴美就讀明尼蘇達的 Macalester College 後轉赴西北大學。 1955 就讀費城天普大學醫學院。 1956 轉入明尼蘇達大學（University of Minnesota）主修政治學，副修總體經濟學。1957.12 獲得政治學碩士。 1958.1-1960.11 擔任 U.F.I. 主席。 1961.6 退出 U.F.I.。

資料來源：作者製表。

3F 成立的宗旨為：（1）反抗所有獨裁政府，包括國民黨與中華人民共和國政府；（2）建立獨立民主的台灣國。工作目標則有：（1）分送定期的通訊報給留美台灣學生；（2）鼓吹台獨思想，招募同志；（3）遊說美國國會議員；（4）將有關台灣的專題論文寄送美國國會、大學圖書館及媒體。[126]

3F 成立初期囿於人力及經費，以出版會訊為主要業務，由盧主義擔任編輯，每兩個月出一期。剛開始由楊東

---

[126] 盧主義，〈自由的號角——3F 及 UFI 之起源〉，頁 76。

傑負責打字，後來由陳以德的女朋友幫忙。[127] 大家還特別租了一個地方來印製會訊，也考慮到印完的廢紙要丟在哪裡的問題，可見當時對於宣傳台獨主張之謹慎。[128] 會刊的第一期刊登給外界的公開信，記載了 1950 年代中期台灣留美學生對於「台灣獨立」之想法，文中首先展望世界各殖民地脫離外來政權宰制而獨立的情況，接著對照台灣的現況：

> 兩相對照之下，我們台灣的狀況實在有夠悲哀。外來的蔣介石政權，強壓在我們身上整整已有十年之久。這群腐敗的國民黨派系殘餘份子，藉著恐怖高壓的極權手段，不僅剝奪了我們神聖的人權，使我們的生命、自由與財產陷於朝不保夕的危險狀況，更在違反我們意願的情形下，硬把我們捲入了對我們而言是另外一個國家——中國——的內戰之中。〔中略〕為數眾多的台灣青年已被編入蔣介石的土匪部隊，他們勢必被國民黨用來充當砲灰，在「反攻大陸之戰」中，台灣青年除了要面對共產黨的砲火之外，他們的背後還頂著國民黨的刺刀。在這種卑劣的設計之下，成千上百

127　〈盧主義訪談記錄〉，頁 110；〈楊東傑訪談記錄〉，頁 177。
128　〈楊東傑先生訪問記錄〉，頁 139。

的台灣子弟，在中國東南沿海的幾個小島上，慘
死於中共的火網之下。[129]

接著說明 3F 成立宗旨與目的：

> 我們不要共產主義，也不能容忍國民黨的暴政，
> 我們所追求的是一個自由而獨立的台灣，對獨立
> 的熱愛，是台灣人天生的遺傳性格。一部台灣
> 史，不是別的，它根本就是一部熱愛自由的民
> 族，反抗不受歡迎的入侵者，為了台灣的自主與
> 繁榮，而前仆後繼、奮鬥不斷的辛酸血淚史。[130]

這群遠離國民黨「暴政」的台灣留學生，自許自己有更佳
的優勢來推動台灣獨立：

> 我們這一群生活在美國這個民主殿堂的台灣人，
> 比別人有更獨特且有利的處境來從事這項任務。
> 我們片刻都不要忘記，我們的親人、朋友及八百
> 萬同胞，正活在恐懼、匱乏和羞辱之中。[131]

最後，說明台灣獨立運動推展的方式：

---

[129] 原文見〈盧主義訪談記錄〉，頁 111；中文參考盧主義，〈自由
的號角──3F 及 UFI 之起源〉，頁 86-87。
[130] 盧主義，〈自由的號角──3F 及 UFI 之起源〉，頁 86-87。
[131] 盧主義，〈自由的號角──3F 及 UFI 之起源〉，頁 86-87。

我們都是已經離開台灣的人，我們顧慮蔣政權的
秘密警察將對我們親人施予各種凌虐，基於這個
事實，我們目前的行動有絕對必要儘可能以秘密
方式進行。因此，在我們集體行動的時機成熟之
前，我們建議大家先精神結盟、彼此聯繫，更希
望大家分享知識與經驗，為未來行動預作準備，
強化我們的力量。透過這種聯盟，我們終必可達
成我們的終極目標——台灣獨立。[132]

由於楊東傑在 1956 年 6 月就離美回台，[133] 因此，會
訊主要由盧主義、陳以德與林榮勳負責，由於人少又沒有
稿源，發行量僅 40 至 100 份左右，主要的寄送對象都是
各自認識的人，至於寄送各大圖書館的目標則暫時無法顧
及。[134] 根據楊東傑的說法，會訊的內容主要是想要讓留美
的台灣學生知道自己故鄉的事情，啟發台灣意識。[135] 在招
募「台獨同志」方面，除了創始五人外，後來陸續有盧建
和、楊基焜、郭漢清等人加入，但整體而言組織規模仍很

---

[132]　盧主義，〈自由的號角——3F 及 UFI 之起源〉，頁 86-87。

[133]　楊東傑說他回台以後一度受到國民黨特務的監視。〈楊東傑訪談
　　　記錄〉，頁 188。

[134]　〈盧主義訪談記錄〉，頁 112-113。

[135]　〈楊東傑訪談記錄〉，頁 183；〈楊東傑先生訪問記錄〉，頁
　　　139。

小。[136]

　　除了發行會刊外，3F 也展開與日本台獨的交流。1956 年春天，盧主義以 3F 名義寫信給當年 2 月剛成立的台灣共和國臨時政府，介紹 3F 的活動，並表示合作願意，除了寄送會刊，雙方也有頻繁的書信往來。[137] 廖文毅希望 3F 能幫臨時政府向聯合國與美國政府請願，使聯合國託管台灣，之後再舉辦公民投票，讓台灣人自己決定前途。[138] 因此，3F 曾代表臨時政府寄聲明給聯合國，希望能會見秘書長，但被以世界上沒有國家承認台灣共和國臨時政府為由而回絕。[139] 1956 年 6 月，楊東傑離美返台途中經過日本時也透過其三舅兒子吳振南（臨時政府副大統領）的牽線，在東京與廖文毅見面，說明 3F 的工作，並希望廖文毅能與留美學生聯絡。[140] 以上是兩地台獨運動

---

[136]　〈陳以德訪談記錄〉，頁 38；〈盧主義訪談記錄〉，頁 115。

[137]　盧主義，〈自由的號角——3F 及 UFI 之起源〉，頁 77；吳振南，《世界平和は台湾独立から》（東京都：台灣民報社，不詳），頁 11。根據藍適齊研究，雙方的書信往來持續到 1957 年 2 月，之後突然中斷，1957 年底曾有極短時間的恢復。藍適齊，〈再討論戰後海外台獨運動相關刊物及「海外台灣人史」〉，頁 104-105。

[138]　盧主義，〈自由的號角——3F 及 UFI 之起源〉，頁 77；吳振南，《世界平和は台湾独立から》，頁 15。

[139]　〈盧主義訪談記錄〉，頁 118。寄送聲明的時間目前並不清楚。

[140]　〈楊東傑訪談記錄〉，頁 180-181；〈楊東傑先生訪問記錄〉，頁 138。

交流的濫觴。

　　或許是因為與臨時政府間的聯繫，1957 年初，3F 遭到美國聯邦調查局的調查，盧主義每隔幾週就必須接受調查局人員的晤談，說明 3F 並非共產黨組織，但因為 3F 曾幫臨時政府向聯合國請願，被認定為臨時政府的駐外代理人，必須向美國政府登記，雖然組織的合法性沒有問題，但一旦登記，就必須揭露會員及贊助者的資料，對此，3F 內部曾有激烈論爭，最後決定改組 3F，在名義上與 3F 劃清界限以免觸法。1958 年 1 月，3F 改組為「台灣獨立聯盟」（U.F.I.），選出盧主義為主席，承接 3F 繼續推動台獨運動。[141]

二、「台灣獨立聯盟」（U.F.I.）時期

　　改組 3F 而成立的 U.F.I. 開始具備組織的規模。根據組織章程（1958 年 1 月通過），設有正副主席各一名，最高權力機構為全體大會，另設政策委員會，負責決定政策、解釋章程、招收會員等，U.F.I. 將致力於依照人民自決原則，成立一個自由、民主且獨立的台灣共和國，因此，不承認任何極權獨裁與殖民地式之統治（第 1 條）；並爭取美國人民與世界輿論對於台灣獨立之支持（第 2

---

[141]　〈陳以德訪談記錄〉，頁 40-41；〈盧主義訪談記錄〉，頁 118-120。

條）。[142] 以下分投書、示威抗議、與日本台獨的交流、合作、與美國其他台獨團體的合作四部份來說明 U.F.I. 時期的活動情況。

（一）投書

1958 年 4 月，U.F.I. 開始發行刊物 *Ilha Formosa*，之後又發行 *Formosagram*，[143] 此外，成員們也透過投書來宣傳台獨理念。1958 年 4 月，主席盧主義以 Li Thian-Hok（李天福）為名將畢業論文投到美國知名外交期刊 *Foreign Affairs*（外交事務），題目為 "The China impasse, A Formosan View"（中國死巷：台灣人的觀點），文章總結自 3F 到 U.F.I. 成立初期，美國台獨運動者對於「台獨」的各種主張與論述，包含對國際局勢的分析、中華人民共和國進入聯合國、台灣地位、反攻大陸政策、國民黨在台實行之恐怖統治、台灣歷史的發展過程、台灣獨立的正當

---

[142] 「偽『台灣獨立黨黨章』（U.F.I.）」，〈偽台灣獨立聯合會〉，《外交部檔案》，檔號：406/0066/26-28。

[143] 盧主義，〈自由的號角──3F 及 UFI 之起源〉，頁 79；筆者收集到最早的 *Ilha Formosa* 是 1961 年 1、2 月合刊的第 4 卷第 1 期，該刊於 1961 年共出版 6 期，其中 9 月為單月號，10 月未出版，其餘為雙月刊，1961 年之前的發刊情形可見藍適齊，〈再討論戰後海外台獨運動相關刊物及「海外台灣人史」〉，頁 102。*Formosagram* 創刊日期不詳，筆者收集到最早的一期是 1963 年 7 月出刊的第 1 卷第 3 期，推測大約在 1963 年初創刊。

性基礎、台灣人的認同來源、台灣獨立與世界和平之關係等，作者主張不論基於台灣人民或美國政府之利益，台灣都應該獨立。[144] 同年 10 月，林榮勳也投書 *The New York Times*，對於當時正在進行中的八二三砲戰有所評論。[145] 11 月，盧主義又投書 *The New Republic*（新共和），題目為 "Formosan Know What They Want"（台灣人知道他們要什麼），批判實行土地改革之成效。[146] 此後，U.F.I. 成員便經常以投書方式表達訴求。[147]

---

[144] Li Thian-Hok,"The China impasse, A Formosan View," *Foreign Affairs*, Apr ,1958, pp.437-448.

[145] John Lin, "Defining Formosa's Status: Statement by United States Denying Chinese Sovereigny Asked," *The New York Times*, Oct 22, 1958, p.34. 林榮勳認為金門與馬祖的衝突是導致海峽兩岸處於緊張對峙的主要原因，作者贊同兩離島是屬於中國人的，其控制權的歸屬亦屬於中國內政問題，但駐紮於金門島上的台灣人不應該被捲入中國內戰中，因為台灣人並不關心這些離島的問題。

[146] Li Thian-Hok,"Formosan Know What They Want," *The New Republic*, Nov 24, 1958, pp.9-11. 中文翻譯見李天福著，廖進興譯，〈評析五十年代國民黨殖民統治〉，收入李天福編，《自由的呼喚》（台北：前衛出版社，2000 年），頁 51-58。

[147] 如 Li Thian-Hok, "Formosa's Freedom Urged; Red China's Claim to Island Declared Without Basis," *The New York Times*, Oct 1, 1959, p.34.；I-Te Chen, "A Free Formosa Asked," *The New York Times*, May 24, 1961, p. 40.；I-Te Chen, "Plebiscite for Formosa," *The Washington Post*, Jul 15, 1961, p.A8.；I-Te Chen, "Formosa's Independence; Right to Self-Determination Declared Based on Atlantic Charter," *The New York Times*, Dec 24, 1964, p.18.；John Lin, "Formosa's Status," *The New York Times*, Oct 25, 1964, p.E10.；I-Te Chen, "Mrs. Chiang's

（二）示威抗議

1960 年底 U.F.I. 進行主席改選，由陳以德出任新任主席。[148]隔年 2 月 28 日，陳以德召開記者會，正式對外公開組織，記者會上除散發一份二二八事件原委的資料外，也發布新聞稿，指出國際間有關台灣問題的討論，完全忽視九百萬台灣人的聲音，呼籲美國政府在聯合國發起一項關於中國代表權與台灣問題之決議案，促使台灣能在聯合國的監督之下舉行公民投票，讓台灣人自己決定是要加入「紅色中國」或是建立新的國家，如果台灣人選擇建立新的國家，台灣將以新會員國的身份進入聯合國，而中華人民共和國將繼承中華民國在聯合國內的席次，U.F.I. 也認為將台灣與中國分離，符合美國的利益。[149]

召開記者會後，U.F.I. 也開始公開活動。1961 年 8 月 3 日，副總統陳誠至紐約聯合國演講，U.F.I. 成員劉寬平利用在聯合國秘書處實習之機會得知此消息並掌握其行程，U.F.I. 便由主席陳以德趁帶領王人紀、許子津、劉寬平等人，趁陳誠車隊經過時高舉 "SELF-DETERMINATION

Plea For Attack on China," *The New York Times*, Sep 7, 1965, p. 38. ；John Lin, "Formosa not Chinese," *The New York Times*, Jan 29, 1966, p. 26.

148 〈盧主義訪談記錄〉，頁 140-143。

149 記者會上散發之二二八事件說明資料與新聞稿見〈偽台灣獨立聯合會〉，《外交部檔案》，檔號：406/0066/76-84。

FOR FORMOSANS"（台灣人自決）、"Chen Cheng CAN'T SPEAK FOR FORMOSANS"（陳誠無法代表台灣人）、"FORMOSA BELONGS to FORMOSANS"（台灣是屬於台灣人的）等標語抗議。值得注意的是，示威者不但「攜家帶眷」（有三位年幼小孩隨行），而且完全沒有帶面具或頭套，還有人遠從芝加哥趕來，人數雖不多，卻已展現十足勇氣。[150] 這也是美國台獨運動首度的公開示威活動。整個過程不到兩分鐘，人數也不算多，不過卻登上隔日的 *The New York Post*，成功達到宣傳效果。[151] 同年 9 月 30 日，U.F.I. 也趁聯合國大會開會時，動員數十人在會場外舉牌抗議並散發 *Ilha Formosa*，這也是美國台獨第一次在聯合國大會期間舉行示威抗議。[152]

150　*Ilha Formosa*, 4:5 (September 1961), p.1.〈陳以德訪談記錄〉，頁 44-45；劉寬平，《遊子傷漂泊：台美紳士劉寬平回憶錄》（台北：典藏世家創意文化，2010 年），頁 72-74。根據《外交部檔案》，共有 14 人參加遊行（陳以德、蔡啟東、郭漢清、龔文凱、黃藏修、王人紀等）。「唐海澄致外交部，海指（50）66270」（1961 年 8 月 19 日），〈偽台灣獨立聯合會〉，《外交部檔案》，檔號：406/0066/256。

151　*Ilha Formosa*, 4:5 (September 1961), p.1；陳以德說在 3F 時期就有到駐美大使館前抗議，不過大家都戴上塑膠袋以免暴露身分，這一回的示威則是首度公開活動。〈陳以德訪談記錄〉，頁 44-45。

152　「中央通訊社參考消息，央參秘（50）1437 號」（1961 年 10 月 1 日），〈偽台灣獨立聯合會〉，《外交部檔案》，檔號：406/0067/27-28。U.F.I. 事後進行內部檢討，認為這一次的示威並不成功，主要是因為當日聯合國休會以悼念逝世的秘書長 Dag

　　二二八事件是海外台獨運動源起的最重要因素，前面已提到日本台獨團體每年均選定 2 月 28 日舉行紀念會或示威活動，U.F.I. 也不例外，除了 1961 年 2 月 28 日舉行記者會外，1962 年 2、3 月號的 *Ilha Formosa* 也刊載紀念文章，並報導廖文毅臨時政府所舉辦的紀念活動。[153] 1964 年 2 月 29 日，[154] U.F.I. 發動成立以來最大規模的一次示威遊行，當日，U.F.I. 租巴士將參加者從波士頓、紐約、費城、巴爾的摩等地載來華府會合，共計 30 人之多，由主席陳以德領軍，大家手舉各式標語，[155] 至駐美大使館前

　　Hammarskjöld（1905-1961），因此示威未能吸引媒體注意，加上原定的示威區域臨時更換給其他的團體使用，使得 U.F.I. 必須在離聯合國較遠處示威。不過，U.F.I. 仍決定於接下來聯合國討論中國代表權時舉行抗議。「Memorandum P-9」（1961 年 10 月 11 日），〈偽台灣獨立聯合會〉，《外交部檔案》，檔號：406/0067/72。該份文件為外交部所取得 U.F.I. 之內部文件。紐約領事館則回報 30 日的示威約計 12 人參加，手持英文標語並散發文宣，唯未引起太大注意。「來電專號第 013 號」（1961 年 9 月 30 日），〈偽台灣獨立聯合會〉，《外交部檔案》，檔號：406/0067/26。

[153] *Ilha Formosa*, 5:1 (February&March 1962), pp.1-2. 紀念二二八的文章是盧主義所寫，1961 年 2 月 28 日記者會上發送的二二八事件文章即是此篇，最早發表於 3F 的刊物上，中文翻譯見李天福著，廖進興譯，〈二二八事件之肇因，經過及其歷史意義〉，收入李天福編，《自由的呼喚》，頁 65-83。

[154] 因 28 日非假日，故選 29 日舉行。

[155] 計有 "20,000 FORMOSANS were Murdered by CHIANG"（2 萬名台灣人遭蔣殺害）、"Mainland RECOVERY is a LOST CAUSE"（反攻

抗議，沿途並散發新聞稿[156]與文宣，參與者包括羅福全、鄭自才、蘇金春、陳東璧等人，大使館方面對於遊行沒有任何回應，但雇人在現場攝影蒐證，示威者也拿相機反拍。[157]從檔案中留存的照片來看，參與者多蒙著頭巾以免遭認出。[158]雖然不像上回抗議陳誠時一樣完全「拋頭露面」，不過主席陳以德認為這回的示威，成功使台獨的想法在台灣留學生間持續發酵。[159]這場示威活動也引起當地媒體注意，隔日紛紛加以報導，迫使大使館必須出面回

大陸無望）、"REMEMBER 2-28"（記住 228）、"FORMOSA BE-LONGS to FORMOSANS"（台灣是屬於台灣人的）、"FORMO-SANS WANT INDEPENDENCE no CHIANG no MAO"（台灣人想要獨立，不要蔣不要毛）、"Formosan OPPOSE CHINESE RULES!"（台灣人反對中國人統治）、"SEND CHIANG after RHEE and DIEM"（繼李承晚、吳廷琰後逐蔣）、"BEWARE of PEKING-TAIPEI CONSPIRACY"（注意北京—台北的陰謀）、"CHIANG aspires TO WORLD WAR III"（蔣渴望第三次世界大戰）、"WE ARE PICKETING THE CHINESE EMBASSY"（我們包圍中國大使館）等。「駐美大使館致外交部代電，美文（53）字第 530238 號」（1964 年 3 月 17 日）。〈偽台灣獨立聯合會〉，《外交部檔案》，檔號：406/0070/162-163、174-182。

156　根據新聞稿，遊行的目的在於承繼 17 年前二二八事件時未完成的革命，並展現台灣人對於獨立的渴望。〈偽台灣獨立聯合會〉，《外交部檔案》，檔號：406/0070/146-147。

157　〈陳以德訪談記錄〉，頁 46-47。

158　「駐美大使館致外交部代電，美文（53）字第 530238 號」（1964 年 3 月 17 日），〈偽台灣獨立聯合會〉，《外交部檔案》，檔號：406/0070/162-163、174-182。

159　〈陳以德訪談記錄〉，頁 47。

應。[160]

（三）與日本台獨的交流、合作

　　3F 改組為 U.F.I. 之後仍持續與廖文毅的臨時政府有
所接觸。1961 年 8 月，廖文毅抵達紐約時，特別在機場
旅館與陳以德見面。[161] U.F.I. 也在 *Ilha Formosa* 上刊載臨
時政府的相關消息。[162] 1963 年春天，更刊出由主席陳以
德親自撰寫的廖文毅傳記。[163] 同年 9 月 13 日，U.F.I. 抗
議時任行政院政務委員蔣經國訪美的記者會上，也不忘替
廖文毅在日本領導的台獨運動說話。[164]

　　U.F.I. 也與「台灣青年社」有所接觸，雙方的交流
與合作主要透過彼此的刊物進行。1960 年 6 月，盧主

---

[160]　詳見第二章第二節的討論。

[161]　〈陳以德訪談記錄〉，頁 48-49；陳銘城，《海外台獨運動四十年》
（台北：自立晚報，1992 年），頁 9-11。廖文毅當時並未獲得
美國簽證，故只能在機場停留。Max Frankel, "U.S. Barred Chiang
Foe in Deal To Let Outer Mongolia Into U.N.," *New York Times*, Oct
30, 1961, p. 1. "Poor Bargain on Mongolia," *New York Times*, Oct 31,
1961, p. 30. 中華民國政府與美國政府就此事之交涉可見 *FRUS,
1961-1963. Volume XXII, Northeast Asia.*, pp. 76-79, 83-84, 89-91, 95-
97, 104-110, 197-198.

[162]　*Ilha Formosa*, 5:1 (February & March 1962), pp. 1-2.

[163]　*Ilha Formosa*, 1:2 (Spring 1963), pp. 9-11.

[164]　〈台籍留美少數學生不法活動〉，《總統府檔案》，總統府藏，檔
號：50/31412/0007/001/100、130。

義寫信給《台灣青年》，除介紹 U.F.I. 外，也表示近來
U.F.I. 的會員數已突破 200 人且正以急遽的速度增加中，
並以 1958 年 4 月 *Foreign Affairs* 刊出自己的文章作為
U.F.I. 活動的例證，同期也刊載盧主義翻譯 *Ilha Formosa*
的文章。[165] 隔年 3 月，陳以德也致函《台灣青年》，除了
對於定期收到該刊表示感謝外，也介紹 U.F.I. 於同年 2 月
28 日所舉行的記者會，並稱許《台灣青年》是最能表現
台灣人思考的刊物，雜誌編輯也回應表示，對於美國友人
推動台獨運動感到尊敬。[166] 此後，雙方便以刊登專文的方
式，向各自讀者介紹彼方陣營。[167] 此外，*Ilha Formosa* 還
曾得到日本台獨運動者辜寬敏的資助。[168]

---

[165]　根據盧主義的說法，他是透過友人引介拿到《台灣青年》，因此
　　　得以知道太平洋彼岸台獨同志的動態。〈盧主義訪談記錄〉，頁
　　　120。《台灣青年》，第 3 期（1960 年 8 月 20 日），頁 9-11。

[166]　《台灣青年》，第 7 期（1961 年 4 月 20 日），頁 64。

[167]　如《台灣青年》曾專文介紹 U.F.I.，稱讚 U.F.I. 為最值得信賴的同
　　　志，呼籲雙方在深厚的友誼上，為台灣獨立的目標分頭並進。《台
　　　灣青年》，第 9 期（1961 年 8 月 20 日），頁 6-8；U.F.I. 也以「我們
　　　日本的朋友」（OUR FRIENDS IN JAPAN）及「有關台灣青年社」
　　　（ABOUT TAIWAN CHINGIAN）兩篇文章介紹日本台獨的動態，
　　　Ilha Formosa, 4:4 (July & August 1961), pp. 1-3. Ilha Formosa 上也轉載
　　　《台灣青年》的文章，*Ilha Formosa*, 5:1 (February & March 1962), pp.
　　　3-4.

[168]　*Ilha Formosa* 於 1963 年獲得辜寬敏 1,000 美元的贊助，但因為後
　　　來刊載一篇廖文毅傳記，肯定廖是推動台獨運動的先鋒，辜寬敏
　　　因而終止贊助，導致 U.F.I. 陷入財務危機，該項債務成為日後美

　　1961 年 9 月，*Ilha Formosa* 與日本的《台灣青年》、《台灣公論》、《台湾独立通信》、《台灣公平報》、《台灣民報》等台獨團體刊物發表聯合聲明，認為即將到來的第 16 屆聯合國大會，是台獨運動向國際發聲的大好機會，呼籲海外台灣人應該作為引領島內台灣人民之先鋒，共同團結實現台灣獨立的目標，而美、日兩地台灣人是推動台獨運動的主力，兩者間的結合將開啟台獨運動的新頁。[169] 1965 年左右，U.F.I. 成員陳榮成、張燦鍙、蔡同

國台獨運動團體間整合的障礙之一。〈陳以德訪談記錄〉，頁 50-51；〈周烒明訪談記錄〉，收入張炎憲、曾秋美、沈亮訪問，《青春・逐夢・台灣國系列 2：掖種》，頁 243；黃昭堂口述，張炎憲、陳美蓉採訪整理，《建國舵手黃昭堂》，頁 151。

[169] 該聲明見諸以下各處 *Ilha Formosa*, 4:5 (September 1961), pp.1-2.《台灣青年》，第 10 期（1961 年 9 月 30 日），頁 63-64；《台湾独立通信》，61-3 號（1961 年 9 月 15 日），頁 1-3、23；《台湾独立通信》，61-4-5 號（1961 年 10 月 17 日），頁 14-15。根據《台湾独立通信》，61-4-5 號，廖文毅臨時政府所發行的《台灣民報》並未加入該聲明，不過 *Ilha Formosa* 上刊載之英文版聲明有包含《台灣民報》。該聲明最後列出推進台獨運動的八項信念（以下為大要摘錄）：（1）國家的形成並非基於相同語言或種族，而是基於對於過去與現在的共同意識；（2）台灣的歷史是愛好自由的人民與外來侵略者不斷的對抗；（3）台灣人基於共同的歷史鬥爭經驗、文化觀、價值體系、風俗習慣及共同的鄉土愛而有明確的民族共同體意識；（4）獨立台灣之根本性依據為自決原則及台灣人屬於台灣人此一事實上；（5）台灣人有絕對的能力建立一個機能健全的社會；（6）台灣政府必定是經過人民同意、尊重法治與個人自由的政府；致力於提升人民的生活水準、文化水平及教育程度；（7）獨立台灣是自主恆久存在的國家，任何試圖

榮等人也透過侯榮邦的關係，加入日本台灣青年獨立聯盟，侯榮邦將《台灣青年》以整批的方式寄給他們，再由他們分送給留美學生，成為兩地台獨團體間的聯繫橋樑。[170]

（四）與美國其他台獨團體的合作

1965 年 5 月 14 日，日本台獨重要領導人物廖文毅返台，宣佈放棄台獨主張，激發海外台獨團體集思團結之道，威斯康辛大學「台灣問題研究會」的周烒明決定邀請美國各地的台灣人社團召開結盟大會，本來會議只是定位在因應廖文毅返台後的情勢，希望促成留美學生的團結，後來因為各方反應熱烈，決定加邀日本和加拿大的台獨團體。[171] 根據大會邀請函，會議名稱為「留美台灣同胞結盟

使台灣殖民地化的企圖將遭到抵抗；（8）建立自由獨立的台灣將對世界正義、人道與和平做出貢獻。根據盧主義日後的口述訪談，他曾建議王育德代表日本方面的台獨團體，他則代表 U.F.I.，雙方以李天福及蔡季霖為名發表共同宣言，但盧主義表示此事並未成功，且在 1961 年 6 月他離開 U.F.I. 後，這個想法未被接續進行，〈盧主義訪談記錄〉，頁 121。不過盧主義在另外的文章中卻又證實有該份聲明之發表。盧主義，〈自由的號角──3F 及 UFI 之起源〉，頁 80。

[170] 黃昭堂口述，張炎憲、陳美蓉採訪整理，《建國舵手黃昭堂》，頁 153；宋重陽，《台灣獨立運動私記：三十五年之夢》，頁 86。

[171] 周烒明，〈早期（1960-1970 年）威斯康新大學台灣學生在台灣建國運動所扮演的角色〉，收入張炎憲、曾秋美、陳朝海編，《自

大會」（Formosan Leadership Unity Congress），由台灣問題研究會與 U.F.I. 合辦，目標是促成全美台灣獨立聯盟的成立，並朝向世界台灣獨立聯盟的目標邁進。[172]

結盟大會於 1965 年 10 月 29、30 兩日在威斯康辛大學舉行，除主辦單位外，與會的單位有台灣青年社（金滿里）、台灣共和國臨時政府（周明安）、加拿大台灣人權委員會（黃義明）、紐約台灣人讀書協會（曾茂德）、明尼蘇達同鄉會（賴金德）、紐澤西同鄉會（陳必照）、波士頓同鄉會（蕭欣義）等 21 人，部分未能與會的人則以書信向大會表達意見，為防止遭人滲透，與會者還必須簽署保密宣誓書。[173]

該次會議達成以下共識：（1）台灣問題研究會與 U.F.I. 合併；（2）一年之內在費城召開第二次結盟大會。[174] 會後台灣問題研究會與 U.F.I. 發表聯合公報，除表明合併意願外，也呼籲日本台獨團體要共同合作。[175]

覺與認同：1950-1990 年海外台灣人運動專輯》，頁 465。

[172] 關於會議名稱有許多說法，如麥迪遜結盟大會（麥迪遜為威斯康辛大學所在地）、麥迪遜會議，但根據會議通知單，應為「留美台灣同胞結盟大會」。蔡景仁，〈威斯康辛大學「台灣問題研究會」的來龍去脈〉，《台灣史料研究》，第 18 號（2002 年 3 月），頁 127、131；陳銘城，《海外台獨運動四十年》，頁 91。

[173] 〈周斌明訪談記錄〉，頁 238-242。

[174] 〈周斌明訪談記錄〉，頁 240。

[175] *Formosagram*, 3:1 (February 1966).

雖然台灣問題研究會與 U.F.I. 達成合併共識，但為了新組織是否要承接 U.F.I. 原有債務問題，導致合併過程多所波折，原訂 1966 年 1 月的第二次結盟大會籌備會議因此被迫取消。[176] 直到同年 6 月 18 日，雙方才在費城再次舉行會談，決議於 7 月 4 日正式成立「全美台灣獨立聯盟」（U.F.A.I.），設置「執行委員會」、「中央委員會」，陳以德擔任「執行委員會」主席，周烇明則任「中央委員會」委員長。[177]

三、「全美台灣獨立聯盟」（U.F.A.I.）與世界性的「台灣獨立聯盟」（W.U.F.I.）時期

U.F.A.I. 成立後，訂出兩大運動任務，一是草根運動，盡量於各地發動成立台灣同鄉會，發掘領導人才，以便從事群眾運動；二是啟蒙運動，啟發美國社會對台灣的認識；此外，訂有四大工作項目：（1）刊登台灣人追求民主、自由和獨立的廣告；（2）將聯盟總部由費城搬到紐約，鼓勵盟員遷往紐約與華府求學與就職，以利向國際發聲；（3）展開「自由長征」，巡迴美國各大專院校，

---

[176] 〈周烇明訪談記錄〉，頁 242-243。

[177] 李逢春等，《風起雲湧：北美洲台灣獨立運動之發展》（Kearny, N.J.：世界台灣獨立聯盟，1985 年），頁 39。

宣傳台獨思想；（4）繼續發行 *Formosagram*。[178]

　　1966 年 11 月 20 日，美、日、加拿大、歐洲四地共五個台獨團體集資在 *The New York Times* 上刊登 FORMOSA FOR FORMOSAN（台灣人的台灣）廣告，部分內容摘自彭明敏的〈台灣人民自救宣言〉，分別針對聯合國會員國、北京政府、台北政府及美國人民訴求台灣是台灣人的台灣。[179] 此外，當年底也透過夾帶在聖誕卡的方式，將宣傳單與該「獨立宣言」寄送進島內。[180] 同年 11 月 16 日起，U.F.A.I. 展開「自由長征」之旅，串連全美各地的盟員，除了宣傳宗旨外，目標放在建立有效的聯絡網、鼓吹台灣意識、吸收盟員、籌募經費、爭取美國社會的支持等。張燦鍙、陳榮成、賴文雄、羅福全等人分從美東、美西出發，逐一拜訪各大學校園及台灣人社區，經過這趟「八千哩自由長征」後，讓 *Formosagram* 的發行量由 400 份增加至 4,000 份，也吸收到不少新盟員，為日後聯盟的募款及聯絡網絡奠下良好基礎。[181]

---

[178]　〈周斌明訪談記錄〉，頁 245。

[179]　*New York Times*, Nov 20, 1966, p.E6. 五個團體分別是「全美台灣獨立聯盟」、「台灣青年獨立聯盟」、「台灣共和國臨時政府」、「歐洲台灣獨立聯盟」及「台灣人權委員會」。刊登費用，陳以德說 4,400 美元，周斌明說約 5,000 美元，〈陳以德訪談記錄〉，頁 59；〈周斌明訪談記錄〉，頁 246。

[180]　*Formosagram*, 4:6 (January 1967), p.11.

[181]　李逢春等，《風起雲湧：北美洲台灣獨立運動之發展》，頁 43-

其他的重要活動包括 1968 年 2 月 28 日，策動在全美 15 所大學的校刊上刊登哀悼二二八事件及批判國民黨政權統治的廣告，展開文宣戰。[182] 同年 4 月 5 日，由 U.F.A.I. 成員陳榮成、張燦鍙領軍，集結在美國和加拿大的台灣留學生，至日本駐美大使館及中華民國駐美大使館前抗議台灣青年獨立聯盟中央委員柳文卿遭到強制遣返，沿途除高呼「打倒蔣介石」、「消滅獨裁者蔣介石」的口號外，另外印製一萬份申訴書，發送給天主教教宗、各國駐聯合國代表團、聯合國人權委員會、各國政府、美國參眾議院、日本天皇、各大報社等，並以電話向美國國會議員及大學教授申訴。[183]

此時期針對聯合國中國代表權問題，U.F.A.I. 也發動多次遊行，向外界表達台灣人企求獨立的聲音，1969 年 10 月，U.F.A.I. 發出示威通知，希望旅美台灣人能夠挺身而出表達台灣人企求獨立的渴望，以免台灣再度成為各國

46；張燦鍙，《八千哩路自由長征：海外台灣建國運動二十個小故事》（台北：前衛出版社，2006 年），頁 88-92。

[182] 「全美台灣獨立聯盟致駐美大使周書楷聲明」（1969 年 3 月 5 日），〈偽台灣獨立聯合會〉，《外交部檔案》，檔號：406/0075/150。

[183] 〈台獨出版刊物〉，《外交部檔案》，檔號：406/0011/101-102。《台灣青年》，第 89 期（1968 年 4 月 25 日），頁 15-17；第 90 期（1968 年 5 月 25 日），頁 22-24；*Formosagram*, 5:9 (April 1968), pp. 1-6.

與中華人民共和國改善關係的犧牲品，變成「亡國流浪之民」，希望大家熱烈參與遊行，或以捐款表示支持。[184] 活動前，陳隆志先投書 *The New York Times*，強調在中國代表權問題解決之後，「台灣問題」無論就道義、法律乃至政治上，唯一可行的解決辦法就是讓台灣人民自決。[185] U.F.A.I. 並提交請願書給聯合國各會員國，呼籲遵照聯合國憲章與世界人權宣言，維護台灣人民自決的權利，以公投方式建立一個真正代表台灣全民的政府；強調唯有「一中一台」才能徹底解決中國代表權問題。[186] 11 月 3 日，眾人齊聚在聯合國大廈前遊行，後轉往中華民國駐聯合國代表團及紐約領事館前抗議，沿途散發請願書並高舉 SELF-DETERMINATION AND FREEDOM FOR TAIWANESE（給台灣人自決與自由）、END MARTIAL LAW IN TAIWAN（結束台灣戒嚴統治）、ONE TAIWAN,ONE CHINA（一台一中）等標語，日本台灣青年獨立聯盟也派人與會，象徵兩地台獨力量的團結，遊行後發出的文宣中，呼籲大家拿出最大的決心，做最大的犧牲，繼續為台灣獨立建國共同

---

[184]　《台灣青年》，第 109 期（1969 年 12 月 5 日），頁 4-5。

[185]　Lung-Chu Chen, "Status of Taiwanese," *The New York Times*, Oct 16, 1969, p. 46.《台灣青年》，第 109 期（1969 年 12 月 5 日），頁 13-14。

[186]　《台灣青年》，第 109 期（1969 年 12 月 5 日），頁 6-8。

奮鬥。[187] 這一次示威遊行所採用的動員與活動方式，大體為日後所沿用，也就是事前發出動員通知，寄發請願書給聯合國會員國，活動後發佈鼓舞士氣的文宣等。

　　與日本、歐洲、加拿大台獨團體方面的合作，則以刊物整併作為橋樑。除了持續介紹彼此的動態外，1967年12月，日本台灣青年獨立聯盟宣布自1968年起將其英文刊物 *Independent Formosa*，改為與 U.F.A.I. 的共同刊物，編輯委員會將由雙方人員擔任，編輯工作也將在兩地共同進行。[188] 1968年3月，歐洲台灣獨立聯盟加入 *Independent Formosa* 的共同編輯單位，[189] 6月起加入加拿大台灣人權委員會。[190] 1968年4月，U.F.A.I. 宣布將 *Formosagram* 併入日本台灣青年獨立聯盟的《台灣青年》。[191] 5月，日本台灣青年獨立聯盟宣布《台灣青年》將成為美、日、歐三地台獨團體的共同刊物，[192] 7月起加入加拿大台灣人權委員會。[193] 經過上述刊物的整編之後，

---

[187]　《台灣青年》，第109期（1969年12月5日），頁9-10。

[188]　*Independent Formosa*, 6:6 (December 1967), p. 29.《台灣青年》，第88期（1968年3月25日），頁4。

[189]　《台灣》，第2卷第3期（1968年3月），封底。

[190]　*Independent Formosa*, 7:2 (June 1968), p. 2.

[191]　*Formosagram*, 5:9 (April 1968), pp. 9-10.

[192]　《台灣》，第2卷第6期（1968年6月），封底；《台灣青年》，第90期（1968年5月25日），封底。

[193]　《台灣青年》，第92期（1968年7月25日），封底。

Independent Formosa 與《台灣青年》成為美、日、歐、加拿大四地台獨團體共同的機關刊物,透過共同編輯、發行、相互報導的作法,為未來進行更大規模的合作奠下基礎。

1969 年 7 月,U.F.A.I. 新任主席蔡同榮訪問日本台獨,此後,雙方台獨人士往返增加,開始商議在既有刊物整併的基礎上進一步合作。[194] 同年 9 月 20 日,美、日、歐、加拿大四地台獨團體幹部齊聚紐約開會,決議成立世界性台獨聯盟,設總本部於紐約,原有各地台獨聯盟改為各地本部,為維持各本部的自主性,總本部的中央委員由各本部自行選出,再由中央委員選舉總本部主席。[195] 總本部設在紐約主要是考量處理中國代表權的場域是在紐約的聯合國,而且影響台灣最大的是美國政策,故將總本部設於紐約。[196]

1970 年 1 月 1 日,世界性的「台灣獨立聯盟」(W.U.F.I.)正式成立,由蔡同榮擔任主席,張燦鍙為副主席,執行秘書鄭自才,各本部負責人分別是美國蔡同榮、日本辜寬敏、加拿大林哲夫、歐洲簡世坤、台灣邱怡

194　黃昭堂口述,張炎憲、陳美蓉採訪整理,《建國舵手黃昭堂》,頁 184-185。

195　陳銘城、施正鋒主編,《台灣獨立建國聯盟的故事》,頁 47。

196　黃昭堂口述,張炎憲、陳美蓉採訪整理,《建國舵手黃昭堂》,頁 185。

發。[197]

　　成立宣言中表示，1970 年代將是台灣歷史的轉捩點，是台灣獨立建國的年代，為把握獨立建國的契機，聯合美、日、歐、加拿大四地的台獨團體，加上台灣島內的「台灣自由聯盟」[198] 合併成世界性的台灣獨立聯盟，宣言中明確標舉聯盟的目標是「消滅蔣家政權的暴政罪行」，並勾勒「台灣共和國」的立國原則與精神：

> 本聯盟將擔負領導台灣人排除外來統治的責任。
> 創建獨立自主的台灣共和國，以人性尊嚴為政治體制的依歸，以人權的維護為立國的根本。致力建立民主自由的全民政治，使所有在台灣的人民不受任何威脅迫害，獲得平等參政的保障；有效利用資源，經濟機會平等，使人人享有康適富裕的物質生活；提供自由開放，公平正義的社會，實施社會福利政策，使人人享有幸福的生活；使

---

[197] 《台灣青年》，第 110 期（1970 年 1 月 5 日），頁 2。負責人邱怡發是虛構人物，簡世坤則是張宗鼎的化名。黃昭堂口述，張炎憲、陳美蓉採訪整理，《建國舵手黃昭堂》，頁 187；〈張宗鼎先生訪問記錄〉，收入陳儀深訪問，簡佳慧等紀錄，《海外台獨運動相關人物口述史》，頁 528。

[198] 「台灣自由聯盟」是由加入日本台灣青年獨立聯盟的秘密盟員所組成。黃昭堂口述，張炎憲、陳美蓉採訪整理，《建國舵手黃昭堂》，頁 186-187。

> 台灣真正是台灣人民及其子子孫孫生存發展的樂
> 土。台灣共和國將加入聯合國及其他國際組織，
> 盡世界社會一份子的責任；並與尊重台灣獨立自
> 主的國家建立平等友好的關係。[199]

宣言最後展望獨立建國之路已經到來，需要大家共同的努力，以自己的雙手建立自己的國家：

> 二二八大革命所播下的獨立種子，經過二十餘年
> 無數島內外革命志士心血的灌溉與勇氣的培植，
> 以萌苗壯大。獨立的願望，已經在台灣人的心中
> 由小變大，由弱變強；獨立的組織已經深入台灣
> 人的各階層，由點成線，由面成體。台灣獨立運
> 動已成一股不可抗阻的力量。今日我們結為偉大
> 的革命總體，正是台灣獨立建國成功的先聲。台
> 灣獨立建國的一九七〇年代已來到！讓我們及時
> 參與這個偉大的革命行列，以我們的雙手建立自
> 己的國家！[200]

---

[199] 《台灣青年》，第 110 期（1970 年 1 月 5 日），頁 4-8。
[200] 《台灣青年》，第 110 期（1970 年 1 月 5 日），頁 4-8。

第二章　因應海外台獨運動之組織與機制

　　本章旨在探討中華民國政府因應海外台獨運動相關組織的設立及因應機制的建立。第一節將先釐清中華民國政府因應海外台獨運動相關組織之設立，以期建立一個整體的組織框架，作為之後討論具體因應手法、策略之基礎，至於具體工作內容或任務將在往後篇幅一一論及。必須說明的是，中華民國政府係在「對匪鬥爭」的框架下來處理海外台獨運動。中華民國政府在國共內戰失利「轉進」台灣以後，面臨到與中華人民共和國爭奪中國正統代表的問題，也就是「中國代表權」的爭論。而「對匪鬥爭」與爭奪「中國代表權」有很密切的關連；所謂的「匪」並不限於中國共產黨，就對台獨運動之因應而言，中華民國政府一方面無法見容其主張，另一方面長久以來也認定台獨運動與中國共產黨有關，「共匪」若非直接支持便是在背後策動，台獨運動便是在這樣的脈絡下被放入「對匪鬥爭」的框架來因應，相關因應組織也就被置於此一架構下被建構起來。而隨著台獨運動勢力的擴大，對台獨之反制也漸成為該宗旨下相當重要的工作，規模也從「小組」提升至「專案」。第二節則以對台獨言論及示威遊行活動之反制

為例,探討中華民國政府如何從中模索出對台獨運動之因應機制,確立過程及所遭遇到的挑戰。

第一節　從「小組」到「專案」:
因應組織的建置

以下先從主掌「對匪鬥爭」業務的「海外對匪鬥爭工作統一指導委員會」談起;其次,以其下的日本工作小組及應正本專案小組說明其對台獨運動之因應;接著將重心放在因應美國台獨運動相關組織之設立;最後,討論1970年初海指會下所設立的「安祥專案」計畫,說明中華民國政府至此對台獨運動因應之整體組織框架圖像。

一、跨部會的海外工作組織:海外對匪鬥爭工作統一指導委員會

1951年國民黨改造期間,通過「海外黨務實施綱要」,以期整頓海外黨務。1953年3月,為求海外黨務、僑務與外交三者間能互相配合,國民黨中常會第十八次會議通過「海外工作指導小組組織簡則」,在中央委員會之下設立「海外工作指導小組」,該小組是中華民國政府第一次橫跨黨部組織與行政部會,整合性地處理海外工作事務,成員涵蓋黨、外交、僑務、國防、情報等單位,包括

國民黨中央委員會第三、四及六組主任、外交部長、僑委會主委、國防部總政治部主任、第二廳廳長、保密局局長、總統府機要室資料組主管、內政部調查局局長等。[1]該小組主要負責海外工作政策之決定、指導、報告、檢討及與各相關單位間之聯繫，[2]並先後在日本、韓國、泰國、越南及菲律賓等地成立工作會報或工作指導小組。[3]

1956 年 11 月 21 日，國民黨中常會第三一六次會議通過「海外對匪鬥爭工作統一領導辦法」（下稱「海統辦法」），[4]將「海外工作指導小組」改組為「海外對匪鬥爭工作統一指導委員會」（下稱「海指會」），以期擴大並加強統籌海外工作事務的機制。[5]

海指會設主委及秘書長各一人，指定列席人員有國民黨秘書長、第二、三、四、六組主任、外交、財政、經濟部長、僑委會主委、國防會議正副秘書長、國安局長、參

---

[1] 劉冠麟，〈1960 年代前期中華民國對日外交之研究〉（台北：台灣師範大學歷史學系碩士論文，2010 年），頁 18-19；中國國民黨中央委員會第三組印行，《四十二年度的海外黨務》（台北：編者，1954 年），頁 18。

[2] 劉冠麟，〈1960 年代前期中華民國對日外交之研究〉，頁 19。

[3] 「海外工作指導小組工作情況暨檢討意見」，〈周海通宣傳小組〉，《外交部檔案》，檔號：818.11/0005/214。

[4] 劉維開編，《中國國民黨職名錄》（台北：中國國民黨中央委員會黨史委員會，1994 年），頁 290。

[5] 「海外對匪鬥爭工作統一領導辦法」，〈周海通宣傳小組〉，《外交部檔案》，檔號：818.11/0005/99、212。

謀總長等，倘若該指定首長非國民黨黨員，則由副首長代替之。[6]秘書業務由國民黨第三組兼辦，不另設專員。[7]根據海統辦法，海指會主要工作有以下五項：[8]

1. 海外對匪鬥爭工作之研討與策劃事項。
2. 海外各地區業務之督導與協調事項。
3. 海外有關機關重要工作同志之考核、訓練與調整事項。
4. 海外工作經費之籌措、運用與審核事項。
5. 其他海外對匪鬥爭有關重要事項。

1956 年 12 月 24 日，國民黨第三二五次中常會通過海指會委員名單（表 2-1-1），比起海外工作指導小組，多了財經部會首長，這是為了改善海外工作在經貿財經事項上無法與國內機關配合的問題。[9]

6　「海外對匪鬥爭工作統一領導辦法」，〈周海通宣傳小組〉，《外交部檔案》，檔號：818.11/0005/99、212。

7　「海外對匪鬥爭工作統一領導辦法」，〈周海通宣傳小組〉，《外交部檔案》，檔號：818.11/0005/100、213。

8　「海外對匪鬥爭工作統一領導辦法」，〈周海通宣傳小組〉，《外交部檔案》，檔號：818.11/0005/99、212；中國國民黨中央委員會第三組編印，《四十六年海外黨務上篇》（台北：編者，不詳），頁 6。

9　海外工作指導小組於 1957 年 1 月 26 日召開會議，檢討近年工作情況，檢討意見中就有：海外工作與經濟貿易之機構派駐人員關係至切，海外工作指導小組參加人員尚未包括經濟金融機關人員在內，

表 2-1-1 「海外對匪鬥爭工作統一指導委員會」成員名單
（1956 年 12 月）

職稱	姓名	職位
主任委員	周至柔	國防會議秘書長
秘書長	鄭彥棻	僑委會主委、國民黨第三組主任
委員	張厲生	國民黨秘書長
委員	鄭介民	國安局長、國民黨第二組主任
委員	馬星野	國民黨第四組主任
委員	張炎元→陳建中	國民黨第六組主任
委員	彭孟緝	參謀總長
委員	蔣經國	國防會議副秘書長
委員	葉公超	外交部長
委員	徐柏園	財政部長
委員	江杓	經濟部長

說　　明：張炎元於海指會名單通過後不久即因接任國防部情報局長
　　　　　一職，改由陳建中擔任第六組主任並兼任海指會委員，該
　　　　　人事案於 1956 年 12 月 31 日通過。劉維開編，《中國國民
　　　　　黨職名錄》，頁 284、290。
資料來源：「海外對匪鬥爭工作統一指導委員會第一次會議記錄」
　　　　　（1957 年 2 月 20 日），〈周海通宣傳小組〉，《外交部
　　　　　檔案》，檔號：818.11/0005/210；劉維開編，《中國國民
　　　　　黨職名錄》，頁 280-284、290。

致有關措施未盡能配合推動。海指會增加財經部會首長列席，可說
是上述檢討意見之具體改進措施。「海外工作指導小組工作情況
暨檢討意見」，〈周海通宣傳小組〉，《外交部檔案》，檔號：
818.11/0005/214。

　　1957 年 2 月 20 日，海指會召開第一次會議，通過「海外各地區對匪鬥爭工作小組設置通則」、「海外對匪鬥爭工作統一指導委員會各地區特派員督導員設置通則」及「加強海外對匪鬥爭工作聯繫配合辦法」。[10] 該會對外以「周海通」為化名，暫訂每週六舉行會議。[11] 根據上述辦法，海指會在海外重要地區使領館內設置工作小組，負責執行該會決議，成員以「黨性特強」、「富有領導能力」為標準，從黨部、使領館人員、重要華僑團體、學校、報紙、青運組織及中央各機關派駐當地人員中選任。[12] 無使領館之地區則設特派員或督導員負責該地之對匪鬥爭工作。[13] 初期以泰國、港澳、日本、星馬為重點區域，接著擴及歐洲、印尼、緬甸、寮國、越南等地，由此

---

[10]　「海外對匪鬥爭工作統一指導委員會第一次會議記錄」（1957 年 2 月 20 日），〈周海通宣傳小組〉，《外交部檔案》，檔號：818. 11/0005/210-211。

[11]　「海外對匪鬥爭工作統一指導委員會第一次會議記錄」（1957 年 2 月 20 日），〈周海通宣傳小組〉，《外交部檔案》，檔號：818. 11/0005/210-211。「周海通」，「周」指的可能是海指會主委周至柔，「海」則為海外工作的意思。就筆者在檔案中所見，日後海指會用過的化名依時間順序包含「李海興」、「唐海澄」、「谷振海」、「陸海光」等。「陸海光」之化名至少使用至 1972 年。

[12]　「海外各地區對匪鬥爭工作小組設置通則」，〈周海通宣傳小組〉，《外交部檔案》，檔號：818.11/0005/220。

[13]　「海外對匪鬥爭工作統一指導委員會各地區特派員督導員設置通則」，〈周海通宣傳小組〉，《外交部檔案》，檔號：818.11/0005/221。

可知，海指會成立初期係設定亞洲為「對匪鬥爭」的重點區域。[14] 雖然海指會執掌的是「對匪鬥爭」業務，但該會實際上鬥爭的對象並不限於「共匪」，也包含其他政治異議人士，海外台獨運動也是該會「鬥爭」的對象之一。

二、日本工作小組

　　海外台獨運動，在 1950 年代至 1960 年代中期以前，主要發展地在日本，包含以廖文毅為首的「台灣共和國臨時政府」及王育德等人的「台灣青年社」兩大系統。1953 年 8 月，「海外工作指導小組」成立後設置的日本地區工作會報即將策動忠貞僑胞打擊廖文毅領導之台灣民主黨活動列為工作之一。[15] 海指會成立後，1957 年 7 月 1 日，國民黨中常會第三七〇次會議通過「統一指導日本地區對匪鬥爭工作意見」，決議根據「海外各地區對匪鬥爭

14　「海外對匪鬥爭工作統一領導辦法」，〈周海通宣傳小組〉，《外交部檔案》，檔號：818.11/0005/99、212-213。根據葉川睿的整理，港澳於 1957 年 8 月設置特派員辦公處；泰國、日本、韓國、菲律賓、越南等地於 1957 年 8 月到 9 月間成立工作小組；星馬於 1958 年 3 月設置聯絡員；西德於 1958 年 7 月成立工作會報；寮國於 1959 年 7 月成立工作小組；印度於 1960 年 4 月設置聯絡小組；溫哥華於 1961 年 3 月設立工作會報。葉川睿，〈中國國民黨海外黨務發展（1950-1962）〉（南投：暨南大學歷史學系研究所碩士論文，2011 年），頁 133。

15　「海外各地區指導組織概況表」，〈周海通宣傳小組〉，《外交部檔案》，檔號：818.11/0005/215。

工作小組設置通則」改組日本地區工作會報為「日本地區
對匪鬥爭工作小組」（下稱「日本工作小組」），由駐日
大使擔任召集人，統一指揮監督駐日各黨務情報與文化宣
傳機構執行對匪鬥爭工作。[16] 8 月，日本工作小組正式成
立，化名「盛岳星」，由駐日大使沈覲鼎任召集人，成員
見表 2-1-2。[17] 工作小組下另設置「對匪經濟作戰小組」
與「對匪宣傳作戰小組」。[18] 日本工作小組仍延續工作會
報的任務，除「對匪鬥爭」外，也密切關注日本台獨活
動。如 1958 年 1 月 17 日，海指會第三十一次會議，討
論廖文毅在日發行台灣國債券一事之因應，決議由日本工
作小組策動台籍僑胞向日本法院控訴廖文毅發行債券涉嫌
詐欺罪。[19] 該小組 1959 年及 1960 年度的工作項目中也包
含「對偽台灣獨立黨爭取台籍青年入黨之陰謀商訂具體對

---

16 「統一指導日本地區對匪鬥爭工作意見」，〈周海通宣傳資料〉，
　　《外交部檔案》，檔號：818.12/0027/24。

17 「海外對匪鬥爭工作統一指導委員會第二十一次會議記錄」（1957
　　年 8 月 23 日），〈周海通宣傳資料〉，《外交部檔案》，檔號：
　　818.12/0026/80。其他化名有「陳思銘」、「木村貞太郎」、「渡邊
　　勇夫」、「山田武雄」等。

18 「海外對匪鬥爭工作統一指導委員會第二十三次會議記錄」（1957
　　年 9 月 13 日），〈周海通宣傳資料〉，《外交部檔案》，檔號：
　　818.12/0026/147、151-152。

19 「海外對匪鬥爭工作統一指導委員會第三十一次會議記錄」（1958
　　年 1 月 17 日），〈周海通記錄對匪鬥爭〉，《外交部檔案》，檔
　　號：818.11/0010/102。

策進行反擊」及「粉碎偽台灣獨立黨之陰謀活動」等。[20]
王育德、黃昭堂等人於 1960 年 2 月成立的「台灣青年
社」，同年 6 月間也隨即遭到該小組鎖定調查。[21]

表2-1-2　「日本地區對匪鬥爭工作小組」成員名單（1957 年 8 月）

姓名	職位	註記
沈覲鼎	駐日大使	小組召集人
李德廉	駐日黨務督導員	小組秘書
孔秋泉	國民黨第六組駐日工作負責人	
王維中	國安局駐日督導組負責人	

資料來源：「日本地區對匪鬥爭工作小組參加人員名單」，〈周海通
　　　　　宣傳資料〉，《外交部檔案》，檔號：818.12/0026/25。

---

[20] 「本會在海外各地工作小組與會報工作概況檢討意見清表（1959
年 1 月至 12 月底止）」，〈海外對匪鬥爭指導委員會〉，《外
交部檔案》，檔號：816.9/0006/66。「海外對匪鬥爭工作統一指導委
員會第七十八次會議記錄」（1959 年 12 月 18 日），〈海外對匪
鬥爭指導委員會〉，《外交部檔案》，檔號：816.9/0005/129。關
於「粉碎偽台灣獨立黨之陰謀活動」，具體辦法有四項：（1）指
派適當之台籍青年或僑民打入偽黨組織，瞭解其動向，並作分化
及離間工作，製造其本身之矛盾；（2）加強對台籍僑胞之教育與
宣傳，使其提高警覺，勿受欺騙與利用；（3）對偽黨之各種集會
進行破壞及打擊工作；（4）爭取該偽黨重要幹部反正，或配合日
本警察機關引渡台灣，瓦解其組織。

[21] 「海外對匪鬥爭工作統一指導委員會第八十八次會議記錄」（1960
年 6 月 3 日），〈海外對匪鬥爭指導委員會〉，《外交部檔案》，
檔號：816.9/0003/82。

三、應正本專案小組

　　除了日本工作小組將因應台獨活動作為工作項目之一外，1961 年，總統府宣傳外交綜合研究組[22]下的亞洲研究小組，向海指會提出因應廖文毅在日台獨活動之報告。對此，海指會決議由海指會秘書處暨國民黨第三、四、六組、外交部、國安局、僑委會、教育部等單位組成專案小組，負責研判海外台獨人士之動向，對海外「台籍學生」及僑胞，尤其是青年族群，其不滿政府之情緒研商對策，並調查中央各機關現行因應台獨活動之策略。[23]

---

[22] 1961 年 3 月 20 日，國民黨中常會第二八五次會議通過將原「宣傳指導委員會」擴大改組為「總統府宣傳外交綜合研究組」，該組直接接受總統指導，設召集人 1 至 3 人，委員 13 至 17 人，訂兩週開會一次，秘書業務由國民黨第四組擔任；其任務為：綜合研究國際局勢，擬議外交宣傳方針供總統決策參考，其下另設美洲、歐洲、亞洲、匪俄四個研究小組。同年 3 月 31 日召開第一次會議，截至 1970 年 8 月，共計召開 238 次會議。1963 年 6 月 7 日，第五十六次會議決定增設非洲研究小組。「宣傳外交綜合研究組規程」、「中國國民黨中央委員會函外交部長沈昌煥」（1961 年 4 月 3 日），〈總統府宣傳外交綜合研究組〉，《外交部檔案》，檔號：814/0015/7、10。「總統府宣傳外交綜合研究組工作檢討報告」，〈總統府宣外小組資料〉，《外交部檔案》，檔號：707.6/0019/142。「總統府宣傳外交綜合研究組函沈昌煥，（52）宣外綜字第 107 號」（1963 年 6 月 15 日），〈總統府宣傳外交綜合研究組〉，《外交部檔案》，檔號：814/0017/19-20。

[23] 「唐海澄致外交部，海指（50）529 號」（1961 年 12 月 13 日），〈台灣獨立運動（十七）：應正本小組〉，《外交部檔案》，檔案管理局藏，檔號：0050/006.3/0018。

　　1961 年 12 月 16 日，海指會召集專案小組召開第一
次會議，通過小組化名「應正本」，負責研議對海外台獨
活動之對策並提報海指會核定，對於決議案之執行負有
協調、督導之責。[24] 應正本專案小組的成立，反映出 1960
年代初期海外台獨運動的發展已讓中華民國政府倍感壓
力，因此，必須另外成立專案小組因應。[25] 應正本小組一
方面作為海指會會議召開前的「會前會」角色，針對各單
位所提出與台獨相關之議案，先行交換資料、研商對策並
做出初步決議送請海指會核定；另一方面則負責協調、督
導各單位確實執行相關決議。

　　從應正本小組歷次的會議紀錄來看，小組除了針對海
外台獨活動本身提出因應對策外，主要負責籌辦留學生輔
導相關事務。具體來說，如加強留學生宣傳工作、策動組
團返國觀光、協助解決生活問題、舉辦聯誼活動、加強對
「台籍留學生」在台家屬之聯絡、建立留學生黨部等；在

24　「應正本」的「正本」二字指的可能是對「台獨謬論及陰謀」要
　　「正本清源」之意。「『應正本案』實施計畫綱要（草案）」、
　　「唐海澄致外交部」（1961 年 12 月 20 日），〈台灣獨立運動
　　（十七）：應正本小組〉，《外交部檔案》，檔案管理局藏，檔
　　號：0050/006.3/0018。

25　上述決議經海指會第一二〇次會議通過備查。「唐海澄致外交部，
　　海指（50）發字 255」（1961 年 12 月 26 日），〈台灣獨立運動
　　（十七）：應正本小組〉，《外交部檔案》，檔案管理局藏，檔
　　號：0050/006.3/0018。

因應台獨活動方面，主要有加強收集台獨活動的資料、編印反制台獨的文宣手冊、針對海外台獨份子申請護照或延期加簽研議對策、向日本政府交涉取締台獨活動等。[26] 從工作內容包含輔導留學生來看，可以推知中華民國政府希望透過此一方式，降低台獨團體對台灣留學生，尤其是台籍留學生之影響，藉此限制台獨活動之擴大。

相較各地對匪鬥爭工作小組設在駐在國大使館內，應正本小組則是直接設於海指會之下，是該會專門處理台獨事務的單位。從檔案中無法確知該小組結束於何時，不過，檔案中顯示該小組經常停開會議，如 1962 年有 18 週的會議停開，1963 年更高達 21 週，1964 年 7 月之後就不見該小組開會紀錄，推測小組結束於此時左右。[27]

---

[26] 「唐海澄致外交部，海指（51）發字 266。附件：應正本專案小組工作情況暨檢查擬議意見清表」（1962 年 9 月 19 日），〈台灣獨立運動（應正本小組）（十八）〉，《外交部檔案》，檔案管理局藏，檔號：0050/006.3/0019。

[27] 在檔案管理局所藏〈台灣獨立運動〉案中，共有三冊「應正本小組」檔案，所收錄的小組會議記錄最晚至 1963 年 6 月 21 日第四十四次會議，而從同年 8 月起，就幾乎沒有再召開過會議了（8/9、8/16、8/23、8/30、9/6、9/20、9/27 的會議都宣布停開）。另外在中研院近史所所藏《外交部檔案》中，則有 1964 年 1 月 27 日、6 月 19 日的開會記錄。〈偽台灣獨立聯合會〉，檔號：406/0070/85-88；〈台獨盧主義；台獨黃啟明；台獨姜渭均與龔聯禎〉，檔號：406/0033/26。

四、美國台獨專案小組

　　如前所述，海指會成立初期將重心多擺在亞洲地區。在美國方面，海指會雖然曾討論是否在美國設置對匪鬥爭工作小組，不過因為種種因素，直到 1960 年代中期都沒有正式設立。[28] 針對日本台獨運動，有海指會下的日本工作小組負責，至於美國台獨方面，由於初期發展還不大，因此，直到 1961 年 U.F.I. 對外召開記者會後，駐美大使館及各領事館才針對突發事件以臨時性編組的方式來做因應。隨著美國台獨勢力的增長，中華民國政府也開始在各地領事館內成立台獨專案小組，並於 1968 年在駐美大使館下設置專門的台獨工作小組，統領各地專案小組；之後又陸續在洛杉磯與休士頓成立類似的小組。

（一）臨時編組

　　駐外單位雖然在 1961 年 U.F.I. 對外公開組織前就已掌握到其活動情形，[29] 不過直到當年 2 月 28 日 U.F.I. 召開記者會後，中華民國政府才開始有明確的因應動作。

---

[28] 有關海指會設置美國對匪鬥爭工作小組之論爭見彭佩琪，〈國民黨政府在美僑社的僑務工作（1949-1960）〉（台北：台灣師範大學歷史學系碩士論文，2009 年），頁 30-31。

[29] 「海外對匪鬥爭工作統一指導委員會第七十九次會議記錄」（1960年 1 月 8 日），〈海外對匪鬥爭指導委員會〉，《外交部檔案》，檔號：816.9/0006/40。

　　U.F.I. 於 1961 年 2 月 28 日召開記者會，正式對外公開組織，事前駐美大使館就指示紐約領事館邀約「忠貞留學生」及有關人士商議對策，並指派曹文彥、朱耀祖等人前往協助。[30] 同年 9 月，駐美大使館為因應 U.F.I. 在聯合國前的示威活動，由大使葉公超邀集紐約、芝加哥兩地總領事及王慶芳[31] 等人會商對策。[32] 隔年（1962）為因應 U.F.I. 可能再度於 2 月 28 日有所活動，駐美大使館在紐約、芝加哥兩地成立專案小組負責因應。[33] 上述例子顯示，駐美大使館於接獲 U.F.I. 活動情報後，隨即召集相關人員研商因應辦法，屬於臨時性的編組。在前述應正本小組討論如何因應 U.F.I. 活動時，外交部即表示，駐美大使館針對台獨案件，已由駐美大使、駐美文化參事、駐美各

---

[30] 「駐紐約總領事館致外交部代電，紐（50）字第 50-525 號快郵代電」（1961 年 3 月 2 日），〈偽台灣獨立聯合會〉，《外交部檔案》，檔號：406/0066/67。

[31] 在海指會成立當時，王慶芳為國安局聯絡室主任，負責該局與海指會間之業務聯繫。「海外對匪鬥爭工作統一指導委員會各單位負責聯繫同志名單」，〈周海通宣傳小組〉，《外交部檔案》，檔號：818.11/0005/113。日後王慶芳被國民黨第三組派駐美國，擔任駐美留學生黨務督導員，負責輔導留美學生。〈偽台灣獨立聯合會〉，《外交部檔案》，檔號：406/0066/31、406/0069/45。

[32] 「駐美大使館致外交部電，來電專號第 931 號」（1961 年 8 月 30 日），〈偽台灣獨立聯合會〉，《外交部檔案》，檔號：406/0067/4。

[33] 「唐海澄致外交部，海指（51）發字 021」（1962 年 1 月 30 日），〈偽台灣獨立聯合會〉，《外交部檔案》，檔號：406/0067/92。

地總領事、留學生黨務負責人等組成專案小組，惟該小組屬機動性質，其召集地點，端視台獨活動地點而定。[34] 由此可知，在 1960 年代初期，駐外單位雖已針對美國台獨活動有所因應，但僅為臨時、機動性的安排，直到 1964 年後方將之制度化，在各地使領館內成立專案小組。常態性的編組也反應出美國台獨運動之規模在中華民國政府的眼中，已進入必須設立專案小組因應的新階段。

（二）各地總領事館成立台獨專案小組

1964 年 1 月 3 日，海指會第一六四次會議通過「針對旅美偽台獨黨之活動陰謀我方應採之策略」案，決議在台獨活動較活躍之區域，紐約、芝加哥與舊金山三地，成立台獨專案小組，作為因應之核心單位。小組以各地領事館總領事為召集人，成員應包含駐美文化參事處代表、國民黨留美學生黨務督導員、各地留學生分部負責人、新聞局駐各地辦事處人員等。此外，召集人得視情況邀請當地留學生社團或其他有關人士參加，駐美大使館則負責督導各小組工作執行情形。[35] 不久，國民黨中常會又決議，國

---

34 〈台灣獨立運動（十七）：應正本小組〉，《外交部檔案》，檔案管理局藏，檔號：0050/006.3/0018。

35 〈海外對匪鬥爭工作統一指導委員會〉，《外交部檔案》，檔號：817.1/0071/15-16、23-24；〈偽台灣獨立聯合會〉，《外交部檔案》，檔號：406/0070/83-84、95-97。

安局駐外人員，均應參加各地專案小組，負責收集台獨之
情報資料及執行小組決議。[36]

以下依專案小組成立的順序（表 2-1-3），討論其成
立過程及人員組成，但紐約台獨專案小組因受限資料不足
暫無法論及。

表 2-1-3　全美各地總領事館成立台獨專案小組之時間及化名

小組所在之使領館	成立時間	化名
舊金山總領事館	1964 年 5 月	金貫之
紐約總領事館	1964 年 8 月 17 日	鈕文武
芝加哥總領事館	1965 年 2 月	胡子平
駐美大使館	1968 年 5 月	華興
洛杉磯總領事館	1968 年 5 月	周游
休士頓總領事館	1971 年 2 月	霍光

說　　明：1964 年 8 月 17 日非小組成立時間，而是召開第一次會議
　　　　　的時間，與會者有駐美大使館參事張乃維、新聞局駐紐約
　　　　　辦事處代表項○榮（○表辨識不清）、美東留學生分部主
　　　　　任委員莫其鑫、留美學生黨務督導員王慶芳。「駐紐約總
　　　　　領事館致駐美大使館代電，紐（53）字第 1885 號」（1964
　　　　　年 11 月 5 日），〈偽台灣獨立聯合會〉，《外交部檔案》
　　　　　檔號：406/0072/55-56。
資料來源：筆者製表。

---

[36]　「唐海澄致外交部，海指（53）257」（1964 年 3 月 21 日），
　　　〈偽台灣獨立聯合會〉，《外交部檔案》，檔號：406/0070/185。

1. 舊金山台獨專案小組

舊金山台獨專案小組方面，1964 年 2 月到 4 月間，舊金山領事館總領事翟因壽，陸續與國民黨駐美總支部、美西留學生黨部就小組成員名單進行研商。[37] 同年 5 月 1 日，翟因壽呈報名單給外交部，[38] 名單後經海指會通過（表 2-1-4），小組所需費用可報海指會核撥。[39]

表 2-1-4　舊金山台獨專案小組成員名單（1964 年 5 月）

姓名	職務	註記
翟因壽	舊金山總領事館總領事	小組召集人
潘明志	舊金山總領事館領事	主管留學生事務
郜　毅	舊金山總領事館副領事	主管護照簽發事務；妻子為台籍
譚德森	美西留學生分部常務委員	
呂繩安	加州大學研究生；加州大學黨員小組小組長	

資料來源：「簽呈，金獨字第 1 號」（1963 年 5 月 1 日），〈偽台灣獨立聯合會〉，《外交部檔案》，檔號：406/0070/200-201。

---

[37] 〈偽台灣獨立聯合會〉，《外交部檔案》，檔號：406/0070/186-187。

[38] 「簽呈，金獨字第 1 號」（1963 年 5 月 1 日），〈偽台灣獨立聯合會〉，《外交部檔案》，檔號：406/0070/200-201。

[39] 「唐海澄致外交部，海指（53）599」（1964 年 5 月 23 日），〈偽台灣獨立聯合會〉，《外交部檔案》，檔號：406/0070/208。

　　綜觀該份名單，其實與海指會規定的參加人員有所出入，主要是因為原本規定各地留學生分部負責人應參加小組，但因為在舊金山是由總領事兼任，故改派美西留學生分部常務委員譚德森參加；而該區並未設置留美學生黨務督導員，駐美文參處及新聞局也未在該區派駐代表，故無由派人參加。[40] 值得注意的是，副領事郜毅之所以被選入小組與其妻子為台籍，有利工作推展有密切關係。[41] 1965 年 7 月，該小組曾進行改組（表 2-1-5）。1966 年 11 月 18 日，海指會第二二六次會議通過小組化名「金貫之」。[42]

---

[40]　「簽呈，金獨字第 1 號」（1963 年 5 月 1 日），〈偽台灣獨立聯合會〉，《外交部檔案》，檔號：406/0070/200-201。

[41]　〈偽台灣獨立聯合會〉，《外交部檔案》，檔號：406/0070/186-187。有關「省籍」在中華民國政府因應海外美國台獨運動中之角色，後面有進一步的討論。

[42]　「海外對匪鬥爭統一指導委員會第二二六次會議記錄」（1966 年 11 月 18 日），〈谷振海會議海外宣傳〉，《外交部檔案》，檔號：707.5/0025/55-56。

表 2-1-5　舊金山台獨專案小組成員名單（1965 年 7 月）

姓名	職務	註記
翟因壽	舊金山總領事館總領事	小組召集人
余明煦	舊金山總領事館副領事	小組秘書
董彭年	駐美留學生黨務督導員	
楊宏煜	美西留學生工作委員會常務委員	
楊裕球	美西留學生工作委員會書記	
潘明志	舊金山總領事館領事	掌理學人及留學生事務

說　　明：1968 年 10 月，由洛杉磯總領事周彤華接任舊金山總領事，並兼任舊金山台獨小組召集人。「陸海光致外交部，海指（57）294」（1968 年 10 月 24 日），〈台獨左傾〉，《外交部檔案》，檔號：406/0014/260。

資料來源：〈海外對匪鬥爭工作統一指導委員會〉，《外交部檔案》，檔號：817.1/0077/22。

2. 芝加哥台獨專案小組

在芝加哥小組部分，1964 年 4 月 14 日，芝加哥領事館擬定成員名單呈報外交部，包括總領事謝子敦、領事任遵言、副領事葉家梧、芝加哥留學生分部常務委員崔天同、分部委員兼書記朱振發及吳化鵬[43]等人。[44]外交部於 5

---

[43] 吳化鵬為國安局駐美人員。「唐海澄致外交部，海指（53）257」（1964 年 3 月 21 日），〈偽台灣獨立聯合會〉，《外交部檔案》，檔號：406/0070/185。

[44] 「駐芝加哥總領事館致外交部代電，芝（53）字第 142 號」（1964 年 4 月 14 日），〈偽台灣獨立聯合會〉，《外交部檔案》，檔

月 2 日將名單送請海指會鑒核。[45] 不過，國民黨中央第三組審查名單後認為朱振發與吳化鵬兩人，彼此成見甚深，恐難相互協調合作，希望謝子敦總領事再行考慮。[46] 經謝子敦調查後發現，朱、吳兩人確有嫌隙，小組成立一事因而被迫暫緩。[47] 8 月 28 日，海指會第一七九次會議復要求總領事謝子敦，斟酌情形，重新展開小組成立工作。[48] 12 月 31 日，芝加哥領事館呈報外交部最新名單，刪去朱振發、崔天同、任遵言等人，留下吳化鵬，並增加許餘定與葉家梧兩人。[49] 名單經海指會於隔年（1965）2 月 19 日第一八九次會議通過（表 2-1-6）。[50] 1966 年 10 月 7 日，海

號：406/0070/190-191。

[45] 「外交部致唐海澄，外（53）北美一007670」（1964 年 5 月 2 日），〈偽台灣獨立聯合會〉，《外交部檔案》，檔號：406/0070/188-189。

[46] 「唐海澄致外交部，海指（53）552」（1964 年 5 月 16 日），〈偽台灣獨立聯合會〉，《外交部檔案》，檔號：406/0070/193。

[47] 「駐芝加哥總領事館致外交部代電，芝（53）字第 333 號」（1964 年 7 月 20 日），〈偽台灣獨立聯合會〉，《外交部檔案》，檔號：406/0070/196。

[48] 「唐海澄致外交部，海指（53）1020」（1964 年 9 月 5 日），〈偽台灣獨立聯合會〉，《外交部檔案》，檔號：406/0070/203。

[49] 「駐芝加哥總領事館致外交部代電，芝（53）字第 565 號」（1964 年 12 月 31 日），〈偽台灣獨立聯合會〉，《外交部檔案》，檔號：406/0070/205-206。

[50] 「海外對匪鬥爭統一指導委員會第一八九次會議記錄」（1965 年 2 月 19 日），〈海外對匪鬥爭工作統一指導委員會〉，《外交部檔案》，檔號：817.1/0075/133、141。

指會第二二三次會議通過小組化名「胡子平」。[51]

表 2-1-6　芝加哥台獨專案小組成員名單（1965 年 2 月）

姓名	職務	註記
謝子敦	芝加哥總領事館總領事	小組召集人
葉家梧	芝加哥總領事館副領事	
許餘定	芝加哥總領事館副領事	
吳化鵬	教育部教育委員會委員	

說　　明：1. 海指會第二四八次會議決定小組成員增加駐美國直屬第四分部常務委員顏秉璵，另駐美留學生黨務督導員劉家治人若在芝加哥的話，亦邀請其參加小組。「海指（57）1781」（1968 年 1 月 13 日北美司收文第104 號），〈台獨左傾〉，《外交部檔案》，檔號：406/0014/25。

2. 海指會第三○○次會議決定由新任駐芝加哥總領事館總領事鄧權昌（原為李惟岷）接任小組召集人，並新增副領事盧維德為小組成員，根據 1970 年 11 月 25 日，鄧權昌接任小組召集人後第一次會議記錄顯示，出席人員有鄧權昌、吳化鵬、顏秉璵、盧維德、朱元溥五人。「胡子平工作小組會議記錄」（1970 年 11 月 25 日），〈偽台灣獨立聯合會〉，《外交部檔案》，檔號：406/0077/312-313。

資料來源：「海外對匪鬥爭統一指導委員會第一八九次會議記錄」（1965 年 2 月 19 日），〈海外對匪鬥爭工作統一指導委員會〉，《外交部檔案》，檔號：817.1/0075/141。

---

[51] 「海外對匪鬥爭統一指導委員會第二二三次會議記錄」（1966 年10 月 7 日），〈谷振海會議海外宣傳〉，《外交部檔案》，檔號：707.5/0024/175。

從舊金山與芝加哥台獨專案小組的成員組成來看，主要由當地總領事及副領事所組成，所謂的台獨專案小組也可說是領事館內的高階主管會議。

3. 駐美大使館內台獨專案小組

在駐美大使館內設置台獨專案小組的構想，在 1965 年 10 月 29 日與 30 日台灣問題研究會與 U.F.I. 合辦「留美台灣同胞結盟大會」時就有單位提出，以因應美國台獨團體間的合作，並以駐美大使為召集人，經費由海指會提撥。[52] 駐美大使周書楷也認為，台獨份子近年來加強在各校吸收成員發展組織，如不及時遏止，事態必趨嚴重，建議仿照亞洲地區前例，成立「駐美國工作小組」，專責處理台獨問題。不過，海指會於同年 12 月 10 日第二〇六次會議中否決該提議，決議由駐美大使周書楷與駐美留學生黨務督導員董彭年先統籌指揮既有的紐約、舊金山及芝加哥小組即可，暫不在大使館內另設台獨專案小組。[53]

1968 年初，海指會第二五〇次會議通過「加強留學

---

[52] 「海外對匪鬥爭工作統一指導委員會第二〇五次會議」（1965 年 11 月 26 日），〈海外對匪鬥爭工作統一指導委員會〉，《外交部檔案》，檔號：817.1/0078/128。

[53] 「海外對匪鬥爭工作統一指導委員會第二〇六次會議」（1965 年 12 月 10 日），〈海外對匪鬥爭工作統一指導委員會〉，《外交部檔案》，檔號：817.1/0079/56。

生輔導工作防制反動份子活動之檢討改進意見」，針對日益擴張的美國台獨運動勢力，要求駐美大使館強化紐約、芝加哥及舊金山三地台獨專案小組之組織與工作，加強協調配合，並同意增設洛杉磯工作小組。[54] 對於海指會之決議，駐美大使館於同年 4 月 6 日舉行「谷案工作會議」，[55] 正式在大使館內成立台獨專案小組，化名「華興」，以便統一指揮各地台獨專案小組。[56] 海指會第二五五次會議核定小組成立，並通過以大使館內成員為主的名單（表 2-1-7），訂小組全名為「美國地區對匪鬥爭工作小組」。[57] 華興小組後來為了更有效統合各地台獨小組之運作，將紐約、芝加哥、波士頓等地之總領事也納入成員當中（表 2-1-8），以便更能掌握各小組的運作情形。[58]

---

[54] 「外交部致駐外 21 使領館，外（57）禮一字第 3392 號。附件：加強留學生輔導工作防制反動份子活動之檢討改進意見」（1968 年 2 月 22 日），〈偽台灣獨立聯合會〉，《外交部檔案》，檔號：406/0074/115-117。

[55] 當時海指會化名為「谷振海」，故稱「谷案工作會議」。

[56] 「駐美大使館致外交部代電，附件：四月六日谷案工作會議記錄，美領（57）字第 570619 號」（1968 年 4 月 12 日），〈偽台灣獨立聯合會〉，《外交部檔案》，檔號：406/0074/205。

[57] 「谷振海致駐美大使館，海指（57）606」（1968 年 5 月 11 日），〈偽台灣獨立聯合會〉，《外交部檔案》，檔號：406/0074/265-266。

[58] 「華興致陸海光，（61）華誠字 622 號」（1972 年 1 月 17 日），

表 2-1-7　駐美大使館台獨專案小組成員名單（1968 年 5 月）

姓名	職務	註記
周書楷	駐美大使館大使	小組召集人
吳世英	駐美大使館公使	
張乃維	駐美大使館公使	
李善中	駐美大使館參事	
陳衡力	駐美大使館參事	
任玲遜	駐美大使館參事	
吳化鵬	（註 1）	
劉家治		
劉壽森	國安局人員	小組秘書

說　　明：1. 吳化鵬在 1965 年擔任芝加哥小組成員時的職務為教育部
　　　　　　教育委員會委員，不過 1968 年參加華興小組時之職務，
　　　　　　檔案中並未註記。
　　　　　2. 1968 年 6 月增加江無畏一人。「華興工作小組第二次會
　　　　　　議記錄」（1968 年 6 月 25 日），〈台獨左傾〉，《外交
　　　　　　部檔案》，檔號：406/0014/164-168。
　　　　　3. 1968 年 8 月 28 日，華興小組第三次會議，增加周彤華、
　　　　　　劉邦彥兩人。「華興工作小組第三次會議記錄」（1968
　　　　　　年 8 月 28 日），〈台獨左傾〉，《外交部檔案》，檔
　　　　　　號：406/0014/232。此後的會議記錄均未附上出席人員名
　　　　　　單。
資料來源：「谷振海致駐美大使館，海指（57）606」（1968 年 5 月
　　　　　　11 日），〈偽台灣獨立聯合會〉，《外交部檔案》，檔
　　　　　　號：406/0074/265-266。

〈偽台灣獨立聯合會〉，《外交部檔案》，檔號：406/0080/242。

表 2-1-8　駐美大使館台獨專案小組成員名單（1971 年 12 月）

姓名	職務	註記
沈劍虹	駐美大使館大使	小組召集人
陳岱礎	駐美大使館公使	
胡旭光	駐美大使館公使	
陸以正	新聞局紐約辦事處主任	
陳衡力	駐美大使館參事	
李善中	駐美大使館參事	
張仁家	駐美大使館文化參事	
任玲遜	駐美大使館文化參事	
吳化鵬	駐美大使館參事	
俞國斌	紐約總領事館總領事	
鄧權昌	芝加哥總領事館代總領事	
歐陽璜	波士頓總領事館總領事	
孫鑑林	駐美少將武官	
何維行	駐美文化專員	
李文凱		小組秘書

說　　明：值得注意的是，在前述各小組的成員名單中均未註記籍
貫，但在本份名單中特別將之列出，而當中無一人是「台
籍」。

資料來源：「華興致陸海光，附件：華興小組工作會議參加人員
名冊，（60）華誠字 620 號」（1971 年 12 月 6 日），
〈偽台灣獨立聯合會〉，《外交部檔案》，檔號：
406/0080/181-182。

4. 洛杉磯台獨專案小組

洛杉磯小組部分，成立的主因是由於國民黨第三組副主任高銘輝的建議。1967 年 7 月 29 日至 10 月 12 日間，高明輝前往美國與加拿大考察留學生黨務及防制台獨活動，高於考察報告中建議，為因應洛杉磯漸成為美國台獨的重點發展區域，應在當地成立台獨工作小組。[59] 駐美大使周書楷及洛杉磯總領事周彤華對此均表同意，認為一方面可以加強當地駐外單位對於台獨工作之責任感，另一方面，也可以避免各單位情報往來上的錯誤，爭取時效。[60]

海指會於 1968 年 1 月第二五〇次會議通過增設洛杉磯小組案，並要求小組成員必須由下列人選中選任：（1）留學生黨部工作同志；（2）總領事館高級工作同志；（3）青運組織工作同志；（4）中央派駐當地機構之工作同志，並兼具「黨性堅強」且富有領導力者之特性。[61]

洛杉磯領事館於 3 月 9 日正式成立洛杉磯工作小組，並擬定小組化名「周游」，[62] 決議每二個月召開一次會

---

[59] 「對美國及加拿大兩地台獨活動之觀察與建議」，〈偽台灣獨立聯合會〉，《外交部檔案》，檔號：406/0074/89。

[60] 「對美國及加拿大兩地台獨活動之觀察與建議」，〈偽台灣獨立聯合會〉，《外交部檔案》，檔號：406/0074/89。

[61] 「谷振海致外交部，海指（57）發字035」（1968 年 2 月 12 日），〈偽台灣獨立聯合會〉，《外交部檔案》，檔號：406/0074/75。

[62] 「周」應是指洛杉磯總領事周彤華。

議，交換台獨活動的情資並研議因應對策。[63] 海指會於5 月 11 日核准該小組成立，但要求開會頻率改為每月一次，必要時得召集臨時會議，該小組之決議暨工作事項應隨時呈報該會及大使館。此外，駐美黨務督導員劉家治如抵該地時，應邀請其參加會議。[64] 小組成員名單見表2-1-9。值得注意的是，海指會原本對於小組成員包含四位「僅屬學生身分」[65] 者（朱亦謙、黃天中、沈兆復、劉乃良）感到不妥，不過周彤華總領事認為在工作上有此需要，海指會最後予以同意。[66]

5. 休士頓台獨專案小組

1969 年 5 月，海指會曾發函詢問休士頓領事館是否要因應當地情勢成立工作小組。[67] 不過該小組直到隔年

63　「駐羅安琪總領事館致外交部代電，羅（57）字第 0174 號」（1968 年 3 月 12 日），〈偽台灣獨立聯合會〉，《外交部檔案》，檔號：406/0074/135-137。

64　「谷振海致外交部，海指（57）533」（1968 年 5 月 11 日），〈偽台灣獨立聯合會〉，《外交部檔案》，檔號：406/0074/267。

65　檔案中並未說明何謂「純屬學生身分」，不過，相較於其他各組人員中若有學生身分者參加，均在當地留學生黨部任職，因此這邊的「純屬學生身分」，指的應是不具黨職者。

66　「谷振海致外交部，海指（57）533」（1968 年 5 月 11 日），〈偽台灣獨立聯合會〉，《外交部檔案》，檔號：406/0074/267。

67　「陸海光致駐霍斯敦總領事館，海指（58）發字 379 號」（1969 年 5 月 5 日），〈偽台灣獨立聯合會〉，《外交部檔案》，檔號：

（1970）12 月才成立，化名「霍光」，由休士頓領事館
總領事朱晉康任召集人，領事朱建一任秘書，組員包含副
領事林源、休士頓大學校友張國雄、萊斯大學物理研究所
學生王震宇等人。[68] 1971 年 2 月，海指會第三〇八次會
議核准該小組之成立，並增列趙揚雄（美南留學生分部常
務委員）參加小組，並要求該小組自當地大學教授及重要
留學生社團負責人中物色人選邀其加入。[69]

五、安祥專案

　　海指會於 1970 年 3 月間成立專門因應台獨活動之計
畫，代號「安祥專案」，成立緣由目前雖不明，但成立於
1970 年初日、美、歐、加拿大四地台獨團體整合成立世
界性台灣獨立聯盟後不久，當與因應海外台獨運動的整合
發展有密切關係。

406/0075/264。

[68]　「駐霍斯敦總領事館致陸海光，霍（59）字第 1713 號」（1970 年
　　　12 月 31 日），〈偽台灣獨立聯合會〉，《外交部檔案》，檔號：
　　　406/0078/5-7。

[69]　「陸海光致駐霍斯敦總領事館，海指（60）033」（1971 年 2 月 15
　　　日），〈偽台灣獨立聯合會〉，《外交部檔案》，檔號：406/0078/136。

表 2-1-9　洛杉磯台獨專案小組成員名單（1968 年 5 月）

姓名	職務	註記
周彤華	洛杉磯總領事館總領事	小組召集人
虞慧生	洛杉磯總領事館領事	
陳毓駒	洛杉磯總領事館領事	
張政權	洛杉磯學生黨部負責人	
朱亦謙	加州理工學院學生	
黃天中	南加州大學學生	
沈兆復	加州州立學院洛杉磯分校學生	
劉乃良	加州州立大學洛杉磯分校學生	

說　　明：1968 年 10 月，由劉邦彥接任洛杉磯總領事，並兼任洛杉磯台獨小組召集人。「陸海光致外交部，海指（57）發字294」（1968 年 10 月 24 日），〈台獨左傾〉，《外交部檔案》，檔號：406/0014/260。
資料來源：「駐羅安琪總領事館致外交部代電，羅（57）字第 0174號」（1968 年 3 月 12 日），〈偽台灣獨立聯合會〉，《外交部檔案》，檔號：406/0074/135-137。

　　「安祥專案」下設四個小組，分別由教育部、救國團、國安局及國民黨中央第三組擔任召集單位，並依小組工作項目之性質，增列支援單位，由海指會負責各小組間之協調、督導及考核。各小組必須定期提出工作報告，所需經費由海指會協調有關行政單位核撥。[70] 表 2-1-10 為各

---

[70]　「海外對匪鬥爭工作統一指導委員會第二九〇次會議記錄」（1970年 4 月 17 日），〈陸海光會議〉，《外交部檔案》，國史館藏，入藏登錄號：020000016983A。

小組具體的工作項目。第一小組主辦單位教育部，主要從國內教育方面著手，加強反台獨思想教育；第二小組主辦單位救國團，主要負責留學生、海外學人之聯繫與服務事項；第三小組主辦單位國安局，主要負責因應國內台獨運動；第四小組主辦單位國民黨第三組，主要因應海外台獨活動的部分。從各小組的工作內容來看，除了對海外台獨活動有所因應外，更進一步強化島內反台獨工作，一方面從教育著手，根本性地壓縮台獨思想孕育的空間，另一方面則防制海外台獨運動滲透入島內，加強對海外台獨人士在台家屬與政治異議份子之監控。換言之，「安祥專案」將反制台獨的戰場由原先的海外，進一步涵蓋至島內；從參與單位來看，顯示中華民國政府試圖統合各黨政單位，全面性地打擊島內外台獨運動之企圖。

表 2-1-10　「安祥專案」各小組主辦單位及工作項目

小組	主辦單位	工作項目
第一小組	教育部	（1）有系統收集「大陸與台灣民族一體」及台灣志士為國犧牲奮鬥資料，於博物館巡迴展出。 （2）加強各級學校民族精神教育之實施。 （3）收集台獨言論資料，約請專家撰寫駁斥論著以供各方運用。 （4）提撥專款自高中階段起培育忠黨愛國之優秀台籍青年至大專院校深造。 （5）在國內大專院校有計畫地鼓舞台籍學人，提高其聲望地位。

第二小組	救國團	（1）每年定期或不定期舉行與海外學人及留學生在台家屬座談會，協助解決困難。 （2）對優秀學人及留學生有意願擔任公職者予以輔導。 （3）協助安排留學生及學人回國省親。 （4）寒暑假舉辦青年活動藉以加強民族精神教育。 （5）加強留學生出國前之服務工作並簡化出國手續。
第三小組	國安局	（1）從法律方面研究「台獨運動」與「台獨份子」，可否改稱「叛國活動」與「叛國份子」？ （2）檢討彭明敏逃出台灣之情事，檢討國內安全措施。 （3）對海外台獨首要份子之在台家屬進行調查，並將相關資料檢送各單位運用。 （4）修訂護照條例。 （5）加強對台獨份子的監控。 （6）對國內分歧份子活動採取有效對策。 （7）嚴防台獨份子在各大專院校從事活動。 （8）蒐集在台外國人士與台獨及分歧份子合作之資料。
第四小組	國民黨第三組	（1）健全美國、加拿大、日本、法國、澳洲等地之留學生黨務組織。 （2）在東京、舊金山、紐約三地成立留學生服務中心，加強對留學生及學人之服務，爭取其向心力。 （3）加強對匪鬥爭工作小組之佈建。 （4）加強輔導「紐約台灣同鄉福利會」工作，支援經費，使其發揮壓制台獨活動之功效。

		（5）物色及資助在學術上有成就或善於寫作、演講之忠貞學人留學生，以撰寫文章或發表演講的方式，駁斥台獨言論。
		（6）加強協助忠貞學人、留學生組織團體，羅致優秀台籍青年參加，支援舉辦各種聯誼活動。
		（7）在海外物色忠貞人員，滲入台獨組織。
		（8）加強對留學生之宣傳工作。
		（9）辦理留學生緊急意外小額貸款。
		（10）洽請有聲望之台籍人士赴美、口等地訪問當地留學生，加強爭取聯繫。

資料來源：「海外對匪鬥爭工作統一指導委員會第三〇八次會議記錄，附件：安祥專案第一小組工作實施成果暨績效報告表（1971年2月5日）」（1971年2月5日），〈陸海光會議〉，《外交部檔案》，國史館藏，入藏登錄號：020000016987A；「海外對匪鬥爭工作統一指導委員會第三〇九次會議記錄，附件：安祥專案第二小組59年度4至12月份工作報告表」（1971年2月19日）、「海外對匪鬥爭工作統一指導委員會第三一〇次會議記錄，附件：安祥專案第三小組工作執行情形報告（1971年3月）」（1971年3月5日）、「海外對匪鬥爭工作統一指導委員會第三一一次會議記錄，附件：安祥專案第四小組工作執行情形報告」（1971年3月19日），〈陸海光會議〉，《外交部檔案》，國史館藏，入藏登錄號：020000016988A。

　　綜上所述，中華民國政府對美國台獨運動之因應係由國民黨中央黨部下的海指會為主辦單位，透過行政系統的外交部或是直接由海指會與駐外各使領館間做聯繫，各使領館內則成立專責處理台獨事務的專案小組，形成由大使館的華興小組統領紐約（鈕文武）、舊金山（金貫之）、

芝加哥（胡子平）、洛杉磯（周游）及休士頓（霍光）等地的台獨專案小組，上承外交部及海指會的指導，並以國民黨中央黨部為最終核可機關的因應機制。[71] 到了 1970 年，海指會更成立「安祥專案」，試圖整合各黨政單位，全面性打擊海內外台獨運動。若以美國為例，可以將中華民國政府因應海外台獨運動之機制以圖 2-1-1 來呈現：

---

[71]　《傳記文學》上所連載的阮毅成〈中央工作日記〉，當中就有海指會秘書長向國民黨中常會報告該會工作情形，可說是圖 2-1-1 的例證。海指會的相關經費則是由行政院僑務委員會編列支應，以 1965 年為例，預算額度為 1,800 萬，由於該筆預算被列為機密，因此還引發立法院國民黨籍委員的質疑，認為應該向立法院說明用途，而非以機密為由拒絕公開。〈阮毅成遺作：中央工作日記（八十六）〉，《傳記文學》，第 103 卷第 2 期（2013 年 8 月），頁 137-138。

圖 2-1-1　中華民國政府因應美國台獨運動組織架構圖
（1970 年底）

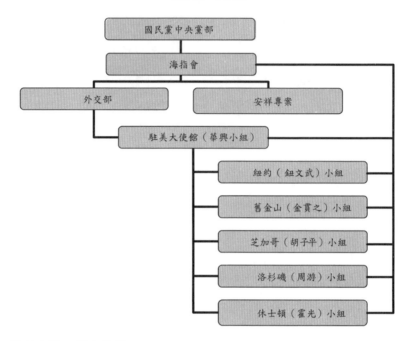

資料來源：筆者繪製。

第二節　對台獨活動之反制：因應機制的 摸索、確立與挑戰

　　對於台獨運動而言，如何宣傳台獨訴求與理念一直是運動中的重要工作，這部分主要從兩個面向來進行，一是透過投書報刊、出版刊物、專書等方式，二是透過上街頭的示威遊行來散播主張。對於中華民國政府而言，無論是哪一種形式的台獨活動都必須加以反制，而因應台獨活動類型之不同，在因應策略上也有所不同，中華民國政府也透過每一次與台獨運動交手的過程，漸漸摸索出因應機制，然而，機制的確立卻未必等同於反制成效的提升。

一、對台獨言論之反制

　　從美國台獨運動發展的早期開始，投書報刊就一直是台獨人士宣傳主張的重要管道。對於所謂的「台獨言論」，[72] 駐外單位除了彙整呈報外，也必須視情況予以澄清，最常見的澄清方式便是投書回應，這一類的「反制投書」，在美國台獨運動發展早期（3F 時期），曾出現過由駐外高級官員親自署名的例子，但多半時候係由駐外單位人員撰寫，再找「合適人士」署名後投出。

---

[72] 中華民國政府所認定的台獨言論並不僅限於主張台灣獨立，凡是批判其統治的言論也包含在反制的範圍內。

　　所謂的「合適人士」多指「台籍人士」，反映出在中華民國政府眼中，這些主張台獨或是對其統治有所不滿者多為「台籍」。因此，反駁時強調回應者也是「台籍」，可以讓回應更為有力。換言之，反駁的重點在於署名者的身分而非內容，筆者將之稱為「以台制台（獨）」。

　　1958 年 4 月，盧主義以 The China *impasse*, A Formosan View 為題，投書美國權威外交期刊 *Foreign Affairs*，能在該刊上刊登文章的多是各國政要，如同期的作者有美國國務卿、英國財政部長、義大利外交部長、印尼副總統等。中華民國政府自然不敢輕忽該文的影響力。該文批評國民黨政府以「反攻大陸」的神話在台灣遂行特務統治，戕害人權，主張「台灣獨立」以走出「中國死巷」，指出「台灣獨立」不僅符合美國的國家利益，也能體現「大西洋憲章」及「聯合國憲章」（The Charter of the United Nations）人民自決的精神。[73] 此文刊出後，中華民國政府指派駐聯合國首席代表蔣廷黻撰文駁斥，從歷史的角度強調台灣是中國的一部分，台灣人是中國人之論點，強調中華民國政府在經濟、教育上的政績，不過該文卻未獲刊出，中華民國政府只好複印數千份寄給各學術單位及聯合

---

[73] Li Thian-Hok, "The China *impasse*, A Formosan View," *Foreign Affairs*, Apr, 1958, pp. 437-448.

國代表。[74] 同年 11 月，盧主義又以 Formosan Know What They Want 為題，投書知名期刊 *The New Republic*，質疑實行土地改革之成效。[75] 這回，中華民國政府改派駐美公使朱撫松署名反駁，該刊為平衡雙方說法，也請盧主義為文回應，兩篇文章於 12 月號一起刊登。[76] 一位留學生的文章竟然前後動用駐聯合國代表及駐美公使出面駁斥，顯見其影響力不容小覷。不過由駐外單位高層親自署名駁斥台獨言論的案例日後卻很少見到，取而代之的是動員留學生代為出面。

1961 年 2 月 28 日，U.F.I. 召開記者會後，駐外單位就密切注意後續媒體報導情形。[77] 3 月 11 日出刊的 *The*

---

[74] 李正三，〈李天福與蔣廷黻——追述一件鮮為人知的史事〉，收入李天福編，《自由的呼喚》（台北：前衛出版社，2000 年），頁 165-172。蔣廷黻在 1958 年 4 月 18 日致函 *Foreign Affairs* 編輯 Hamilton Fish Armstrong（1893-1973），表示無法認同盧主義文章的各項論點，該信函及蔣廷黻所撰寫的反駁文章，收藏於中研院胡適紀念館。「蔣廷黻致 Hamilton Fish Armstrong 函」（1958 年 4 月 18 日），〈南港檔〉，《胡適檔案》，館藏號：HS-NK05-144-019；「孔祥熙致胡適函。附件：蔣廷黻撰文一件」（1958 年 7 月 14 日），〈美國檔〉，《胡適檔案》，館藏號：HS-US01-088-003。

[75] Li Thian-Hok, "Formosan Know What They Want," *The New Republic*, Nov 24, 1958, pp. 9-11.

[76] F.S.Chu, "Chinese Rule on Formosa," *The New Republic*, Dec 22, 1958, pp. 7-8. Li Thian-Hok, "…A Formosan Disagrees," *The New Republic*, Dec 22, 1958, p. 8.

[77] 「紐約總領事館紐（50）字第 50-525 號快郵代電」（1961 年 3 月

Nation，在社論中介紹 U.F.I. 在記者會上所提的各項論點，包含聯合國應協助台灣人民舉行公投決定台灣是否獨立成一個新的國家，倘若台灣人民決議建立一個新的國家，聯合國應確保台灣能加入成為新會員國，同時中華人民共和國也應獲准加入，社論末段稱 U.F.I. 的「一台一中」的提議雖然可能不很實際，但確有其正義性，而這在一個以權力而非人民利益運作下的世界而言，無疑是嚴重缺陷。[78] 這篇社論的刊出，對於自認成功封鎖記者會消息的中華民國政府而言無疑是個警訊，駐美大使館隨即擬定反駁文稿，並找之前被策動前往參加記者會的「台籍人士」邱創壽署名後投出。[79] 值得注意的是，雖然標明要回應該篇社論，但綜觀全文，完全沒有回應關於公投獨立、入聯合國、一中一台主張的部分，反而是辯駁有關 U.F.I. 在記者會所提中央民意代表未改選、台灣人民意

---

2 日），〈偽台灣獨立聯合會〉，《外交部檔案》，檔號：406/0066/88-91。

[78] Editorials, "The Forgotten Formosans," *The Nation*, March 11, 1961, p.199. 原文為：Mr. Chen's "One Formosa-One China" proposal may or may not be practical, but it has the ring of justice — a fatal flaw, no doubt, in a world run in the interests of power than of peoples.

[79] 「駐美大使館致外交部代電，美新（50）字第 248 號」（1961 年 3 月 14 日），〈偽台灣獨立聯合會〉，《外交部檔案》，檔號：406/0066/126-127。

代表比例低等質問（社論中未談及）。[80] 在大使館發給外交部的函電中特別表示，投書行文在「口吻及文字程度力求與出自台灣學生之手者相仿，以期見信於讀者」[81] 所謂出自「台灣學生」之手，指的是出自「台籍學生」之手，「文字程度」是否出自「台籍學生」之手難以認定，不過就行文的「口吻」來說，該投書在開頭就先強調投書者本身也是台灣人（I, as a Taiwanese），以「台籍」身分來增加評論台灣政局的正當性，對於中央民代未改選一節，反駁語氣也屬和緩，甚至不排除透過修憲來進行改選的可能性。強調投書者為台灣人加上語氣和緩，應當就是大使館所謂「口吻」出自「台灣學生」之手的意思。

1961 年 7 月 15 日，陳以德投書 *The Washington Post*，希望美國能幫助台灣舉行公投以便台灣人在中華人民共和國進入聯合國前能決定自己的未來。[82] 如同上述因應 *The*

---

[80] 該篇投書坦承台灣人在國會中的代表性不足，但這是因為現行制度是根據全中國規模所設計，而台灣只是中國的一個省而已，這應透過修憲來改正，但現階段因為技術上的原因而無法達成；另一方面則指出，台灣人在省政府、省議員層級佔有多數代表，無法認同台灣人是二等公民的說法。Thang-Sou Chiu, "Ungrateful Taiwanese," *The Nation*, Mar 25, 1961, (未標頁數).

[81] 「駐美大使館致外交部代電，美新（50）字第 248 號」（1961 年 3 月 14 日），〈偽台灣獨立聯合會〉，《外交部檔案》，檔號：406/0066/126-127。

[82] I-Te Chen, "Plebiscite for Formosa," *The Washington Post*, Jul 15, 1961, p. A8.

Nation 的社論一樣，大使館隨即擬定一份反駁投書，由大使館文化參事處洽得台籍留學生林淑芝署名後投出，在大使館回報外交部的電文中，仍特別表示該反駁投書，在語氣上盡量保持婉轉，力求符合台人口吻。[83]

1961 年的這兩個案例確立日後駐外單位處理台獨言論時的基本模式。[84] 當年 8 月 22 日，外交部約同教育部、僑委會、國安局及國民黨第三組等單位研議防制美國台獨運動因應策略時，即決議駐外單位應積極輔導「忠貞台籍同學」公開出面駁斥台獨言論。[85]

中華民國政府對於出面反駁台獨言論者之身分必須為

---

[83] 「駐美大使館致外交部代電，美新（50）字第 769 號」（1961 年 7 月 20 日）、「駐美大使館致外交部代電，美新（50）字第 786 號」（1961 年 7 月 24 日），〈偽台灣獨立聯合會〉，《外交部檔案》，檔號：406/0066/199-200、203-206。GINA LIN, "Plebiscite for Formosa," *The Washington Post*, Jul 21, 1961, p.A14. 該篇投書，在開頭即先強調投書者本身是台灣出生的中國人（Taiwan-born Chinese），接著表示自己雖然也對於現在的台灣政府不完全滿意，但卻也看不出公投的必要性，強調一個穩定政府與軍事保護是台灣抵抗共產中國攻擊所必須的。

[84] 其他動員「台籍學生」協助署名反駁台獨投書之例子可見「駐火奴魯魯總領事館致外交部代電，火（58）字第 0087 號」（1966 年 2 月 1 日），〈偽台灣獨立聯合會〉，《外交部檔案》，檔號：406/0071/96-100。

[85] 「海外對匪鬥爭工作統一指導委員會第一一三次會議記錄」（1961 年 9 月 1 日），〈偽台灣獨立聯合會〉，《外交部檔案》，檔號：406/0067/11。

「台籍」的堅持，從以下這個案例更可清楚凸顯。1964
年 7 月，費城地方報紙出現一篇署名「一個台灣學生」的
投書，新聞局駐紐約辦事處隨即撰寫反駁稿件，並由駐紐
約總領事館副領事彭中原的「台籍」妻子署名投出。[86] 對
於中華民國政府而言，駁斥文稿的內容尚在其次，重要的
是署名者必須為「台籍」，如此才能讓反駁更為有力。

　　從上述案例可以觀察到，中華民國政府面對台獨運動
者的投書或是刊登其活動消息的文章時，最重要的反制
方式就是由駐外單位擬定駁斥文稿，洽詢適當「台籍人
士」，由其署名後投出，這種以相同的「言論呈現形式」
回擊台獨言論的手法，以 1967 年回應陳隆志鼓吹「一中
一台」專書的出版為最經典的案例

　　1967 年，紐約 St. Martin's Press 出版社出版陳隆
志與拉斯威爾（Harold D. Lasswell，1902-1978）合著
的 *Formosa, China and the United Nations: Formosa in
the World Community*，該書主張以「一中一台」（One
China, One Formosa）模式解決當時聯合國中國代表權的
論爭及危險且模稜兩可的台灣國際地位問題（Formosa's
dangerously ambiguous international status），在「一中

86　「行政院新聞局駐紐約辦事處辦理投書案報告」，〈宣傳外交綜
　　合研究組資料〉，《外交部檔案》，檔號：707.2/0042/136。

一台」模式下，中華人民共和國[87]將繼承中華民國[88]成為
「中國」代表，加入聯合國為新會員國並繼承中華民國在
安理會的席次，而台灣則在聯合國的監督下，舉行公民
投票建立一個新而獨立的國家，並成為聯合國的新會員
國。[89]

　　由於該書明確標舉「一中一台」的立場，加上拉斯威
爾是國際知名的政治學者，使得該書不僅可作為台獨宣傳
之用（刻意選在聯大討論中國代表權期間出版），亦具備
相當的學術份量，就連中華民國政府也自承拉斯威爾執教
政治學逾 40 年，著作等身，致使該書得以提高身價。[90]
因此，中華民國政府獲悉該書即將出版的消息後，隨即
展開因應作業。首先，設法在該書正式出版前探知其內
容，以便逐點反駁；其次，警備總部則採取必要的管制措
施，避免該書流入台灣；紐約領事館則建議恰請聖若望大
學（St. John's University）的莫里洛（Frank P. Morello）
教授協助撰文駁斥。找上莫里洛的主要原因應該是，其

---

[87]　該書稱共產中國（Communist China）。

[88]　該書稱國民政府（the Nationalist）。

[89]　Lung-Chu Chen, and Harold D. Lasswell, *Formosa, China, and the United Nations: Formosa in the World Community* (New York: St. Martin's Press, 1967).

[90]　「報告事項第 17 案」，〈偽台灣獨立聯合會〉，《外交部檔案》，檔號：406/0074/24。

曾於 1966 年出版一本探討台灣國際地位的專書，立場與中華民國政府一致，[91]中華民國政府應該是想藉由莫里洛的「專業」，以「學術」方式加以回擊。司法行政部調查局則聯繫陳隆志的哥哥陳隆吉，希望其致函陳隆志停止出版該書，陳隆吉雖配合寫信，但陳隆志並未回應；駐美大使館也試圖勸導陳隆志，不過，《中央日報》於當年 8 月 26 日報導陳隆志即將出書，稱該書「散播謬論」，希望留美學生多加注意的消息之後，大使館認為當面勸導的工作已難進行。[92]

10 月 28 日，海指會邀集外交部、教育部、新聞局、國安局、警備總部、調查局等單位會商，決議仍由駐美大使館負責勸導陳隆志，告知如該書正式出版且在聯合國大會期間分發，已構成「叛國行為」，政府將「嚴予追究」，並透過關係設法拖延出版時間至聯大會期結束後；此外，物色美籍權威學者，於該書出版後撰寫書評駁斥。[93]

---

[91] 「報告事項第 17 案」，〈偽台灣獨立聯合會〉，《外交部檔案》，檔號：406/0074/24-25；Frank P. Morello, *The International Legal Status of Formosa* (The Hague：Martinus Nijhoff, 1966).

[92] 《中央日報》，1967 年 8 月 26 日，版 3；「報告事項第 17 案」，〈偽台灣獨立聯合會〉，《外交部檔案》，檔號：406/0074/26。

[93] 「報告事項第 17 案」，〈偽台灣獨立聯合會〉，《外交部檔案》，檔號：406/0074/25-26。

　　除了邀集學者撰寫書評駁斥外，[94] 國際關係研究中心
特約研究員丘宏達曾向該中心主任吳俊才建議編輯專書
予以反駁，並提出兩個方案：（1）邀請學者數人，分就
台灣政治、經濟、歷史、文化等面向撰寫駁斥專文後集
結成冊，所需費用，包含稿酬、編輯、出版等約 8 千美
元；（2）收集有關「台灣問題」之官方文件資料，如廖
文毅放棄台獨運動之聲明、二二八事件真相文件等加以編
輯，另外委請「本省忠貞青年學者」張偉仁博士、[95] 中美
學者等數人撰寫駁斥台獨言論、共匪對台陰謀及我國政治
經濟文化進步現況等專文，書名可定為 *Formosa in World
Politics: Documents & Analysis*，費用計 4 千美元左右。
丘宏達更指出為免造成反效果應避免指名攻擊，以免拉抬
陳隆志之學術地位。吳俊才將丘宏達所提建議轉請示國民
黨第四組主任陳裕清，陳裕清認為事屬可行，所需經費擬
提請駐美大使在擴大對美宣傳經費結餘項下支出。[96] 1968

---

[94] 檔案中可見到一篇陶龍生（Lung-Sheng Tao）所寫的書評，反駁
「一中一台」之論點。〈偽台灣獨立聯合會〉，《外交部檔案》，
檔號：406/0077/36-37。陶龍生，國立台灣大學、哈佛法學院畢業，
康乃爾大學法學博士與哲學博士，曾任紐約州立大學法學教授。

[95] 必須注意的是，丘宏達所提的「本省忠貞青年學者」的「本省」
並非指「本省籍」，因為張偉仁本身為外省籍。這點承蒙王泰升
老師提醒。

[96] 「國關中心主任吳俊才致國民黨中央委員會第四組陳裕清主任函，
（57）博文第 0722 號」（1968 年 7 月 25 日），〈總統府宣外小

年 9 月，丘宏達向駐美大使提出「台灣問題文件彙編編輯
計畫書」，包含大綱、預定進度及所需經費等，編輯構想
指出：

> 目前有關台灣問題之謬論甚多，此等言論大部份
> 對我國不利，但如對其直接駁斥，則因美方學術
> 市場大部份均受姑息份子控制，不易獲得出版機
> 會（或只能找右派出版商出版，在學術界不發生
> 大作用），故擬由編輯文件著手，此類工作表面
> 上較為中立，而文件之前可附有幾篇對我國基本
> 上有利的文章，介紹台灣歷史、經濟發展、法律
> 地位及一般政情等（此等文章對我國政府若干問
> 題，也略加批評，但在大前提則支持），此等文
> 件對於不論何派學者均有需要，因此其出版大體
> 上應無問題。
>
> 文件編輯之書出版後，如效果良好，則可以邀集
> 各方學者再就台灣各方面問題，合著一書，此時
> 因前一書已奠定聲望，故出版較易著手。[97]

組資料〉，《外交部檔案》，檔號：707.6/0025/103。

[97] 「周書楷致陳裕清函。附件：台灣問題文件彙編編輯計畫，秘函
（57）字第 508 號」（1968 年 9 月 21 日），〈提報總統府宣外小
組資料〉，《外交部檔案》，檔號：707.6/0012/21-28。

　　從以上構想可知，丘宏達採用的是第二種方案，並將該方案視為第一種方案進行前的奠基作業。構想中清楚表明該書的政治意圖，是以學術外表包裝政治目的，為了取信大眾，對中華民國政府也必須略加批評。從大綱來看，該書分為四部分，一是導論，概述台灣歷史、法律地位、經濟發展，重點在於說明兩岸均不接受「台灣獨立」之提議且都認為台灣為中國的一部分；二是文件彙編，羅列台灣地位之各國文件、條約、聲明等；三是剪報資料；四是台灣問題書目；全書預定費時 2 年，經費 6 千美元左右，由於該書主要針對歐美讀者，且須具備學術樣貌，因此出版後擬在國際法雜誌、亞洲研究季刊、比較法季刊等學術刊物刊登廣告，但在國內則不宜吹捧該書，以免引起反效果。編纂人員方面，除邀請美方學者參與外，也將選聘「本省無黨派之愛國學者」參加。[98]

　　駐美大使周書楷認為倘該書編輯得當，應可有效打擊台獨份子，鑑於此事需時甚久，宜儘早進行，故建議陳裕清轉報總統府宣傳外交綜合研究組定奪。[99] 筆者未

---

[98] 「周書楷致陳裕清函。附件：台灣問題文件彙編編輯計畫，秘函（57）字第 508 號」（1968 年 9 月 21 日），〈提報總統府宣外小組資料〉，《外交部檔案》，檔號：707.6/0012/21-28。

[99] 「周書楷致陳裕清函。附件：台灣問題文件彙編編輯計畫，秘函（57）字第 508 號」（1968 年 9 月 21 日），〈提報總統府宣外小組資料〉，《外交部檔案》，檔號：707.6/0012/21-28。

找到核准紀錄，不過丘宏達於 1973 年出版 *China and the Question of Taiwan: Document and Analysis*，該書第一部分為四篇關於台灣歷史、經濟發展、政治發展及台灣問題的文章，第二部分則為各種台灣問題的文件彙編，從架構來看，與其 1968 年提出的計畫書吻合，推測該書即是 1968 年計畫的成果。[100]

　　陳隆志的國際法專業背景，加上不論是報紙或學術刊物都常可見到其鼓吹「一中一台」及「台灣地位未定」的文章，[101] 使他成為政府眼中的頭痛人物。海指會於 1970 年 1 月 29 日，曾召集外交部、國安局、警備總部、司法

---

[100]　Hungdah Chiu, ed, *China and the Question of Taiwan: Document and Analysis* (New York: Praeger, 1973)

[101]　「駐美大使館致外交部代電」（1970 年 11 月 19 日），〈偽台灣獨立聯盟〉，《外交部檔案》，檔號：406/0082/202-203；「中央社日內瓦五日美聯電」（1971 年 5 月 6 日），〈偽台灣獨立聯盟〉，《外交部檔案》，檔號：406/0079/91。Lung-Chu Chen, Richard M. Goodman, William P. Bundy, "Chinese Participation In The United Nations: The Imperatives of a Negotiated Settlement," *The American Journal of International Law*, 65:4 (Sep., 1971), pp. 9-19. Lung-Chu Chen and W. M. Reisman, "Who Owns Taiwan: A Search for International Title," *The Yale Law Journal*, 81:4 (Mar., 1972), pp. 599-671. Lung-Chu Chen, "Status of Taiwanese," *The New York Times*, Oct 16, 1969, p. 46. Lung-Chu Chen, "Formosa For Formosans," *The New York Times*, Nov 16, 1970, p. 37. Lung-Chu Chen, "Solution for Taiwan: Hold a Plebiscite," *The Washington Post*, May 23, 1971, p. 34. 陳隆志，《台灣的獨立與建國》（美國：耶魯大學法學院，1971 年）。

行政部、教育部、新聞局等單位，會商「關於首惡台獨份子之法律懲處問題」，主要就是討論如何懲處陳隆志。國安局建議吊銷護照並予警告，假若無效果，則進一步發佈通緝，或由法院做成缺席判決，並對其在台家屬施加壓力；對於吊銷護照的建議，外交部表示現行法令中並無相關規定，僅有「扣留」護照，但陳隆志在美已無居留問題，是否持有我國護照對其而言並不發生任何影響；司法行政部次長楊大器則表示發佈通緝雖依法有據，但發佈通緝後即必須公開其「叛國」資料，恐造成反效果；缺席判決則不符現行法令之規定；對家屬施加壓力，更應慎重為之；新聞局代表則建議開除陳隆志的國籍，但遭到外交部代表反對，指出陳隆志本就不認為自己是「中國人」，此法根本達不到任何效果，反而增長其在台獨團體中之地位；會議最後對於要採用哪種「制裁」方式並無結論，但從吊銷護照、發布通緝、對家屬施加壓力、缺席判決、開除國籍等提議觀之，陳隆志確實是中華民國政府的「燙手山芋」。[102]

　　進入 1970 年代之後，中華民國政府意圖對於台獨言論採取更全面的圍堵反制，從過去的被動回應變成主動出擊，這種積極性的回應也正反映出台獨言論並沒有因為中

---

[102]　「報告」（1970 年 1 月 30 日），〈偽台灣獨立聯盟〉，《外交部檔案》，檔號：406/0082/133-134。

華民國政府的反制之舉而有退卻的現實。

　　1970 年 5 月，總統府宣傳外交綜合研究組舉行第二三二次會議，國民黨第四組主任陳裕清有鑑於刺蔣案發生後，台獨問題漸趨表面化，尤其未來該案開庭後，台獨消息勢必在國際間發散，屆時不可能封鎖消息，應主動予以公開抨擊，因此，對於如何駁斥台獨思想及言論提出專案報告。從報告中不但瞭解中華民國政府反制台獨言論的具體作法，從中更可窺見其如何定位台獨運動。[103]

　　該要點一方面將台獨與「共匪」連結，將台獨運動視為「國際共黨滲透顛覆的慣技」，台獨運動者則為「共匪滲透顛覆的工具」，另一方面，指出該運動是戰後「少數野心日本特務所製造的傀儡」，意圖藉此「重溫其統治台灣的舊夢」，而後被「共匪」及「國際姑息主義份子」所滲入，成為「陰謀家、野心家、特務、浪人、毛共匪徒與國際流氓的雜湊」，凡是有正義感的自由之士均應展開對此「邪惡」的戰鬥，予以揭發與駁斥，具體的作法如：

（1）撰發「台獨醜史」之類的小冊，以半公開方式發行。

（2）選擇適當時機，透過廖文毅等發表談話，

---

[103]　〈總統府宣外小組資料〉，《外交部檔案》，檔號：707.6/0018/176-177。

抨擊台獨運動。

（3）台灣警備總部就有關台獨之匪諜案件，再
　　加整理，提供運用。

（4）彭明敏之自白書及其在台大之醜行等，適
　　當時機，宜予發表。

（5）結合美亞報告，在國內外加強對姑息份子
　　的駁斥。[104]

　　針對陳裕清的報告，宣外組隨即在第二三三次會議上決議由國民黨第四組會同第三、六組，及各大報負責主管，組成專案小組，研擬反制台獨運動之宣傳綱要，以備運用。[105] 6月18日，陳裕清邀集上述單位及新聞局、中央通訊社等人員，研議「台獨份子叛國謬論駁斥綱要」草案，並提報宣外組第二三四次會議討論。該綱要係在前述的五項做法上再增加四種方式，形成駁斥台獨言論的九大招：

（6）請政府各機構駐外單位及本黨海外組織密
　　切注意台獨資料，迅速反映中央，以便集
　　中研判，機動駁斥。

104　〈總統府宣外小組資料〉，《外交部檔案》，檔號：707.6/0018/176-177。

105　〈總統府宣外小組〉，《外交部檔案》，檔號：403/0014/129。

（7）加強中央聯合等報國外航空版之運用。

（8）重點支援美日兩地之定期刊物，賦予駁斥
台獨謬論之任務。

（9）編印類似「一〇一問」的小冊，就各方
關心的具體問題（如彭明敏如何出境，
毛匪對台獨份子如何收買運用等）以供運
用。[106]

整體來說就是將台獨與「共匪」緊緊扣在一起，綜整
各種可用以醜化台獨的資料，運用各種報刊的版面發動文
攻。

回到第一線的美國，為求達到「知己知彼」的目的，
華興小組曾決議派遣「忠貞台籍同學」潛入台獨組織內部
蒐集相關刊物文宣，並以其名義出面代訂台獨刊物，駐外
單位則對提供資料者給予獎勵。[107] 此外，親中華民國政府
的「愛國學生」亦會撕毀放在各校圖書館的台獨刊物，避
免「謬論」到處流傳。[108] 值得一提的是，對於台獨人士以

---

106 〈總統府宣外小組〉，《外交部檔案》，檔號：403/0014/129。

107 「華興小組第七次會議記錄」（1970 年 9 月 15 日），〈偽台灣
獨立聯合會〉，《外交部檔案》，檔號：406/0077/27-28。

108 「駐霍斯敦總領事館致駐美大使館代電，霍（58）字第 00367
號」（1969 年 2 月 28 日），〈偽台灣獨立聯合會〉，《外交部
檔案》，檔號：406/0075/98。

國內官員貪污的新聞做為批判政府的素材，華興小組建議應請國內各報紙對於貪污事件不應過分渲染，以免淪為台獨人士之宣傳工具。[109]

1970 年 2 月，威斯康辛大學刊登一則指控國民黨政府在美校園監控留學生之報導，對此報導，國民黨不是檢討校園「忠貞學生」佈建的問題，而是決定進一步網羅在學術上有成就或擅予寫作、演講之「忠貞學人學生」組成專案小組，不定期交換意見及資料，於發現不利黨政之言論、報導或演講時，以相類似的方式作正面反駁，配合者則由各地台獨工作小組按實際情況，給予津貼或稿酬。[110]具體數額，根據舊金山領事館呈報之「安祥專案」工作計畫，為美金 50 至 100 元不等。[111]

而隨著海外台獨運動發展日益擴大，中華民國政府亦將「島內」納入反台獨言論的範圍，避免海外台獨思想滲

---

[109] 「華興小組第七次會議記錄」（1970 年 9 月 15 日），〈偽台灣獨立聯合會〉，《外交部檔案》，檔號：406/0077/27-28。

[110] 「駐芝加哥總領事館致外交部代表，芝（59）第 82 號」（1970 年 3 月 7 日）、「陸海光致胡子平同志，320 號」（1970 年 3 月 31 日），〈偽台灣獨立聯盟〉，《外交部檔案》，檔號：406/0082/256-262。1971 年 10 月 19 日華興小組第九次會議亦有類似決議。「華興小組第九次工作會議紀錄」（1971 年 10 月 19 日），〈彭明敏等被捕〉，《外交部檔案》，檔號：406/0100/76。

[111] 「海外對匪鬥爭工作統一指導委員會第三〇三次會議記錄」（1970 年 11 月 13 日），〈陸海光會議〉，《外交部檔案》，國史館藏，入藏登錄號：020000016985A。

透入島內。在 1970 年成立「安祥專案」中，由教育部所主辦的第一小組，便負責加強反台獨思想教育，透過一系列強化台灣與中國、中華文化連結的展覽、戲劇、圖書、教育課程等，強化島內人民台灣與中國不可分割的意識，間接駁斥台獨人士所主張的「一中一台」，此外，也計畫邀請國內大專院校教授，參與駁斥台獨言論之工作。[112]

二、對台獨示威遊行之反制

面對台獨人士發起的示威遊行，中華民國政府雖然多認為對其衝擊有限，但也未輕忽其影響，透過事前部屬、過程中的監控掌握及事後的檢討與處理，逐步建立起對此類活動的因應機制。值得注意的是，進入 1970 年代之後，這套因應機制似乎面臨到不小挑戰。

在探討中華民國政府如何反制台獨示威遊行前，必

---

[112] 展覽如「中原文化與台灣歷史文物展」、「大陸風光民族照片展」、「中國地方文獻展覽」，廣播劇如「旅台抗日的陳銀生烈士」、「忠義千秋」，圖書如《台灣 - 建設中的三民主義模範省》、《台灣姓氏源流》。「海外對匪鬥爭工作統一指導委員會第三○八次會議記錄，附件：安祥專案第一小組工作實施成果暨績效報告表（1971 年 2 月 5 日）」（1971 年 2 月 5 日）、「海外對匪鬥爭工作統一指導委員會第三二○次會議記錄，附件：安祥專案第一小組工作實施成果暨績效報告表（1971 年 7 月 22 日）」（1971 年 8 月 6 日），〈陸海光會議〉，《外交部檔案》，國史館藏，入藏登錄號：020000016987A、020000016990 A。

須先討論其對於 U.F.I. 首次記者會之因應，因為部分的
因應方式為日後對付台獨示威活動所沿用。1961 年 1 月
25 日，U.F.I. 發出新聞稿，表示將於 2 月 28 日舉行記者
會，以紀念二二八事件並將發表對台灣前途的看法，現
場開放記者提問。[113] 這是 U.F.I. 首次的公開活動，中華民
國政府自然瞭解選在這一天召開記者會的用意，為此，
國民黨中常會組成專案小組研擬因應對策，副總裁陳誠指
示各單位要廣為宣傳二二八事件乃「共匪陰謀」，與反政
府及反外省人無關。[114] 蔣中正總統亦要求駐美大使葉公超
設法打消記者會。[115] 隨後，駐美大使館指示紐約領事館邀
約「忠貞留學生」及有關人士商議對策，並指派曹文彥、
朱耀祖等人協助。[116] 外交部則要求大使館，屆時動員若干
「忠貞台籍人士」擾亂記者會進行，必要時發表公開聲

---

[113] 新聞稿見〈偽台灣獨立聯合會〉，《外交部檔案》，檔號：406/
0066/75。

[114] 「唐海澄致外交部，海指（50）發字第 029」（1961 年 2 月 11
日），〈偽台灣獨立聯合會〉，《外交部檔案》，檔號：406/0066/
18。

[115] 「外交部致駐美葉大使代電，外（50）美一字第 2460 號」（1961
年 2 月 21 日），〈偽台灣獨立聯合會〉，《外交部檔案》，檔
號：406/0066/15。

[116] 「駐紐約總領事館致外交部代電，紐（50）字第 50-525 號快郵代
電」（1961 年 3 月 2 日），〈偽台灣獨立聯合會〉，《外交部檔
案》，檔號：406/0066/67。

明，表示 U.F.I. 不足以代表多數台灣人民的意見。[117] 大使館也計畫策動一、二位外籍記者到場發動詰問。[118] 除了派人「鬧場」外，國民黨也透過第三組主任鄭彥棻、丘念台等人約見旅美「台籍人士」，請其設法規勸參與 U.F.I. 之「台籍留學生」。[119] 此外，紐約領事館也與聯邦調查局合作，試圖查出相關主事者之身分。[120]

記者會於 2 月 28 日下午二時準時召開，由陳以德主持，大使館派出「台籍忠貞學生」及「台籍人士」李嵩柏、黃慶芳、邱創壽等人到場發動詰問。報告中稱陳以德「舉止驚惶」、「所答均無要領」，現場外國記者亦甚冷漠。[121] 記者會結束後，紐約領事館自認由於事前部署得

---

[117] 「外交部致駐美葉大使代電，去電專號第 127 號」（1961 年 2 月 17 日），〈偽台灣獨立聯合會〉，《外交部檔案》，檔號：406/0066/22。

[118] 「駐美大使館致外交部電，來電專號第 493 號」（1961 年 2 月 17 日），〈偽台灣獨立聯合會〉，《外交部檔案》，檔號：406/0066/21。

[119] 「海外對匪鬥爭工作統一指導委員會第一一三次會議記錄。附件九：50 年 4 月 3 日中央常會第二八八次會議」（1961 年 9 月 1 日），〈偽台灣獨立聯合會〉，《外交部檔案》，檔號：406/0066/284。

[120] 「抄駐紐約總領事館紐（50）字第 50-525 號快郵代電」（1961 年 3 月 2 日），〈偽台灣獨立聯合會〉，《外交部檔案》，檔號：406/0066/89。

[121] 問題如 U.F.I. 是否受到共產黨支助？是否有意讓中共取得台灣等。「抄駐紐約總領事館紐（50）字第 50-525 號快郵代電」

當，U.F.I.的「陰謀」並未得逞，但仍密切注意後續媒體的相關報導。

1961 年 9 月，U.F.I. 打算趁聯合國討論中國代表權問題時策動示威遊行，駐美大使館獲知消息後，隨即召集紐約、芝加哥兩地總領事商討對策，針對可能舉辦記者會方面，將援用上回相同之策略，但在遊行部分，評估礙於美國法律保障此類集會權利，恐不易事前阻止。[122] 為了減損示威的宣傳效果，外交部請大使館研議於同時同地發動反對「共匪」及外蒙古入聯遊行之可行性，以分散媒體注意力。[123] 不過，大使館指出聯合國前所劃定之示威區域極為狹窄，若於同時同地舉辦遊行，反助長對方聲勢，加以在紐約遊行非有浩大聲勢難引起注意，建議暫緩。[124]

值得注意的是，為因應這回的示威活動，海指會決議

（1961 年 3 月 2 日），〈偽台灣獨立聯合會〉，《外交部檔案》，檔號：406/0066/88-91。

[122] 「駐美大使館致外交部電，來電專號第 931 號」（1961 年 8 月 30 日），〈偽台灣獨立聯合會〉，《外交部檔案》，檔號：406/0067/4。

[123] 「外交部致駐美葉大使，去電專號第 461 號」（1961 年 9 月 2 日），〈偽台灣獨立聯合會〉，《外交部檔案》，檔號：406/0067/7。

[124] 「駐美大使館致外交部電，來電專號第 976 號」（1961 年 9 月 28 日），〈偽台灣獨立聯合會〉，《外交部檔案》，檔號：406/0067/23。該次示威狀況可參考第一章第三節 U.F.I.「示威抗議」部分。

請外交部遴選適當且有聲望之「台籍人士」參加本屆聯合國代表團。[125] 當時擔任台大政治系主任的彭明敏「雀屏中選」，彭明敏被賦予調查美國台獨運動之任務，回國後還到應正本小組報告心得。[126] 本來，U.F.I. 打算在本屆聯合國大會期間再舉辦一次示威遊行，後來因故未舉辦，不過經過 9 月的遊行後，各使領館仍被要求調查原因。[127] 這樣「謹慎」的態度，在往後時常可見。此後，每年到了二二八與聯合國討論中國代表權，這兩個台獨人士最可能舉辦示威活動時間點的前夕，駐外單位都會組成專案小組因應（1964 年後為常設性小組），透過歷年的「操練」

---

[125] 「海外對匪鬥爭工作統一指導委員會第一一三次會議記錄」（1961 年 9 月 1 日），〈偽台灣獨立聯合會〉，《外交部檔案》，檔號：406/0067/12。

[126] 彭明敏，《自由的滋味》（台北：李敖，1991 年），頁 109-119；〈偽台灣獨立聯合會〉，《外交部檔案》，檔號：406/0067/88-90；〈台灣獨立運動（十七）：應正本小組〉，《外交部檔案》，檔案管理局藏，檔號：0050/006.3/0018。

[127] 「外交部致駐美大使館及各總領事館電，外（50）美一字第 18596 號」（1961 年 12 月 25 日），〈偽台灣獨立聯合會〉，《外交部檔案》，檔號：406/0067/61。根據紐約領事館的調查，U.F.I. 之所以未舉行示威活動，乃因為上回示威未達到宣傳效果，徒費人力、財力，引發內部部分人士不滿；另一方面也由於聯大討論中國代表權問題之時間未能預先決定，導致召集參加人員有困難。「駐紐約總領事館致外交部代電，紐（51）字第？號」（1962 年 1 月 9 日），〈偽台灣獨立聯合會〉，《外交部檔案》，檔號：406/0067/69-71。

逐步建立起一套因應機制。

　　1962 年 1 月，應正本專案小組針對台獨人士可能的活動就預先開會研商對策，決議責陳駐美大使館統籌在紐約、芝加哥成立專案小組因應，[128] 並做出三大原則指示：（1）規勸「台籍學生」拒絕參加 U.F.I. 之活動，並由使領館透過私人關係，洽詢當地治安、移民機關，設法事前遏止；（2）洽請當地報刊對於 U.F.I. 活動勿加重視，適時運用僑報駁斥其論點；（3）預先策動「台籍忠貞同學」從中破壞並以投書方式反對其活動。[129] 由上述決議來看，中華民國政府的優先考慮是阻止活動之舉辦，倘若阻止不成，則封鎖相關報導並加以反駁。[130]

　　1963 年，仍由應正本小組於 1 月就召集會議，責陳

---

[128] 「唐海澄致外交部，海指（51）發字 021」（1962 年 1 月 30 日），〈偽台灣獨立聯合會〉，《外交部檔案》，檔號：406/0067/92。

[129] 值得一提的是，相關支出係在海指會撥付輔導台灣同鄉會經費內開支。「唐海澄致外交部，海指（51）發字 021」（1962 年 1 月 30 日），〈偽台灣獨立聯合會〉，《外交部檔案》，檔號：406/0067/92。

[130] 1962 年 2 月 28 日前後，U.F.I. 並未公開活動，僅在 *Ilha Formosa* 上刊登紀念文章及報導日本台獨之紀念活動。「紐約總領事館致外交部電，來電專號第 027 號」（1962 年 3 月 2 日）、「紐約『台灣獨立促進會』二二八未活動，央秘參（51）197 號」（1962 年 3 月 1 日），〈偽台灣獨立聯合會〉，《外交部檔案》，檔號：406/0067/106、108。*Ilha Formosa*, 5:1 (February & March 1962), pp.1-2.

駐美大使館及紐約、芝加哥領事館組成工作小組，以防範台獨份子可能之「不良活動」。[131] 據檔案顯示，當年U.F.I. 僅於 3 月 1 日有一約 20 人參加的室內紀念會，紐約領事館並攝得在場人員之照片。[132]

1964 年 2 月 29 日，U.F.I. 發動成立以來最大規模的一次示威遊行。中華民國政府早在前一年 U.F.I. 的內部會議中就得知該計畫，海指會多次要求外交部與駐美各單位應設法防範。[133] 外交部於 2 月 21 日致電駐美大使館，要求轉飭紐約領事館，洽詢當地「忠貞僑胞」及「台籍同學」出面勸退擬參加遊行者，並設法探聽當日的活動時間及路線，通知美國警方預先防範。[134] 紐約當地更有僑團打算發起反制遊行，不過大使館對此持保留態度，認為恐

---

[131]　「唐海澄致外交部，海指（52）發字 022」（1963 年 2 月 2 日），〈偽台灣獨立聯合會〉，《外交部檔案》，檔號：406/0068/137。

[132]　「駐紐約總領事館致外交部電，來電專號第 074 號」（1963 年 2 月 25 日）、「駐紐約總領事館致外交部電，來電專號第 079 號」（1963 年 3 月 5 日），〈偽台灣獨立聯合會〉，《外交部檔案》，檔號：406/0068/175、178。

[133]　「唐海澄致外交部，海指（52）1382 號」（1963 年 12 月 14 日）、「唐海澄致外交部電，海指（53）086 號」（1964 年 1 月 25 日），〈偽台灣獨立聯合會〉，《外交部檔案》，檔號：406/ 0070/15、92。

[134]　「外交部致駐美大使館電，機要室發電第 1686 號」（1964 年 2 月 21 日），〈偽台灣獨立聯合會〉，《外交部檔案》，檔號：406/ 0070/109-110。

將助長台獨聲勢。[135] 在反宣傳方面，在 U.F.I. 發出活動新聞稿後，[136] 大使館隨即聯繫各家媒體，希望降低活動曝光度，另外，擬定駁斥聲明稿。[137] 29 日示威當日，大使館不但派人至現場觀察狀況，也雇人拍照蒐證。[138] 中央通訊社記者則在現場發送大使館的駁斥聲明稿與資料，[139] 大使館另派人至各報社及通訊社，對台獨人士散發之文宣「逐點駁斥」。[140] 部分僑報也配合刊登駁斥聲明，並撰寫諸如〈注意投機份子的新陰謀〉、〈讀書人決不投機〉、〈所

---

[135] 「駐美大使館致外交部電，來電專號第 999 號」（1964 年 2 月 20 日）、「駐紐約總領事館致外交部代電，紐（53）字第 0375 號」（1964 年 2 月 27 日），〈偽台灣獨立聯合會〉，《外交部檔案》，檔號：406/0070/105、143-144。

[136] 〈偽台灣獨立聯合會〉，《外交部檔案》，檔號：406/0070/145。

[137] 「駐美大使館致外交部電，來電專號第 013 號」（1964 年 2 月 26 日），〈偽台灣獨立聯合會〉，《外交部檔案》，檔號：406/0070/120-121。

[138] 「駐美大使館致外交部代電，美文（53）字第 530238 號」（1964 年 3 月 17 日），〈偽台灣獨立聯合會〉，《外交部檔案》，檔號：406/0070/163。

[139] 資料題為 "UNITED FORMOSAN FOR INDEPENDENCE" IS ONLY A SMALL GROUP OF AGITATORS，〈偽台灣獨立聯合會〉，《外交部檔案》，檔號：406/0070/149-151。

[140] 「駐美大使館致外交部電，來電專號第 021 號」（1964 年 2 月）、「駐美大使館致外交部代電，美文（53）字第 530197 號」（1964 年 3 月），〈偽台灣獨立聯合會〉，《外交部檔案》，檔號：406/0070/124-125、140-141。

謂台灣人遊行實情〉等文章攻訐示威者。[141]

從上述大動作出面駁斥與進行反宣傳的舉動來看，即便稱示威者為「一小群煽動份子」，但中華民國政府確實對於示威遊行可能造成的宣傳效果感到疑懼。

1965 年，當大使館獲悉美中台獨人士預定於 2 月 28 日前後發動遊行時，隨即要求芝加哥領事館採取以下因應對策：（1）與當地警局聯繫，查明遊行日期、人數與路線，並阻止台獨人士帶面具參與遊行；（2）預先透過關係探知其新聞稿內容以便回應，並設法阻止媒體刊登活動消息，必要時請刊登消息的媒體刊登我方之反駁文稿；（3）勸導台籍留學生不要參加；（4）必要時與美移民單位聯繫，對示威者給予警告。[142] 2 月 27 日、28 日，領事館派人到附近市區「巡視」，均未發現有示威情況。[143] 上述對策與因應 1964 年大體一樣，顯見中華民國政府對於

---

[141] 駁斥聲明中表示「台灣獨立」的主張是一「全無事實根據之謊言」，而台灣人主張獨立則如同主張「美國之加州或塔克薩斯州人獨立」一樣「荒謬滑稽」。「駐美大使館致外交部電，美文（53）字第 530238 號」（1964 年 3 月 17 日），〈偽台灣獨立聯合會〉，《外交部檔案》，檔號：406/0070/162-173。

[142] 「駐美大使館致駐芝加哥總領事館代電，美文（53）字第 540036 號」（1965 年 1 月 22 日），〈偽台灣獨立聯合會〉，《外交部檔案》，檔號：406/0072/122-125。

[143] 「駐芝加哥總領事館致外交部代電，芝（54）字第 86 號」（1965 年 3 月 3 日），〈偽台灣獨立聯合會〉，《外交部檔案》，檔號：406/0072/127-129。

台獨示威的因應手法漸趨固定化。

前幾年的因應中，中華民國政府曾經考慮發動反制示威遊行，不過並未執行。到了 1966 年聯合國大會開會期間，中華民國政府針對中國代表權問題發起示威遊行，一方面訴求反對「共匪」進入聯合國，另一方面，也希望透過遊行人數的優勢，在氣勢上壓過台獨人士的活動，除了由紐約領事館策動僑界、留學生配合「擁護中華民國委員會」[144] 所發起的「反對共匪」入聯的示威遊行外，領事館並指示被動員前往的學生代表，如途中遇到台獨人士，可對其表示使領館已通知美移民局，密切注意其活動，如其採取示威遊行，將予以驅逐出境。[145] 中華民國政府是否和移民局達成協議及美移民局是否有此權力都令人懷疑，筆者認為「威脅」成分居多。此外，新聞局駐紐約辦事處也

---

[144] 《中央日報》上是寫「支援自由中國學生委員會」，該會由全美 122 所大學的學生代表組成。《中央日報》，1966 年 11 月 24 日，版 1。

[145] 「海指會第二二八次會議記錄」（1966 年 12 月 16 日）、「駐紐約總領事館致谷振海，紐（55）字第 3400 號」（1966 年 11 月 29 日），〈偽台灣獨立聯合會〉，《外交部檔案》，檔號：406/0071/243、245-250。不過 1964 年中華民國政府據悉有加拿大台灣留學生將參加美國台獨舉辦的示威活動時，由駐加拿大大使與美國駐加國大使館公使聯繫，要求拒發參與者赴美簽證，美方也允諾已通知駐加國各地使領館，若有此類簽證按應先呈報大使館處理。美方雖然沒有承諾拒發簽證，不過，也算是有限度地配合了。

預先準備中英文反制文宣。[146] 尚須留意，文宣均署名「紐約中國同學聯誼會」（Chinese Student Association of New York），而非大使館或使領館。[147]

對於敢公開上街頭對中華民國政府「嗆聲」者，中華民國政府除了派人到場「觀察」外，更將之列入「黑名單」。1967 年 5 月，副總統嚴家淦訪美前夕，領事館為預防台獨人士到場抗議，便預先安排數位「忠貞同學」屆時到場拍照蒐證。[148] 此後，派人到台獨示威現場拍照成了中華民國政府因應此類活動最基本的作業，這也是多數參與台獨示威的群眾必須戴上面具的原因。

到了 1969 年聯大期間台獨人士發動示威遊行時，中華民國政府已經建立起一套事前部署、過程監控、事後檢討的因應機制。事前部署方面，先由大使館召開華興小組會議研商對策如下：（1）發動「忠貞同志」以「台灣青年反共鋤奸同盟」名義，透過發函或致電的方式造成欲參

---

146 「駐紐約總領事館致谷振海，紐（55）字第 3400 號」（1966 年 11 月 29 日），〈偽台灣獨立聯合會〉，《外交部檔案》，檔號：406/0071/245-250。

147 〈偽台灣獨立聯合會〉，《外交部檔案》，檔號：406/0071/248-250。

148 「駐羅安琪總領事館致駐美大使，不列號」（1967 年 5 月 3 日）、「駐羅安琪總領事館致駐美大使，不列號」（1967 年 5 月 13 日），〈偽台灣獨立聯合會〉，《外交部檔案》，檔號：406/0074/6-13。

加遊行者內心的「畏懼與猶疑」；[149]（2）動員全美留學生聯合會致函各國聯合國代表團對台獨團體提出的請願書加以駁斥；[150]（3）動員「忠貞台籍同志」及僑報撰文攻訐示威者。[151] 值得注意的是，留美學生趙寧（國民黨員）也收到台獨聯盟的遊行通知，趙寧認為聯合國大會開會迫在眉睫，台獨人士於此時發動遊行，茲事體大，隨即於10月22日向國民黨中央第一組主任陳建中、紐約及芝加哥領事館「報告」此事，並希望相關單位儘速採取對策打擊此項「陰謀」，以免影響聯合國代表權及國際視聽。[152] 國民黨第三組主任馬樹禮曾洽詢紐約華埠安良工商會總理陳兆瓊（國民黨中央評議委員）動員青年，前往台獨示威現場，撕毀其標語及布條，並對其首要份子予以「懲處」。「懲處」方式雖不得而知，但考量到此一行動恐將引起媒體關注，故未執行。[153] 過程監控方面，遊行當天，

---

[149] 「十一月三日偽『台獨』份子遊行概況報告」，〈偽台灣獨立聯合會〉，《外交部檔案》，檔號：406/0073/257-270。

[150] 「馬樹禮致外交部轉中三組李代主任樸生兄電，來電專號第724號」（1969年11月6日），〈偽台灣獨立聯合會〉，《外交部檔案》，檔號：406/0073/218。

[151] 〈偽台灣獨立聯合會〉，《外交部檔案》，檔號：406/0073/277。

[152] 「中央委員會第一組致外交部函，58懷貳字第10164號」（1969年10月27日），〈偽台灣獨立聯合會〉，《外交部檔案》，檔號：406/0073/175-176。

[153] 「十一月三日偽『台獨』份子遊行概況報告」，〈偽台灣獨立聯合會〉，《外交部檔案》，檔號：406/0073/257-270。

大使館除派人全程參與遊行及拍照外，進一步使用錄影方式以免有漏網之魚。[154] 事後檢討部分，大使館認為在事前勸阻下，致使參與人數大為減少，亦未引起媒體關注，不過台獨人士選在外交部長魏道明發表演說時發動遊行、先向警方申請保護及事後開會檢討遊行成效等作法，顯示事前有充分準備，因此建議發動「忠貞台籍同胞」組織愛國青年團體，抵制台獨的各項活動，從根本上「撲滅偽組織」。[155]

　　進入 1970 年代，隨著中華民國在聯合國的中國代表權問題面臨攤牌時刻，台獨人士也藉由示威遊行的活動表達訴求，對於台獨運動而言，中華人民共和國入聯已是勢不可擋，他們關心的重點不是如何「阻匪入聯」，也不是中華民國能否保住中國代表權，而是在這樣的國際局勢下，台灣地位會不會遭到強權間的擺布，台灣人民獨立建國的聲音能否被聽見？[156]

154　「華興小組第六次會議記錄」（1969 年 10 月 24 日），〈偽台灣獨立聯合會〉，《外交部檔案》，檔號：406/0073/321-329。

155　「十一月三日偽『台獨』份子遊行概況報告」，〈偽台灣獨立聯合會〉，《外交部檔案》，檔號：406/0073/257-270。日後成立的中華互助服務俱樂部、紐約台灣同鄉福利會、美西地區台灣同鄉福利會等都是此一思維下的產物。〈偽台灣獨立聯合會〉，《外交部檔案》，檔號：406/0073、77-80。

156　1961 年 9 月，U.F.I. 就在聯合國大廈外舉辦首度的聯大期間示威抗議。「中央通訊社參考消息，央參秘（50）1437 號」（1961

　　1970 年 10 月 20 日，台獨聯盟美國本部於副總統兼行政院長嚴家淦在聯大演說之際，在場外發動示威遊行，並寄發「要求實施台灣住民自決決議書」（The Question of Self-Determination for Formosa）給各國駐聯合國代表團，請求將台灣人民自決問題納入議程；此外，發動集體投書，呼籲各界支持台灣人公投獨立；[157] 示威後發出文宣，呼籲大家為獨立建國的目標再接再厲；[158] 同一時間，日本本部亦在東京發起遊行相呼應。[159]

年 10 月 1 日），〈偽台灣獨立聯合會〉，《外交部檔案》，檔號：406/0067/27-28。日本的台灣青年獨立聯盟也在 1965 年 9 月 24 日，首度在聯合國討論中國代表權前夕，由委員長辜寬敏率隊在東京示威遊行，主張「兩個中國」都不能代表台灣，呼籲各國支持台灣人民族自決。《台灣青年》，第 58 期（1965 年 9 月 25 日），頁 1。1966 年，台獨人士則向各國駐聯合國代表團分送一份長達 16 頁的請願書，表達獨立建國的意願。「Formosan Note：Summary of Intention by an Anonymous Formosan Citizen」，〈偽台灣獨立聯合會〉，《外交部檔案》，檔號：406/0071/219-235。另外，於 11 月 20 日刊登 FORMOSA FOR FORMOSAN 廣告。*The New York Times*, Nov 20, 1966, p. E6.

[157] 《台灣青年》，第 122 期（1971 年 1 月 5 日），頁 4-9；〈聯合國大會第 25 屆常會「台獨份子」要求台灣問題列入議程〉，《外交部檔案》，檔號：633/90048。9 月 24 日，發出「盟員通訊」，詳細說明預定舉辦示威遊行之時間與地點並附上地圖。〈彭明敏等被捕〉，《外交部檔案》，檔號：406/0098/349-353；〈偽台灣獨立聯合會〉，《外交部檔案》，檔號：406/0077/96-97。

[158] 〈偽台灣獨立聯合會〉，《外交部檔案》，檔號：406/0077/96-97。

[159] 《台灣青年》，第 122 期（1971 年 1 月 5 日），頁 5。

　　到了 1971 年，先由主席蔡同榮於 5 月 7 日致函美國總統呼籲支持在台灣舉行公投。[160] 7 月 15 日，美國總統尼克森發表將於明年赴中國訪問的消息後，台獨聯盟隨即舉行記者會，重申台灣的命運不能由「二個對立的中國政權」或「中國人」或「台灣海峽兩岸的人民」或「強國」加以決定，不論中國代表權或美中關係如何演變，台灣人民的自決權利都不容遭到損害、妥協或出賣。[161] 9 月間，彭明敏的台灣問題研究所舉辦台灣民眾大會，強調台灣人民的聲音不能遭到漠視，[162] 會後並走上街頭示威遊行。[163] 之後，台灣問題研究所又發起寫信給聯合國的運動，反對聯合國在沒有台灣代表參與的情況下，對台灣地位做出任何決定，也重申不論是北京或蔣介石政權都不能代表台灣

---

[160] 《台灣青年》，第 130 期（1971 年 9 月 5 日），頁 24。

[161] 《台灣青年》，第 130 期（1971 年 9 月 5 日），頁 31-32。

[162] 「THE FORMOSAN PEOPLE'S CONFERENCE-For immediate release」（1971 年 9 月 18 日），〈彭明敏等被捕〉，《外交部檔案》，檔號：406/0100/36-37。

[163] 《台灣青年》，第 133 期（1971 年 11 月 5 日），頁 43-44；有關批判台灣民眾大會的言論可見劉德安，〈紐約「台灣民眾大會」記〉，《中華青年》，第 4 期（1971 年 12 月 31 日），頁 57-60。中華人民共和國則批評該次示威是「美國帝國主義操縱下的醜劇」，企圖製造「兩個中國」、「一中一台」之陰謀。《人民日報》，1971 年 9 月 22 日，收入〈偽台灣獨立聯合會〉，《外交部檔案》，檔號：406/0080/208。

人民。[164] 台灣問題研究所更募款在 *The New York Times* 上刊登廣告，強調世界不能忽視台灣人民堅決要求自決的聲音。[165]

有別以往的示威活動，參與者只跟著舉標語、喊口號、發傳單，台灣民眾大會建立起一種新的群眾集會模式，增加會前記者會、專題演講、各界代表致詞、現場討論與眾人合唱，不但讓主辦單位能更清楚地對外傳達訴求，也提升與會者的參與度；參與者也擴及關心台灣前途的外國人士。[166] 這種群眾集會形式，日後更蔚為風潮。[167]

進入 10 月中，正值聯合國大會針對中國代表權論爭之際，美、日及加拿大三地的台獨團體更先後舉行示威並展現高度創意。首開先鋒的是加拿大。加拿大台獨人士

---

[164] 《台灣青年》，第 133 期（1971 年 11 月 5 日），頁 58-59。

[165] *The New York Times*, Oct 19, 1971, p. 37. 《台灣青年》，第 133 期（1971 年 11 月 5 日），頁 60。

[166] 有關 1971 年台灣民眾大會舉辦過程《台灣青年》，第 133 期（1971 年 11 月 5 日）有專題報導。

[167] 如 1972 年 4 月 1 日，台灣問題研究所在華府舉辦「台灣民眾自決大會」，同年 5 月 27 日，美西也舉辦「台灣民眾大會」。《台灣青年》，第 140 期（1972 年 6 月 5 日），頁 48-50；"700 in Washington Rally for Taiwanese," *The New York Times*, Apr 2, 1972, p. 11.《台獨月刊》，第 4 期（1972 年 6 月 28 日），頁 6-7。1975 年 4 月到 5 月間，美國中西部、美西、美南及華盛頓都陸續舉辦台灣民眾大會。《望春風》，第 67 期至第 71 期；張燦鍙，《台灣獨立運動三十年；張燦鍙選集（上）》（台北：前衛出版社，1991 年），頁 253。

於 15 日齊聚渥太華中華人民共和國駐加拿大大使館前抗議，訴求「一中一台」，這也是台獨人士第一次直接針對中華人民共和國進行抗議。16 日，換日本台獨舉行示威。[168] 18 日，美國台獨人士在紐約聯合國大廈與芝加哥領事館前同步舉行示威，抗議者將鎖鍊綁在自己身上（圖 2-2-1），象徵台灣人民被鎖鍊禁錮般，無法決定自己的命運；在聯合國前的隊伍，還將鎖鍊綁在大廈入口處，這樣極富創意及戲劇性的抗議方式，成功吸引媒體及路人目光。[169] 隔日（19），日本台獨也由許世楷、黃昭堂、林啟旭三人在東京同樣身捆鎖鍊進行抗議。[170]

---

[168] 《台灣青年》，第 133 期（1971 年 11 月 5 日），頁 61-63。

[169] 〈陳希寬訪談記錄〉，收入張炎憲、曾秋美主編，《一門留美學生的建國故事》（台北：吳三連台灣史料基金會，2009 年），頁 214-215；《台灣青年》，第 133 期（1971 年 11 月 5 日），頁 64。現場所持標語有 ONE TAIWAN ONE CHINA、ONE FORMOSA ONE CHINA、Plebiscite for the people of FORMOSA 等，口號為 We want freedom、Taiwan for Taiwanese、Self-Determination for Taiwan 等。〈偽台灣獨立聯合會〉，《外交部檔案》，檔號：406/0080/73、89。據參與者黃靜枝的說法，當天身上綑綁鎖鍊的共有六人，她是唯一的女性。楊遠薰，《咱的故事：16 對海外台灣人夫妻的人生》（台北：望春風文化事業股份有限公司，2001 年），頁 266。

[170] 《台灣青年》，第 133 期（1971 年 11 月 5 日），頁 64。1995 年，許世楷競選立委時，也選在 10 月 19 日舉行「鎖鍊示威」，並由當年參與活動的黃昭堂、林啟旭（已去世，由陳宏達替代）一起身捆鎖鍊，雖然相隔 24 年，但訴求仍不離「一中一台」。《台灣評論》，第 26 期（1995 年 11 月），頁 8-9。

　　「鎖鍊示威」事前經過詳細計畫，訂定代號「清水溪」，針對示威的地點時間路線、可供套鏈的目標物、手銬類型、警方處理鎖鍊之方式、抗議標語及口號、示威者當天服裝，萬一被捕該如何應對等均有沙盤推演。[171] 這樣周密計畫說明了台獨示威活動經過多年的經驗積累已建立一套動員模式。25 日，聯合國通過第二七五八號決議，中華人民共和國取代中華民國成為中國在聯合國的合法代表。11 月 11 日，中華人民共和國駐聯合國代表團抵達紐約時，台獨人士也發動抗議，反對「解放台灣」的恫嚇，重申以公投決定台灣前途的立場。[172]

---

[171] 黃嘉光、王康陸、陳正修編，《海外台獨運動三十年：張燦鍙選集（上）》（台北：前衛出版社，1991 年），頁 344-365。「清水溪」的代號可能與當年 *The New York Times* 的一篇報導有關，該報導指出台灣人民將最近濁水溪變清澈一事視為「好兆頭」，但對統治者可就是「壞兆頭」。Ian Stewart, "Taiwanese Discern a Bad Omen for the Nationalists," *The New York Times*, May 5, 1971, p.4.「華興小組第九次工作會議紀錄」（1971 年 10 月 19 日），〈彭明敏等被捕〉，《外交部檔案》，檔號：406/0100/71-72。

[172] 《台灣青年》，第 133 期（1971 年 11 月 5 日），頁 26；〈偽台灣獨立聯合會〉，《外交部檔案》，檔號：406/0080/201-202、206。

圖 2-2-1　台獨人士於芝加哥領事館前的「鎖鍊示威」
（1970 年）

資料來源：張炎憲、曾秋美主編，《一門留美學生的建國故事》，照
片頁。

　　進入 1970 年代，台獨運動的示威活動，在手法上更
多元，參與者也更多，這些都讓中華民國政府面臨嚴峻考
驗，而 1960 年代經過近十年與台獨運動對抗間所摸索出
來的因應機制似乎也趕不上台獨人士日新月異且規模屢創
新高的示威活動。

　　中華民國政府所面臨的困境可以 1971 年 9 月的「台
灣民眾大會」為例。外交部雖於事前要求紐約領事館，商
議發動愛國僑胞前往阻擾，並設法取得與會者名單，[173] 但

173　「外交部致駐紐約總領事館，第 179 號去電抄件」（1971 年 9 月
　　7 日），〈彭明敏等被捕〉，《外交部檔案》，檔號：406/0100/
　　43。

由於參與者高達 1,000 餘人，收集名單未見下文；發動愛國僑胞一事，也未見具體資料。此外，國安局駐美人員吳化鵬事前曾找新聞局駐紐約辦事處專員張超英，希望其充當觀察員，回報民眾大會之舉辦情形，但遭到張超英以萬一被人誣陷為台獨而回絕。[174] 面對台獨運動有史以來最大規模的一場群眾集會，中華民國政府唯一的因應是派人到現場進行觀察與紀錄，檔案中因而留存相關文宣及大會記錄。[175] 而以彭明敏從事政治活動為由向美方交涉方面也無成效。[176] 1972 年 4 月 1 日，在華府的「台灣民眾自決大會」，中華民國政府依然只能派人到現場觀察，會後撰寫報告，由於這一次大會成功吸引媒體關注與報導，中華民國政府也承認「頗收宣傳效果」，駐美大使館建議必須充實人力財力及組織才能對台獨予以有效打擊，這似乎反映出中華民國政府面對此類大型的示威活動頗有無能為力之感。[177]

---

[174] 張超英口述，陳柔縉執筆，《宮前町九十番地》（台北：時報文化，2006 年），頁 159。

[175] 「華興致陸海光，華誠（60）字第 603 號」（1971 年 9 月 27 日）、「駐紐約總領事館致駐美大使館，紐總（60）字第 600470 號」（1971 年 9 月 29 日），〈彭明敏等被捕〉，《外交部檔案》，檔號：406/0100/32-42、44-50。

[176] 詳見第五章第一節之討論。

[177] 「沈劍虹致外交部電，來電專號第 853 號」（1972 年 4 月 2 日）、「駐美大使館致外交部代電，美華（61）字第 610675 號」

　　值得注意的是，這樣無力感除了與台獨運動本身的聲勢提高有關之外，可能也與 1970 年代初期興起的保釣運動有關，因處理釣魚台問題無法符合台灣留學生期待，致使許多人對中華民國政府感到失望、不滿進而轉向「新中國」；這群被中華民國政府稱為「左傾」（傾向中華人民共和國）的台灣留學生，將砲口對向「保釣不力」的中華民國政府。在 1971 年四一〇大遊行後，「中國前途問題」取代釣魚台問題成了留學生間的熱門話題，到了同年 8、9 月間全美各地所舉辦的國是會議中，紛紛做出支持中華人民共和國加入聯合國、中華人民共和國為中國唯一合法政府的決議，保釣運動至此正式分裂，有一派更發展成「中國統一運動」。[178] 這群「左傾」的台灣留學生更

（1972 年 4 月 7 日）、「鈕文武致陸海光，鈕發字第 74 號」（1972 年 4 月 4 日）、「駐紐約總領事館致外交部代電，鈕總（61）字第 610884 號」（1972 年 4 月 4 日），〈偽台灣獨立聯合會〉，《外交部檔案》，檔號：406/0081/79-80、83-103、122-140。

[178] 這段過程可見邵玉銘主編，《風雲的年代：保釣運動及留學生生涯之回憶》（台北：聯經文化出版事業有限公司，1990 年）；任孝琦，《有愛無悔：保釣風雲與愛盟故事》（台北：風雲時代，1997 年）；謝小岑、劉容生、王智明主編，《啟蒙、狂飆、反思：保釣運動四十年》（新竹：清華大學，2010 年）；愛盟編著，《愛盟保釣：風雲歲月四十年》（台北：風雲時代，2011 年）；邵玉銘，《保釣風雲錄：一九七〇年代保衛釣魚台運動知識分子之激情、分裂、抉擇》（台北，聯經文化出版事業有限公司，2013 年）。

走上街頭來表達支持中華人民共和國加入聯合國的立場，而中華民國政府亦動員親政府的學生展開示威遊行，訴求「反對共匪混入聯合國」。[179]台獨人士亦上街頭訴求「一中一台」，形成三支在中國代表權問題上均支持「一個中國」的隊伍一起示威遊行的特殊畫面。[180]這也反映出進入1970年代之後，中華民國政府面臨『台獨』與「左傾」運動雙面夾擊的困境。

小結

本章首先討論中華民國政府因應海外台獨運動之組織建置，國民黨於1953年在中央委員會之下設置「海外工作指導小組」，整合黨政軍情報等單位處理海外工作事務，該小組於1956年擴大改組成「海外對匪鬥爭工作統一指導委員會」，該會在海外各領事館下設置工作小

---

[179] 《中央日報》，1971年9月23日，版1、版2；「馬樹禮等致外交部電，來電專號第750號」（1971年9月20日），〈偽台灣獨立聯合會〉，《外交部檔案》，檔號：406/0080/87-88。《人民日報》，1971年9月23日，版4；10月23日，版5。

[180] 三方支持「一個中國」的內涵當然有所不同，就「左傾學生」而言，是主張由中華人民共和國代表中國；就中華民國政府而言，是主張由中華民國代表中國；台獨人士則主張由中華人民共和國代表中國，但同時必須存在一個不隸屬於中國且獨立自主的台灣共和國。

組，負責執行該會之決議。海指會主要的業務是「對匪鬥爭」，所謂的「匪」並非僅指對中國共產黨，凡是被中華民國政府列為異議團體或對象者，也在「鬥爭」的範圍內，海外台獨運動就是被納入所謂「對匪鬥爭」的一環來因應。

戰後海外台獨運動初以日本為主要發展基地，美國雖也有留學生組成台獨組織，不過論規模、人數或活動都不如日本。因此，不論是「海外工作指導小組」時期的「日本地區工作會報」或是後來海指會時期的「日本工作小組」，均將打擊日本台獨列為工作重點。到了 1960 年代初期，為了因應日益發展的海外台獨運動，國民黨決定在海指會下設立一專案小組，化名「應正本」，專責處理台獨事務，一方面作為海指會會議召開前「會前會」的角色，另一方面，也負責督導及協調各單位關於台獨事務執行的情形，相較於海指會在各地區所設置的工作小組是由各地領事館領導，應正本小組則直屬海指會。

就本文關心的美國台獨運動，1961 年 U.F.I. 召開記者會公開活動後，中華民國政府先是責陳駐外使領館針對 U.F.I. 的個別活動，如示威遊行，召集相關人員組成臨時性的因應小組。隨著美國台獨運動勢力的增長，海指會於 1964 年決議在台獨活動較盛行的紐約、芝加哥及舊金山三地組成專案小組，由各地領事館的總領事擔任召集人，

成員以領事館內的高級官員為主，專責處理轄區內的台獨活動。1968 年，復在駐美大使館下設置「美國地區對匪鬥爭小組」，化名「華興」，實則為專門因應台獨活動的單位，擔負協調其他地區台獨專案小組的職責，約略同一時間也成立洛杉磯的台獨專案小組，稍後休士頓亦成立相同小組。

到了 1970 年，海指會成立專門因應台獨活動的「安祥專案」，下設四小組，主辦單位包括教育部、救國團、國安局及外交部，每一小組之下就不同的工作項目還配有黨政各部會作為協辦單位，該專案試圖全面性整合黨政各部會的力量，從島內與海外全面性地防阻台獨運動的發展。中華民國政府因應海外台獨運動組織建置的演變，其實正好反映出台獨運動在其眼中的發展趨勢，而「安祥專案」的出現更意味著台獨運動已躍居「對匪鬥爭」工作的重點。

就具體的因應機制而言，本章以台獨言論及示威活動為例分別探討。首先，對於台獨言論反制之因應機制，除了在早期，出現由駐外高級外交人員親自署名回應外，多數時候係由駐外人員撰寫駁斥文稿後，洽詢合適的「台籍」人士出面署名，佯裝反駁投書出自台籍人士之手，試圖以此加強反駁立論的可信度，且為避免拉抬台獨言論之宣傳效果，行文語氣也刻意和緩，避免正面衝突。

　　這種以相同形式回擊台獨言論的方式，到了1967年陳隆志出版鼓吹「一中一台」專書時更是發揮到極致，分析中華民國政府的因應，除了事先透過各種管道探知內容、阻止該書流入台灣、洽商有關學者撰寫書評回應、要求陳隆志的在台家屬去函勸阻外。由於與陳隆志合著該書的拉斯威爾為政治學界的權威，使得該書有一定學術地位與評價，故採行旅美學人丘宏達所提議的，以學術外表包裝政治意圖的專書反制策略，企圖在學術場域中一較高下，這種作法自然較過去單純寫投書反駁，要花費更多的心力與費用，然而，該反制專書到1973年才出版，距離陳隆志的書出版已逾六年，成效如何令人懷疑。此外，中華民國政府也曾研議包含吊銷護照、發佈通緝、缺席審判、開除國籍等各種對策，手法可說「極端」，但因有不同意見（於法無據、恐有反效果）而作罷，一方面顯示出陳隆志確實為中華民國政府的「燙手山芋」，另一方面，也可以看到中華民國政府內部對於如何反制台獨人士的看法並非完全一致。

　　到了1970年代，中華民國政府一方面制訂「台獨份子叛國謬論駁斥綱要」，準備運用龐大的媒體資源全面性地圍堵及醜化台獨運動，另一方面，延攬「忠貞學生學人」組成專案小組，於第一時間主動出擊回應，相關配合者還可領有津貼或稿酬。此外，也從島內的教育著手，加

強台灣與中國連結的反台獨思想教育，壓縮台獨運動在島內生根的空間。

反制的成效如何？中華民國政府雖然在與台獨言論的交手過程中，逐步建立因應機制，雖然無法以量化的數據來證明其成效高低，但台獨言論並沒有因為相關反制的作為而消失是可以確定的。而因應機制也只能隨著台獨言論的不斷壯大而持續修正，顯見挑戰仍大。

從後見之明來看，雙方在紙筆上的「攻防」，日後更激烈地進行著。雙方這種「你來我往」的筆仗，就其內容而言，多半仍在於捍衛自己的主張與立場，「各自表述」應該是最好的註解。而中華民國政府一眛地將台獨運動與「共黨」掛勾，更證明雙方難有交集。然而，這種看似兩條平行線的「空中對話」或許已經讓海外的台灣留學生間，有了比較、思索的空間，走出過去島內一言堂的思維模式；對中華民國政府來說，本想透過反駁來對台獨言論做「消毒」，雖也注意到要避免正面衝突以免遭致反效果，不過「反駁」這個動作的本身就證明了中華民國政府對此類言論的重視，否則無須出面回應，無形中也是替台獨言論增加第二次的曝光機會（回應前得先重述對方的論點），攻防的過程中則更強化台獨人士與之繼續對抗的決心。

對台獨人士而言，上街頭公開對中華民國政府表達不

滿與主張台灣獨立，遠比在家裡動筆寫文章需要更大的勇氣，除了表達心聲外，也能凝聚旅外台灣人及台獨團體間的向心力。經過多次實戰經歷後，台獨人士在 1970 年前後展開不同以往只是舉標語、喊口號的示威方式，透過大規模群眾集會、專題演講、投書／寫信運動、向聯合國遞請願書、聯合舉辦、鎖鍊示威等方式，透過詳盡規劃，以更多元及具創意的方式表達訴求，也讓越來越多的台灣人，願意走上街頭表達自決獨立的意願。許多人願意開上近一天的車就只為了參加兩小時的示威活動，或雖不便參加也出錢資助；雖然很多人在示威過程中還是戴上頭套、面具以免被認出而上了黑名單，但對當時的留學生而言，仍相當不容易。[181] 1970 年代中後期之後，以示威遊行來表達對中華民國政府之不滿及對台灣獨立的渴望更蔚為風潮，規模也日益擴大，成為旅外台灣人及台獨人士重要的發聲管道。[182]

　　在中華民國政府方面，也從歷年的交手過程當中逐步建立起一套因應機制。就事前部屬方面，於台獨人士舉辦

---

[181]　如當時就讀明尼蘇達大學的林瑞木，為了參加台灣民眾大會，特別與幾位朋友開 20 多小時的車到華府；此外，他觀察到許多人因為怕被照相，而戴上面罩、墨鏡乃至貼鬍鬚。陳婉真，《啊！黑名單》（台北：前衛出版社，1991 年），頁 130。

[182]　這類的示威活動相當多，請參考《台獨月刊》、《望春風》、《鄉訊》上的報導。

示威遊行的熱點前夕，先召集專案會議研商對策，動員「忠貞學生」、「愛國僑胞」透過各種方式勸阻欲參加遊行者；另一方面，透過熱心的黨員或安插在台獨組織內的內線，事先通報可能的活動動態，以便預先因應。此外，駐外單位事先也與美國警方與移民單位聯繫，試圖以「恫嚇」的手法來使示威者卻步；在防堵台獨宣傳方面，一方面阻止示威遊行的消息見報，另一方面準備駁斥的聲明稿與文宣，以俾在第一時間做出澄清與反擊；或以舉辦反制遊行來抵減台獨示威的能量；在過程監控方面，指派專人赴示威遊行現場進行觀察，隨時回報狀況並拍照蒐證，並於事後建立與會者的「黑名單」，給予護照不得延期等「懲罰」。不論是透過「忠貞學生」、「紐約中國同學聯誼會」或「台灣青年反共除奸同盟」出面勸阻或反制台獨的示威遊行，過程中，駐外單位總是位居第二線，鮮少親自出面與台獨人士正面對抗，此與對台獨言論之反制，透過「台籍留學生」而非官方出面有異曲同工之妙。

　　上述對策的成效如何？實難一一評估，就「黑名單」的策略而言，確實能讓想上街頭的留學生有所卻步，不過實際狀況也證明了許多人仍無懼「特務」的拍照蒐證（帶面具是可以理解的自保措施），勇敢走上街頭發聲，到了1970年代中後期後更蔚為風潮。面對參加人數動輒破百上千的台獨群眾集會，中華民國政府除了派人到場詳細記

錄現場狀況，事後撰寫報告外，似乎別無他法，這樣的狀況除了台獨本身規模的擴大之外，是否也與同時間必須因應保釣運動及其所衍生的「左傾風潮」而分去其心力，值得探究。

　　最後要提的是，不論是對台獨言論或示威遊行活動之反制，「以台制台（獨）」的思維在因應機制中佔有舉足輕重的地位。對中華民國政府來說，非台籍人士，也就是一般所稱的外省籍，是不可能會去支持台獨運動的，因此，唯有台籍者才有可能是台獨運動的支持者，在此一根深蒂固的假設下，「台籍留學生」是參與台獨活動「高危險群」，就事前部屬方面，特別著重在對「台籍留學生」之勸導，「省籍」成了區分「敵我」的基本指標。就策略上而言，若能營造台籍人士也反對台獨運動的現象，將使反制行動更有說服力，這便是「以子之矛，攻子之盾」，而中華民國政府眼中的「矛」便是「省籍」，「以台制台（獨）」這種注重反制者身分的作法突顯出其將「省籍」視為反制台獨活動的一種「策略性工具」，正因為如此，未能直搗「省籍」問題在台獨運動中的核心角色。

第三章 反台獨先鋒： 「忠貞學生」之運用

　　在美國台獨運動發展的歷程上，留學生一直是推進運動的主力，因此，「校園」成為台獨運動發展的重要基地。許多留學生出國後，透過同鄉或同學的引介，開始接觸到以往無法讀到的書籍文章，大家聚在一起討論台灣政治乃至國際現勢的發展，部分的留學生乃在校園散發台獨刊物、文宣，進而組織團體共商國是，透過相互間的討論及閱讀分享，使得部分留學生開始反思過去自己對國民黨統治下台灣的態度，對台灣地位的歸屬產生質疑，並對台灣前途感到擔憂。透過上述這種政治意識的再啟蒙，部分學生進而認同台獨理念，走上台獨之路，而「校園」正是此一政治意識再啟蒙的重要場域。

　　對中華民國政府而言，面對部分留學生不但不像以往那樣地「效忠政府」，反而反過頭來質疑政府，甚至出現「反政府」的行為，自然必須加以防範，「校園」更是防範的重點區域。如何避免「台獨」及「反政府」言論或活動在校園中蔓延、擴散，是防制台獨勢力增長的重要課題。對於以留學生為主體的校園台獨活動，中華民國政府主要透過動員同樣具備學生身分者來加以反制，而這一類

或主動或被動參與反制行動的學生，被統稱為「忠貞學生」。

　　本章第一節討論「忠貞學生」被納入反台獨運動因應機制一環的歷程，當中可窺見「忠貞學生」之身分特徵，以及中華民國政府如何將對「忠貞學生」之運用予以制度化。接下來的兩小節，則以案例來討論「忠貞學生」所被賦予的反台獨任務的具體內涵，由於台獨運動的主體是留學生，因此，對於校園台獨運動的監控與反制就成為「忠貞學生」反台獨工作中極為重要的一環。最後，將以世界青（少）棒賽為例，說明中華民國政府如何運用「忠貞學生」以「維護秩序」為名打擊台獨運動的宣傳活動。

第一節　「忠貞學生」之遴選與制度建置

　　在中華民國政府因應美國校園台獨活動的策略中，動員「忠貞學生」[1]是一個相當重要的手法，檔案中亦可常見相關單位使用「忠貞學生」該詞彙，顯見其重要性。所謂「忠貞學生」並沒有一個明確或正式的定義，大體而言，願意主動挺身而出或是被動配合中華民國政府反制台

---

[1]　嚴格說起來中華民國政府動員的對象還包含「忠貞學人」，不過多數時候仍是利用具有學生身分者，因此這邊以「忠貞學生」為主要討論範疇。

獨行動的學生，都被統稱為「忠貞學生」。換言之，能夠勝任執行反制台獨運動之相關任務者就會被以「忠貞」視之。以下就來討論「忠貞」的具體「成分」。

1960 年 1 月，海指會第八十次會議通過的「加強對台籍留美學生輔導工作要點」，當中要求駐美留學生黨部及各校黨部小組，對台籍留學生做普遍性的訪查與聯絡，爭取未入黨者入黨；挑選「黨性堅強」且富有領導力之台籍同學擔任各校黨部之委員，使其在台籍學生圈中發揮影響力，並依其條件賦予調查、聯絡或策反等各種任務，雖然沒有明確要求擔負特定任務，但國民黨確實想要利用校園中佈建的組織與人員，對於校園中的各種動態作調查等任務。[2]

到了 1961 年應正本專案小組成立時，其工作重點就包含輔導「忠貞本省籍同學」公開出面反對台獨言論、積極輔導「本省籍忠貞同學」掌握全美各地台灣同鄉會之領導權，以避免台獨份子「把持」該類組織從事「不良活動」；[3]「忠貞」外加「本省籍」（台籍）之屬性要求，清楚突顯出中華民國政府「以台制台（獨）」的思維。

---

[2] 「加強對台籍留美學生輔導工作要點」（1960 年 1 月 22 日），〈偽台灣獨立聯合會〉，《外交部檔案》，檔號：406/0066/281。

[3] 「『應正本案』實施計畫綱要（草案）」，〈台灣獨立運動（十七）：應正本小組〉，《外交部檔案》，檔案管理局藏，檔號：0050/ 006.3/0018。

　　而有計畫性地將「忠貞學生」納入反制台獨機制的一環，大約要到 1960 年後期。1960 年前期，中華民國政府在部分駐美使領館內成立台獨專案小組，專責處理台獨事務，初期小組成員以使領館內的高級官員為主，到 1960 年代後期成立的洛杉磯及休士頓工作小組，開始網羅具學生身分者加入，而早先成立的小組，也約略在此期間，開始邀集「忠貞學生」（包含留學生黨部、各校中國同學會負責人等）參與會議，共商防制台獨之對策，對於從外地來參加會議者並給予差旅津貼。[4] 1968 年 4 月，華興小組第一次會議曾決議請全美各區留學生黨部提供其轄下小組負責人名單，以俾協調防制打擊台獨活動，避免不知情之「台籍同學」「誤入歧途」。[5] 隔（1969）年 3 月，海指

---

[4] 紐約專案小組（鈕文武）的情形見「華興工作小組第三次會議記錄」（1968 年 8 月 28 日），〈台獨左傾〉，《外交部檔案》，檔號：406/0014/235；「鈕文武致華興，紐（57）字第 57172 號」（1968 年 5 月 3 日）、「鈕文武致華興，紐（57）字第 57180 號」（1968 年 5 月 7 日），〈偽台灣獨立聯合會〉，《外交部檔案》，檔號：406/0074/268、272。

[5] 「駐美大使館致外交部代電，附件：四月六日谷案工作會議記錄，美領（57）字第 570619 號」（1968 年 4 月 12 日），〈偽台灣獨立聯合會〉，《外交部檔案》，檔號：406/0074/206。稍後，海指會第二五五次會議決議，轉國民黨第三組配合該小組需求辦理。「谷振海致駐美大使館，海指（57）606」（1968 年 5 月 11 日），〈偽台灣獨立聯合會〉，《外交部檔案》，檔號：406/0074/265。能夠擔任國民黨留學生黨部小組之負責人，「忠貞度」應沒有問題。

會也指示胡子平小組，必要時可邀請「忠貞學人」及留學生同學會負責人參加小組會議。[6] 換言之，面對以「校園」及「留學生」為主要活動基地與人員主體的台獨活動，到了 1960 年代中後期，透過將留學生納入反制台獨活動機制的一環，中華民國政府寄望更能掌握各校台獨活動的情況。

除了從留學生黨部及各校中國同學會中甄選合適人員外，還有一類身分者值得一提，也就是「中山獎學金」得主。「中山獎學金」是國民黨為培育優秀黨員出國深造所設置的獎學金，1960 年開始第一次的甄選，首屆錄取 20 人，錄取者除了致力於學業外，部分人員也兼負辦理留學生黨務工作。[7]「中山獎學金」得主是否確實擔任打擊台

---

[6] 「陸海光致胡子平，海指（58）224」（1969 年 3 月 20 日），〈偽台灣獨立聯合會〉，《外交部檔案》，檔號：406/0075/162。

[7] 中山獎學金乃是國民黨用以培育優秀黨員同志。1959 年 12 月 2 日，國民黨第一七五次中常會會議通過「中山獎學金選拔優秀青年同志出國深造實施辦法」，黨齡需滿一定年限方可報名。海指會第八十七次會議（1960 年 5 月 20 日），決議自海指會經費中撥 5,500 美元至中山獎學金專款中。第一屆甄選於 1960 年 4 月 30 及 31 日舉行，共計 723 人報考；6 月 3 日，公布錄取名單，包含社會科學類 8 名（備取 4 名），基本科學類及應用科學類各 6 名（各備取 3 名）。「海外對匪鬥爭工作統一指導委員會第八十七次會議記錄」（1960 年 5 月 20 日），〈海外對匪鬥爭指導委員會〉，《外交部檔案》，檔號：816.9/0005/165；《中央日報》，1960 年 4 月 28 日，版 5；6 月 4 日，版 5。

獨運動的任務，目前未見到具體記載，不過，早在 1962
年，中山獎學金得主江丙坤（留學日本）就曾向國民黨第
一組反應，「日本環境特殊，留學生份子複雜，為便於展
開活動，中山獎學金同志名單，不宜發表」，該提議先提
報應正本專案小組研析，認為中山獎學金得主身分無須特
別保密，主要理由在於其並未被賦予「逾越學生身分能力
的任務」，且獎學金得主屬於「本黨年青優秀同志，又受
本黨之支助」，正有賴其對於反政府反黨的言論及行動，
配合當地組織，做「公開正面的鬥爭」，後提報海指會第
一三二次會議決定，原則上身分不予保密，但若「另有其
他特殊工作任務」者，經其本人請求及黨中央之同意得協
助其保密身分。[8] 對於國民黨而言，「中山獎學金」是提
供給「黨的優秀青年」，其自然有義務對於對各種反政府
反黨的言論及行動進行反制，這並不逾越學生身分，換言
之，拿著黨所給予的獎學金出國留學就要負擔對黨的一些
義務，不因是學生身分而有所減免。而所謂的「特殊工作
任務」，從檔案上來看，相關單位確實寄望「中山獎學
金」得主在反制台獨運動上能有所貢獻。

　　1968 年 4 月 6 日，華興小組第一次會議決議，有鑑

---

[8] 「唐海澄致外交部，海指（51）675」（1962 年 6 月 28 日），〈台
灣獨立運動（應正本小組）（十八）〉，《外交部檔案》，檔案管
理局藏，檔號：0050/006.3/0019。

於中山獎學金得主皆為「本黨」優秀同志，建議中央轉發
得獎者資料給大使館，並擬定聯繫辦法，針對如何賦予
其工作任務也將專案呈報。[9]稍後，海指會第二五五次會
議決議，相關個人資料由國民黨第一組協助提供，至於賦
予工作任務一節，待華興小組專案呈報後核定。[10]同年 5
月 4 日，鈕文武小組則建議在「中山獎學金」名額內酌設
「秘密獎助金」，派遣「忠貞台籍同學」來美從事聯繫工
作。[11]同年 6 月 26 日，華興小組再次就運用「中山獎學
金」得主一事向海指會提出建議：

> 本黨中山獎學金同志，均經選拔，若能兼負對匪
> 鬥爭工作之任務，自為理想人選，但因係公開身
> 分，致為不法份子所防範而不易進行，若酌以部
> 分中山獎學金名額，選派優秀台籍同志，用不公
> 開身分在美攻讀，兼負小組所交付之任務，偽裝
> 打入不法份子核心採取情報，並瓦解其組織。[12]

9　「駐美大使館致外交部代電，附件：四月六日谷案工作會議記錄，
　　美領（57）字第 570619 號」（1968 年 4 月 12 日），〈偽台灣獨立
　　聯合會〉，《外交部檔案》，檔號：406/0074/207。

10　「谷振海致駐美大使館，海指（57）606」（1968 年 5 月 11 日），
　　〈偽台灣獨立聯合會〉，《外交部檔案》，檔號：406/0074/265。

11　「鈕文武致華興，鈕（57）字第 57180 號」（1968 年 5 月 7 日），
　　〈偽台灣獨立聯合會〉，《外交部檔案》，檔號：406/0074/272。

12　「華興致谷振海先生，興字第 0010 號」（1968 年 6 月 26 日），

　　從上述各單位的提案，至少可以推知，中華民國政府
對於「中山獎學金」扮演打擊台獨運動方面有一定的期
待。指定其中具「台籍」身分者，則再次顯見中華民國政
府對「以台制台（獨）」手法之偏愛，但如此之期待是否
落實仍有待考察。[13]

　　除了從留學生當中尋找合適人選外，中華民國政府也
將觸角延伸至「準留學生（包含公費生）」身上，從中鎖
定有潛力者，於赴美後擔任情搜及打擊台獨運動之工作。
1968 年 4 月 23 日，海指會第二五五次會議，針對「紐約
工作會報」（按：應指鈕文武小組）函報建議就公費生

〈台灣左傾〉，《外交部檔案》，檔號：406/0014/116-119。

[13] 少數的例子可見：1971 年 6 月，中山獎學金得主楊崇森向紐約
總領事俞國斌表示，其哈佛大學教授孔傑榮（Jerome A. Cohen，
1930-）今秋將赴日本京都大學研究，邀其同行，鑑於該教授有
「對我政府不利」之言論，如與之同行恐引起政府誤會，擬婉拒
不去，對此，俞國斌對其「曉以大義」，囑其一同前往，隨時回
報該教授在日言行及與台獨份子往來情形。雖然無法得知楊崇森
是否配合該項要求，不過，此例顯示出中華民國政府確實想要利
用中山獎學金得主的情形。楊崇森的「擔心」其實也突顯出即便
是領「中山獎學金」出國的「黨員學生」，一樣無法擺脫「人人
心中有小警總」的心魔。「駐紐約總領事館致外交部代電，來電
專號第 710 號」（1971 年 6 月 17 日），〈偽台灣獨立聯合會〉，
《外交部檔案》，檔號：406/0079/188。楊崇森，台大法律系學
士、碩士，考取民國 54 年度的「中山獎學金」法律學門留美。紐
約大學法理學博士，曾任中央圖書館館長、教育部高教司司長、
中央標準局局長、國大代表、中興大學法研所所長、台灣省民政
廳副廳長等職。《中央日報》，1966 年 3 月 23 日，版 7。

（包含教育部公費、中山獎學金、國防公費）之補助經費，應統一各所轄使領館按月或按季轉發，以利加強輔導與聯繫，並就公費生中擇其「忠貞」，且具領導及組織能力者，籌組類似聯誼性質之組織，「以對抗台獨所把持之外圍團體」，必要時印發通訊刊物，專門駁斥台獨言論。此外，透過留學生黨部，在各校分設小組，爭取各校中國同學會領導權，以對校內台獨活動提高警覺並加以抵制等提議進行討論。會後決議補助經費統一轉發確有必要，由駐美大使館文化參事處統籌。至於成立聯誼團體對抗台獨外圍團體一事，決議應就現行的留學生團體，由各使領館挑選「忠貞公費留學生」，積極輔導其參加活動，以有效對抗台獨活動。[14]

　　1969 年 3 月 26 日、27 日，第六次駐美總領事會議對於防制美國台獨活動提出五點辦法，其中一點即是建議有計畫性地派遣「深明大義」之「台籍青年」赴美加入台獨組織，設法從中予以分化。[15] 對於此一建議，有關單位雖

---

[14]　「谷振海致外交部，海指（57）發字第 124 號」（1968 年），〈偽台灣獨立聯合會〉，《外交部檔案》，檔號：406/0074/199-200。

[15]　「陸海光致外交部，海指（58）發字 124」（1969 年 6 月 28 日），〈偽台灣獨立聯合會〉，《外交部檔案》，檔號：406/0075/345。派遣「台籍青年」滲透入台獨團體，除了有「以台制台（獨）」的考量之外，「語言」（會說台語）可能也是關鍵因素，因為，是否說「台語」也是當時台獨團體區分「敵我」的指標之一。此點承蒙

然認為早已選派數十名人員滲入台獨團體,故「能不斷掌握台獨活動資料,予以有效打擊」,但仍有加強之必要,決議由教育部、知識青年黨部、國民黨第三組、國安局、救國團等單位,分就準備赴美求學之「本省籍同學」、考取公費留學之黨員同志,及於留學生出國前之講習會上,隨時物色「忠貞適當」之人員,主動予以聯繫運用。[16]

　　1970 年,海指會內成立專門處理台獨運動的「安祥專案」,下設四小組,其中第四小組的工作項目有一項為「加強協助忠貞學人、留學生組織團體,羅致優秀台籍青年參加,支援舉辦各種聯誼活動」,該項目的具體實施要點之一為「在使領館及中央所派專人平時不易顧及之地區約聘熱心聯絡人,在分歧份子集中之地區工作」,自 1971 年 1 月起由駐美各使領館提報合適人選,由外交部協同教育部及國民黨第三組等單位從中遴選,再由各使領館負責約聘作業,受聘人員每月「津貼」200 美元,須按月繳交工作報告,由各外館轉呈外交部,約聘人數可視各區台獨活動情形機動調整。[17] 1971 年度全年預定約聘 10

王泰升老師提示。而在中華民國政府眼中,台灣同學會與同鄉會活動時,與會者說「台語」的表現,也被認為是「刻意」。

[16]　「陸海光致外交部,海指(58)發字 124」(1969 年 6 月 28 日),〈偽台灣獨立聯合會〉,《外交部檔案》,檔號:406/0075/345-346。

[17]　「安祥專案第四小組第五、六項工作實施計畫暨經費分配表」,

人，預算 24,000 美元。[18] 此項約聘聯絡員的設置，使得「忠貞學生」除了參與台獨專案小組會議提供意見外，更進一步地扮演情搜台獨活動的角色，也讓中華民國政府在美國校園的勢力，除了原先的留學生黨部外，又增添新的監控管道。[19] 另外，1971 年 10 月 19 日，華興小組第九次會議也建議在國內選拔「富有鬥爭精神」及「忠貞愛國」之「本黨學生黨員」，資助其赴美相關費用，秘密賦予其組織留學生之任務，以培養留學生對政府之向心力。[20]

　　耙梳相關檔案後可發現，「安祥專案聯絡員」主要工作是負責報告各地（主要是學校）台獨活動情形及收集資料。如 1971 年 10 月，堪薩斯大學「安祥專案」聯絡員（姓名未詳）報稱，該校台獨份子黃金來、范良政、許學加、徐正雄、陳松楨、周茂寅、王康陸等參與該校 9 月 22 日所舉辦前駐日大使賴孝和（Edwin O. Reischauer，

〈安祥專案〉，《外交部檔案》，國史館藏，入藏登錄號：02000 0012533A。

18　「安祥專案經費核定表（外交部部分）」，〈安祥專案〉，《外交部檔案》，國史館藏，入藏登錄號：020000012533A。

19　有關國民黨留學生黨部在美國各地之活動見「海外對匪鬥爭工作統一指導委員會第三一一次會議記錄，附件：安祥專案第四小組工作執行情形報告」（1971 年 3 月 19 日），〈陸海光會議〉，《外交部檔案》，國史館藏，入藏登錄號：020000016988A。

20　「華興小組第九次工作會議紀錄」（1971 年 10 月 19 日），〈彭明敏等被捕〉，《外交部檔案》，檔號：406/0100/79-80。

1910-1990）主講之座談會，該名聯絡員將現場每個人的發言都做成逐字稿，交給芝加哥領事館。[21] 在國安局呈報給海指會的電文中，特別註明「運用本情時，敬請注意勿使內線有所暴露」，由此可見聯絡員的身分不單只是「學生」而已。[22] 1971 年 11 月，堪薩斯州聯絡員[23] 回報堪薩斯州立大學台灣同鄉會演講活動情形，詳細羅列活動主事者名單並收集該會出版刊物，聯絡員並將刊物上使用筆名的文章，一一列出本名以為對照，若非是參與同學會內部事務甚深者，實難想像有能力做到這般情搜。[24]

綜上所述，擔任打擊台獨運動之「忠貞學生」至少包含留學生黨部成員、各校中國同學會負責人、公費留學生及「忠貞」之「台籍留學生」等，而「中山獎學金」得主亦曾被賦予高度期待。「徵才」的範圍則從「留學生」擴

---

[21] 「駐芝加哥總領事館致外交部代電，芝（60）字第 641 號」（1971年 10 月 29 日），〈偽台灣獨立聯合會〉，《外交部檔案》，檔號：406/0080/75-79。

[22] 「國家安全局致陸海光，（60）和安 6482 號」（1971 年 11 月25 日），〈偽台灣獨立聯合會〉，《外交部檔案》，檔號：406/0080/166-167。

[23] 檔案中僅稱「聯絡員」，推測應是「安祥專案聯絡員」。

[24] 「駐芝加哥總領事館致外交部代電，芝（60）字第 763 號」（1971年 12 月 30 日）、「駐芝加哥總領事館致外交部代電，芝（61）字第 802 號」（1972 年 1 月），〈偽台灣獨立聯合會〉，《外交部檔案》，檔號：406/0080/326-327、343-353。

及「準留學生」，並結合既有的留學生黨務系統，[25] 組成在各地校園打擊台獨運動之主力。1970 年代「安祥專案聯絡員」之設置，則顯示中華民國政府進一步將對「忠貞學生」之動員予以制度化，領有固定酬勞的聯絡員擔負起監視校園台獨活動之重任。[26] 以下第二節至第四節，將以具體的案例來探究「忠貞學生」如何在校園內外扮演反台獨先鋒的角色。

第二節 「一中一台」的紅線：台灣同學會的挑戰

　　1960 年代美國大學校園中，來自台灣的留學生所組成的同學會大多自稱「中國同學會」，一方面是因為當時少有中華人民共和國的留學生，另一方面則突顯出當時台灣自認代表「中國」的政治意識形態。為了與「中國同學會」有所區隔，部分台灣留學生（主要是台籍）另外成立「台灣同學會」。「台灣同學會」的成立未必就是要「中國同學會」分庭抗禮，不過，早期成立「台灣同學會」的

25　有關國民黨建置留學生黨部情形見吳任博，〈中華民國政府與駐外人員的折衝：以一九七一年前後留美學界保釣運動為中心〉（台北：國立台灣師範大學歷史學系碩士論文，2011 年），頁 65-71。

26　1970 年代中後期「安祥專案聯絡員」在全美各地佈建及其工作情形可見檔案局所藏〈安祥專案〉系列檔案。

台籍留學生多半具有台灣（獨）意識，就台灣歷史與政治上之看法與「中國同學會」間多有所出入，加上互相猜忌的結果，衝突與對立很難避免，中華民國政府則認為「台灣同學會」的成立踩到其「一中一台」的紅線，由於其成員又與台獨團體有密切關聯，更被視為台獨團體的「外圍組織」，反制更是勢在必行。

　　本節將以三所最早期成立台灣同學會的大學：威斯康辛大學、堪薩斯州立大學及奧克拉荷馬大學為例，一方面了解 1960 年代三所校園中台灣同學會成立之緣由及活動情形，另一方面，探討中華民國政府如何反制其活動，而在同一所校園且具有學生身分的「忠貞學生」又是扮演什麼樣的角色。

一、威斯康辛大學

　　1963 年，就讀美國威斯康辛大學（University of Wisconsin）的周斌明等人向學校登記成立台灣同學會，消息傳到駐外使館耳中，馬上以該校已有中國同學會為由，請求校方阻止台灣同學會的成立。為此，學生議會特別舉行一場辯論會，台灣同學會派出利騰俊為代表，說明 Formosa 名稱的由來及其歷史、地理與中國不同的史實，最後，學生議會決議承認台灣與中國在文化、歷史背景方面的差異類似美國與英國的關係，故接受台灣同學會的申

請。台灣同學會於同年 10 月 19 日以 The Formosan Club of the University of Wisconsin 為名正式完成登記，並由當時擔任該校病理系講師的周炌明擔任顧問。[27]

　　台灣同學會的會章表明該會為非政治性團體，因此對於討論政治性議題較有顧忌，故會中部分成員決議另外組成團體，以便討論政治性議題。1964 年 4 月，由利騰俊、黃啟明、田弘茂等人發起「台灣問題研究會」（Formosan Affairs Study Group），周炌明任顧問，並請該校密爾瓦基分校政治系教授 Douglas Mendel 擔任名譽會員。[28] 台灣問題研究會主要的活動是舉辦討論會，並發行會刊 *Formosan Forum*。[29]

　　根據台灣問題研究會於 1965 年 6 月 15 日所通過的章程來看，內容表明海外有關台灣的資訊很少且經常是不正確的，為了使在美國的台灣人與美國人對台灣有正確認識，決定成立該會來傳播有關台灣人民及社會正確

---

[27]　〈周炌明訪談記錄〉，收入張炎憲、曾秋美、沈亮訪問，《青春．逐夢．台灣國系列 2：掖種》（台北：吳三連台灣史料基金會，2010 年），頁 224-225。

[28]　〈周炌明訪談記錄〉，頁 226-228。該會直到 1965 年 6 月才向校方正式登記。美國華盛頓大學（University of Washington）圖書館所收藏的 Douglas Mendel 資料中有台灣問題研究會的相關檔案。

[29]　吳三連台灣史料基金會藏有這份刊物，但至今仍無法確定該刊發行的總期數與起迄時間。

的資訊，並致力於使台灣成為一個自由且民主的社會。[30]
研究會每兩週舉辦一次讀書會、討論會或演講，討論有關
台灣各種議題，如 The Formation and Growth of Formosan
Nationalism（台灣人民族主義的形成與成長）、Formosa
in International Politics（國際政治中的台灣）、Peking-
Taipei Secret Deal（北京-台北秘密交易）、Formosa's
Future：Would it Gain U.S. Support ？（台灣的未來——他
能得到美國的支持嗎？）、Population Problem in Formosa
（台灣的人口問題）、Formosa's Economy：Would it
Self-sustain ？（台灣的經濟——他能自足嗎？）。[31] 此
外，吳三連台灣史料基金會所藏一份由台灣問題研究會所
印發之書單上，全是與台灣相關的文章與書籍，分成「台
灣歷史」、「台灣問題」、「台灣與聯合國」、「台灣地
位」、「台灣未來」、「台灣人眼中的台灣」等類別，筆
者推測這些書目應該就是讀書會或討論會上所要閱讀、研
討的資料。

　　不論是從討論的議題、演講主題或閱讀的書目，都可
以發現台灣問題研究會的主要目的在於藉由這些活動啟發

---

[30] *Formosan Affairs Study Group Constitution*, adopted and effective June
15, 1965. 吳三連台灣史料基金會藏。

[31] "Introducing Formosan Affairs Study Group"，吳三連台灣史料基金
會藏。

或啟蒙台灣留學生的台灣意識，這種在海外「重新認識台灣」的過程，是許多台灣留學生日後轉向支持台灣獨立的關鍵，也是台獨團體或海外台灣人社團推動台灣意識啟蒙的重要手法。[32]

1965 年 5 月，威斯康辛大學為了慶祝聯合國成立 20 週年，邀請學校各外國學生社團，拿自己本國的國旗參加國際日國旗大遊行，藉由這場國旗遊行，可以讓我們具體地瞭解到當時留美的台灣學生如何具體實踐「一中一台」的理念。

為了這場遊行，台灣同學會中的台灣問題研究會成員（當時該會尚未正式登記）可說是煞費苦心，主要原因在於沒有人認同「中華民國國旗」可以代表台灣，但台灣又沒有自己的旗幟可以代表，最後決定自己製作屬於台灣的國旗。這幅「台灣國旗」，由周斌明的妻子吳秀惠縫製，以海藍色為背景，代表台灣四面環海，中間則為白色的台灣島，橫跨台灣島的是金黃色的「FORMOSA」七個大字，整幅旗幟與聯合國的會旗極為相似。[33]

---

[32] 例如台灣獨立聯盟機關刊物 *Ilha Formosa* 就曾以 How much do you know about Formosa 的問答形式要讀者重新認識台灣。其後發行的 *Formosagram* 也曾以 Facts about Formosa，透過自問自答的方式說明有關台灣歷史、地理等事物。

[33] 〈周斌明訪談記錄〉，頁 230；〈周斌明先生及吳秀惠女士訪問記錄〉，收入陳儀深訪問，簡佳慧等紀錄，《海外台獨運動相關

在遊行的前一天，各國的學生代表齊聚學生中心，依序將自己國家的國旗插到會場前方的世界地圖上去，根據周斌明的回憶，由於是按照英文字母順序來唱名，「C」（China）比「T」（Taiwan）先被叫到，中國同學會的同學將中華民國國旗插到台灣島上，輪到台灣同學會時，台灣問題研究會的成員就將原本插在台灣島上的中華民國國旗反插到「中國大陸」去，同時又喊了一聲「反攻大陸成功」，接著將自製的「台灣國旗」插到台灣島上。[34]隔天的遊行，「台灣國旗」也引起眾人注意，紛紛詢問FORMOSA 的意思，成功達到宣傳的效果，也因為「台灣國旗」的成功亮相，讓研究會成員更有信心，遂於 6 月向學校正式登記，成為繼台灣同學會後該校第二個冠有「台灣」名稱的社團。[35]

二、堪薩斯州立大學

在美國台獨運動發展史上，堪薩斯州立大學（Kansas State University，K.S.U.）扮演重要的角色。在「中國同

人物口述史》（台北：中央研究院近代史研究所，2009 年），頁162-163。聯合國的會旗也是以海藍色為底，中間為白色的聯合國標誌與世界地圖。

[34] 〈周斌明訪談記錄〉，頁 230；〈周斌明先生及吳秀惠女士訪問記錄〉，頁 163。

[35] 〈周斌明訪談記錄〉，頁 232。

學會」當道的年代，K.S.U. 是少數最早成立台灣同學會的學校，1960 年代擔任會長的台籍留學生，日後都加入台獨聯盟並擔任重要幹部，[36] 因此，該校素有「台獨西點」之稱。[37]

　　起初，台灣同學會僅僅是扮演聯絡鄉誼的角色，如邀請附近幾州的台籍留學生一起聚會。1964 年張肅被選為台灣同學會會長，於該年感恩節舉辦火雞餐會，邀請附近奧克拉荷馬、伊利諾、密蘇里、愛荷華、內布拉斯等州的

---

[36] K.S.U. 台灣同學會會長：1963 年王人紀（1967-1969 台獨聯盟美國本部主席）、1964 年張肅、1965 年陳希寬（曾任台獨聯盟美國本部副主席）、1966 年莊秋雄（曾任台獨聯盟中央委員），1968 年王康陸（非台籍，曾任台獨聯盟中央委員、宣傳部負責人、台獨聯盟遷台後擔任總本部秘書長）。此外，根據王能祥（曾任台獨聯盟外交部長，1973-1977）的說法，他 1965 年 9 月至 K.S.U. 攻讀政治學碩士時，才剛進去沒幾天，就被選為「台灣同學會」之「地下會長」（當時台灣同學會尚未為學校正式承認），當年的感恩節，他以「地下會長」身分出席台灣同學會能否正式設立的聽證會，並成功使台灣同學會「合法化」。王能祥、張文隆，《前進 D.C.：國會外交的開拓者——王能祥八十回憶暨台灣前途文集》（台北：遠景，2012 年），頁 100-105；王康陸文教基金會編，《王康陸博士紀念文集》（台北：編者，1995 年），頁 396。而出任台獨聯盟幹部的還有楊宗昌，曾任台獨聯盟中央委員、美國本部副主席、主席。

[37] 本來 K.S.U. 被稱為「台獨黃埔」，但因為蔣中正是黃埔軍校校長，又殺害許多台灣人民，故改稱「台獨西點」或「台獨大本營」。張炎憲、曾秋美主編，《一門留美學生的建國故事》（台北：吳三連台灣史料基金會，2009 年），頁 358-359。

台灣同鄉共襄盛舉，總計約 200 多人參加。火雞餐會日後更成為 K.S.U. 台籍留學生的傳統，也讓 K.S.U. 成為鄰近幾州台籍留學生聚會的中心，大家一有機會便聚在一起，自然會討論起有關台灣現況等的問題。[38] 1967 年的感恩節聚餐，台灣同學會更請來內布拉斯州林肯大學的台籍教授陳炳杞演講，題目為「台灣是台灣人的」（Formosa for Formosan），呼應前一年台獨聯盟在 *The New York Times* 所刊登的廣告。[39]

K.S.U. 中對於台灣前途比較關心的陳希寬、莊秋雄、蔡一、王能祥、黃石定、呂天明、方菊雄等人則另外成立 Kansas State Group，每月聚會一次，除了討論與台灣相關的問題外，也和附近堪薩斯大學（University of Kansas）與威斯康辛大學周斌明領導的「台灣問題研究會」保持聯繫。[40]

值得注意的是，當時在 K.S.U. 台灣留學生之間劃分得很清楚，學生們不會「腳踏兩條船」，亦即不會同時參加「台灣同學會」與「中國同學會」。台灣同學會的人聚在一起都會講台語，若是北京話講得太好或是偷跑去參加

---

[38] *Formosagram*, 4:6 (January 1967), p. 8.〈張蕭訪談記錄〉、〈陳希寬訪談記錄〉、〈張郁彬訪談記錄〉，收入張炎憲、曾秋美主編，《一門留美學生的建國故事》，頁 115-116、184-186、284-285。

[39] *Formosagram*, 5:6 (January 1968), p. 9.

[40] 〈陳希寬訪談記錄〉，頁 192-193。

中國同學會的活動，都可能被懷疑是「抓耙仔」或國民黨派來的特務；中國同學會則極力反對台灣同學會向學校正式登記，兩個同學會的成員雖然同樣來自台灣，但彼此可說是壁壘分明，這也埋下日後雙方衝突、對抗之伏筆。[41]

1966 年的 K.S.U. 曾發生一場激烈的校園筆仗，具體而微地反應出 1960 年代美國校園中不同政治立場的台灣留學生，如何針對台灣現況與中華民國政府統治「政績」進行攻防，也可看到日後走上台獨之路的留學生如何展開台灣（獨）意識的啟蒙，而親中華民國政府的學生又是如何捍衛其立場。

1966 年 1 月 10 日，K.S.U. 學生論壇邀請曾到台灣訪問的攝影家 Margaret Baker 到校演講，吸引陳希寬、蔡一等台籍留學生入場一探究竟，但演講內容卻讓陳希寬等人大失所望，因為實際上的台灣根本不是 Baker 所吹捧的「天堂」。陳希寬本想當場提出質問，但一則因為覺得自己英文不夠好，二則怕被打小報告，只好作罷，走出會場後，陳希寬與蔡一碰到一位美國學生 Lee Green，與他聊起剛才的演講，Green 鼓勵陳希寬將其觀點投書校刊，但

---

[41] 例如日後擔任 K.S.U. 台灣同學會會長的王康陸，因為 8 歲之前是在北京生活，故北京話說得很溜，因而被懷疑是國民黨派來的「抓耙仔」。〈張肅訪談記錄〉，頁 114-115；〈陳希寬訪談記錄〉，頁 184-185。

陳希寬表示，他怕國民黨政府在校園佈建的「抓耙仔」會找他麻煩，於是 Green 便以自己的名義將陳希寬的論點投書校刊（14 日刊出），內容指出蔣介石長年盤據總統職位，外省人佔據多數政府要職，台灣人受到蓋世太保式警察制度的奴役等，反駁「自由中國」是「自由」的論點，Green 並註明寫這封信是因為要保護他的台灣朋友，以免蔣家的秘密警察報復他們在台灣的家人。[42] 隨後幾天，校刊上又陸續出現批評 Baker 論點的投書。[43]

面對接二連三對 Baker 的質問，事實上是針對中華民國政府統治台灣的質疑，捍衛政府立場的同學展開了反擊。1 月 18 日，校刊上一口氣出現四封砲口對著 Green 的投書。內容回擊台灣人是中國人就像堪州人是美國人一樣、1947 年一萬名台灣人遭屠殺並無根據、台灣人與大陸人沒有主奴關係、批評 Green 受到仇恨宣傳的影響、建議 Green 多研究中國歷史、哲學之後再來評論中國等。[44]

---

[42] 〈陳希寬訪談記錄〉，頁 190-191；張炎憲、曾秋美主編，《一門留美學生的建國故事》，頁 359-365。

[43] 批評的點有 Baker 刻意隱瞞台灣人與大陸人受到差別對待的事實、蔣政權在 1947 年為了壓制反國民黨政權的示威，不惜以血腥手段屠殺兩萬名台灣人，現在的台灣人在六十萬軍隊及秘密警察的控制下，毫無政治權利可言。張炎憲、曾秋美主編，《一門留美學生的建國故事》，頁 366-370。

[44] 張炎憲、曾秋美主編，《一門留美學生的建國故事》，頁 372-377。

隔日更由中國同學會會長李本京[45]（T. B. Lee）出面投書，批評 Green「侮辱」了中國人，指蔣介石連任總統是根據民主程序，就像美國人選了羅斯福擔任四屆總統一樣，中國人民不想在戰爭期間改變他們的領導人；所謂外省人佔據多數政府要職，忽視了多數地方首長、議員乃至鄉鎮里長乃由台灣人出任的事實；對於台灣是「警察國家」的說法，李本京回應如果台灣是警察國家的話，那怎麼可能會讓他想迫害的人民出國留學？[46]

Green 大概想都沒想到，自己不過是熱心幫忙卻遭來如此的攻擊，使他不得不懷疑當初投書內容的正確性。[47]親政府的學生雖然成功逼退了 Green，但陳希寬、莊秋雄、蔡一、黃石定、王能祥、呂天明等人並不認輸，20

---

[45] 李本京，美國聖若望大學歷史學博士，曾任淡江大學美國研究所所長、國際研究學院院長，現為淡江大學美洲研究所美國研究組榮譽教授。當時在 K.S.U. 任教的范良信日後接受口述歷史訪談時表示，他很肯定當時該校的「抓耙子」是誰，但他未透露姓名。范良信指「抓耙子」是「讀政治的，後來在淡江美國研究所」，「當時 Douglas Mendel 來演講的時候，他就在旁邊拍照，打小報告」，推測范良信口中的「抓耙子」即是指當時 K.S.U. 中國同學會會長李本京。〈范良信訪談記錄〉，收入張炎憲、沈亮主編，《青春‧逐夢‧台灣國系列 6：釘根》（台北：吳三連台灣史料基金會，2013 年），頁 18。

[46] 張炎憲、曾秋美主編，《一門留美學生的建國故事》，頁 378-380。

[47] 1 月 19 日，Green 再次投書表示，面對兩種完全不同的意見，使他在閱讀更多資料前，先對自己第一封信的正確性打上問號。張炎憲、曾秋美主編，《一門留美學生的建國故事》，頁 380-381。

日以匿名方式（編輯特別註明因為投書者害怕遭到國民黨政府的報復）投書校刊，逐一反駁上述四篇投書，指出有中國祖先的台灣人，並不會使其自動成為中國人，就像有德國祖先的堪州人並不使他們成為德國人，台灣人不能選總統，連省長也無法自己選，更以強烈的口吻指出：在美國的台灣人更是害怕像你們這樣的中國人，會向國民黨政府打小報告，使其在台家屬受到報復。[48]

　　這場關於統治台灣「政績」的論戰，隨著期末考試將至及校刊編輯考量論戰佔據過多投書版面而出面喊停。[49]威斯康辛大學政治系教授 Douglas Mendel 及加拿大台灣人權委員會會長黃義明對於陳希寬等人勇敢的表現，紛紛表示聲援與鼓勵，陳希寬等人為此都感到相當振奮。[50]雖然無法再以投書方式進行論戰，陳希寬等人遂改以集資刊登廣告的方式繼續表達意見。

---

[48]　〈陳希寬訪談記錄〉，頁 191；張炎憲、曾秋美主編，《一門留美學生的建國故事》，頁 381-384。

[49]　不過，校刊仍於 2 月 7 日刊登 Douglas Mendel 的投書，但聲明這是最後一封相關論爭的投書，同時建議校方，假若這個論爭如此重要的話，應該舉行公開辯論，如此一來，校刊就可以作詳細報導。Mendel 以自己曾到過台灣的經驗指出，台灣人普遍對於少數大陸人統治台灣的現狀感到不滿，國民黨政權並沒有贏得台灣人的擁戴，台灣人也不接受中國共產黨的統治。張炎憲、曾秋美主編，《一門留美學生的建國故事》，頁 384-387。

[50]　張炎憲、曾秋美主編，《一門留美學生的建國故事》，頁 387-390。

　　1966 年 2 月 28 日，陳希寬等人買下半版校刊頁面，刊登題為 Massacre at Formosa FEB.28 INCIDENT 的廣告（圖 3-2-1），以紀念超過一萬名在事件中遭到殺害的台灣同胞，這是美國校園中首次出現紀念二二八事件的廣告。廣告四周邊緣用黑線框住表示對罹難者的哀悼，四個角落各擺上十字墓碑及刺刀各一對，凸顯事件當時的血腥恐怖氣氛，文字則引述葛超智、司徒雷登等人關於事件當時情形的說法。[51]

圖 3-2-1　K.S.U. 校刊刊登紀念二二八事件的廣告（1966 年）

資料來源：張炎憲、曾秋美主編，《一門留美學生的建國故事》，頁390。

---

[51]　張炎憲、曾秋美主編，《一門留美學生的建國故事》，頁 390-393。

K.S.U. 中國同學會隨即在 3 月 1 日提出澄清，指出二二八事件是中國共產黨煽動所致，政府鑑於事態逐漸惡化，不得不派兵來台維持治安，事件中傷亡的有台灣人也有中國人，但現在卻被少數偏激份子拿來作為反抗政府的宣傳工具，意圖破壞台灣留學生間的感情。[52] 隔日校刊更出現一則匿名廣告：

> 我們拒絕：與 228 刊登於堪大學生報上扭曲的意見苟同。
>
> 我們反對：自我畫線區分台灣人、中國大陸人的想法。
>
> 我們絕對：是中國人。
>
> 我們覺得：我們要團結起來對抗中共，而不是對抗在台灣的大陸人或合法政府。
>
> 我們希望：少數自稱台灣人的偏激份子能承認與反省自己的錯誤。
>
> 讓我們切記：「唇亡則齒寒」的教訓！[53]

台獨聯盟刊物 *Formosagram* 則以台灣學生「激鬥」中

---

[52] 張炎憲、曾秋美主編，《一門留美學生的建國故事》，頁 393-395。

[53] 原文英文見張炎憲、曾秋美主編，《一門留美學生的建國故事》，頁 395-396。中文翻譯參考該書並做修改；「駐芝加哥總領事館致外交部代電，芝（55）字第 77 號」（1966 年 3 月 8 日），〈偽台灣獨立聯合會〉，《外交部檔案》，檔號：406/0071/80-81。

國人為題（Students Engaged in Tug-of-War with Chinese）轉載論戰文章，並指出雖然這場論爭暫時停止，但在美國的所有台灣人，不只是 K.S.U. 的台灣學生，都應該思考如何在無法公開身分的不利處境下面對國民黨政府的宣傳攻勢。[54] 當年 6 月，U.F.I. 與台灣問題研究會決議合併為 U.F.A.I.，K.S.U. 由王能祥代表與會，王能祥回來以後，陳希寬等人就陸續加入聯盟，K.S.U. 所在地的曼哈坦城也成立聯盟支部，並成為台獨運動在美中的重要據點。[55] 同年 11 月 29 日，K.S.U. 台籍留學生看到各地台獨團體在 *The New York Times* 刊登 FORMOSA FOR FORMOSAN 廣告後，決定募款在校刊以全頁篇幅再次刊登該廣告，並投書 *Formosagram* 呼籲全美各大學加以仿效。[56] 1967 年 2 月 28 日，K.S.U. 台籍留學生又集資刊登題為 Formosa Betrayed February 28 Incident 的廣告（圖 3-2-2），這回在文字上僅引述葛超智《被出賣的台灣》書中一個目擊者的證言，四個角落全改為十字墓碑，中間則是一座插

---

[54]　*Formosagram*, 3:2 (March 1966). 原文為：What remains unsolved, however, is the problem of how Formosans should counteract the Chinese Nationalist propaganda. We are at the disadvantage of not being able to disclose our identity. This is the task of all Formosans—not just those at KSU but everywhere in the U.S.

[55]　〈陳希寬訪談記錄〉，頁 193。

[56]　*Formosagram*, 4:5 (December 1966), p. 13. 莊秋雄，《海外遊子台獨夢》（台北：前衛出版社，1993 年），頁 24-25。

著一把刺刀還滴著血的台灣島，象徵在事件中流血犧牲的同胞，署名「一群 K.S.U. 台灣校友」。[57] 1968 年，K.S.U. 加入 U.F.A.I. 當年校園文宣戰的計畫，也在 2 月 28 日的校刊刊登 Massacre on Formosa 廣告（圖 3-2-2）。[58]

圖 3-2-2　K.S.U. 校刊刊登紀念二二八事件的廣告
（1967 年－左；1968 年－右）

資料來源：張炎憲、曾秋美主編，《一門留美學生的建國故事》，頁 400、406。

---

[57]　張炎憲、曾秋美主編，《一門留美學生的建國故事》，頁 399-401。〈台灣左傾〉，《外交部檔案》，檔號：406/0013/165。

[58]　張炎憲、曾秋美主編，《一門留美學生的建國故事》，頁 406-419。

　　這場「台灣同學」與「中國同學」（親政府者的自稱）之間的論戰反應出 1960 年代美國大學校園中台灣留學生關於二二八事件、國民黨統治功過截然不同的看法，對部分台灣留學生而言，更是台灣意識啟蒙的重要階段。如張郁彬（陳希寬的妻子）就認為這場校園大辯論最大的意義是喚醒台灣人的台灣意識，讓很多人開始去思考一些問題，她自己就在論戰的過程中，經歷「中國人」或「台灣人」的認同掙扎與內心交戰，最後決定當台灣人而不當中國人。[59] 莊秋雄也因為這場校園論戰，寫下〈台灣青年的意識初探〉、〈我看台灣獨立運動〉兩篇文章，記下自己台獨意識覺醒的過程。[60]

　　對於台灣同學會連續三年集資刊登二二八事件的廣告，中華民國政府除了動員中國同學會刊登反制廣告外，「忠貞學生」也與駐外單位保持聯繫，隨時回報校園中「台獨活動」情況。外交部檔案中就留有一份當時在該校就讀的空軍少校巢慶成所寫「台灣獨立運動在美動態調查報告」，除了詳列該校「台獨極端份子」名單外，在具體作法上則建議派遣對政治鬥爭富有經驗者來美留學，選定台獨運動最激烈的學校入學。[61]

59　〈張郁彬訪談記錄〉，頁 283。
60　莊秋雄，《海外遊子台獨夢》，頁 12-23。
61　「『台灣獨立』運動在美動態調查報告書」（1966 年 3 月 31

　　而該校中國同學會聯絡組組長孫翊典在這波反制行動中更扮演重要角色。1967 年的廣告刊出後，孫翊典隨即寫信給駐外單位，抱怨政府對於台獨份子在校園中「猖狂」活動情形，未採取積極反制措施，指出如不再採取行動的話，將來只好等著台獨份子發動「流血革命」。[62] 對於「忠貞學生」的建言，駐美大使館特別派人予以勉勵。[63] 駐外單位的報告中稱孫翊典「近三年來與該校偽台獨份子作艱苦鬥爭，表現極佳，致該校偽台獨份子視其如仇敵，惟孫君毫不氣餒」，建請中央對其「忠貞」表現予以獎勵。[64] 孫翊典的「忠貞」可由上述廣告刊出後的行動為例：3 月 29 日，Douglas Mendel 投書對該廣告表示贊同，孫翊典隨即致函使領館，表示該校台獨份子甚為「猖狂」，Douglas Mendel 曾投書校刊表示支持台獨，並有「污衊我政府言辭」，要求駐外單位對 Mendel 予以注意並繼續拒絕其入境台灣。使領館收到信後，覆函給孫

日），〈偽台灣獨立聯合會〉，《外交部檔案》，檔號：406/0071/146-148。巢慶成，曾接受參謀總長賴名湯頒授績學獎章。曾任國立清華大學動力機械工程學系教授。

62　「谷振海致外交部，海指（56）794」（1967 年 6 月 26 日），〈台灣左傾〉，《外交部檔案》，檔號：406/0013/162。

63　「周書楷致谷振海，美領（56）字第 561031 號」（1967 年 7 月 7 日），〈台灣左傾〉，《外交部檔案》，檔號：406/0013/183。

64　「谷振海致外交部，海指（56）887」（1967 年 7 月 5 日），〈台灣左傾〉，《外交部檔案》，檔號：406/0013/171。

翊典，對其提供校園台獨活動情況表示嘉許。[65] 除了透過「忠貞學生」掌握校園台獨活動外，中華民國政府也將參與論戰的陳希寬、王能祥、蔡一等人列入「台獨份子名單」。[66] 嗣後，陳希寬與張郁彬申請護照延期時，就被要求出具未參加台獨運動的聲明，兩人雖然寫了一份「假聲明」，聲稱與台獨運動無涉，未來也不會參加，不過，延期申請還是遭到否決，[67] 兩人之後仍持續從事台獨活動。其後夫妻倆搬往費城時，紐約領事館也在第一時間要求兩人到館說明，這回兩人為了不讓駐外單位有「業績」，乾脆不予理會。[68]

　　1969 年 4 月 13 日至 20 日，K.S.U. 舉辦「國際週」活動，18 日晚上邀請全校留學生團體參加表演，「台灣同學會」與「中國同學會」都登記參加，芝加哥領事館獲

---

[65] 「駐日大使館致外交部代電，日領（56）字第 1075 號」（1967 年 5 月 8 日），〈美籍人士孟德爾教授〉，《外交部檔案》，檔號：407.2/0163/106-107。

[66] 該份名單是 1967 年 11 月，海指會提供給外交部。「美國地區各地台獨份子名單」，〈偽台灣獨立聯合會〉，《外交部檔案》，檔號：406/0074/31-33。

[67] 不過，芝加哥領事館給外交部的電文中卻表示，該館在兩人繳呈「自白書」後准予其護照延期。「駐芝加哥總領事館致外交部代電，芝（58）字第 37 號」（1969 年 1 月 25 日），〈偽台灣獨立聯合會〉，《外交部檔案》，檔號：406/0075/144。

[68] 〈張郁彬訪談記錄〉，頁 285-286、288-290；〈偽台灣獨立聯合會〉，《外交部檔案》，檔號：406/0075/144-146、211-219、262。

悉後，認為活動係以「國家」為單位，對於「兩會」並列參加感到不妥，故於 3 月 25 日去函台灣同學會會長魏康成，希望該會不要單獨參加活動，若要參加則應在中國同學會的領導之下：

> 「中國同學會」乃代表全體中國學生之組織；而「台灣同學會」僅係區域性之組織，絕不應單獨參加任何以國家為單位之國際活動，致有損我國家之利益。此點諒台端必所知悉，「台灣同學會」此次如擬參加國際週，希在「中國同學會」領導之下辦理為要。[69]

台灣同學會並未正面回應領事館的勸告，領事館只好於 4 月 7 日通知該校全體「中國同學」：

> 貴校定於本月中旬舉行以國家為單位之國際週，我中國同學自應踴躍參加，以表支持。惟為加強我內部合作起見，凡我同學如擬參加任何節目，不得以任何省籍同學會之名義登記參加，而應在「中國同學會」領導之下參加，以免引起外人對

---

[69] 《台灣青年》，第 103 期（1969 年 6 月 5 日），頁 16；〈偽台灣獨立聯合會〉，《外交部檔案》，檔號：406/0075/269。

我之誤會。[70]

台灣同學會也於 4 月 7 日當日回函表示:

本會認為參與 TALENT SHOW 絕不至於有損我
中華民國之利益反而有利於我中華文化之介紹。
根據本會之章程,本會為一非政治、非營業之
社交團體,因而本會向不參與以國家為單位之活
動,敬希貴館能有所諒察。[71]

雖然台灣同學會表明不參與以國家為單位的活動,但
在領事館的認知中,因為其他參加的團體都是「一國一
團」,為避免形成「一中一台」的狀況,故一定要勸阻台
灣同學會單獨參加活動,領事館於 4 月 9 日再度去函台灣
同學會:

據悉貴校四月十八日所舉行之 Talent Round the
World 將包括十五個「國家」之歌舞等表演。貴
同學會只係台灣省籍同學之聯誼組織,並不代表
任何國家。故此次貴會無論被邀與否,均不應單

---

[70] 《台灣青年》,第 103 期(1969 年 6 月 5 日),頁 15;〈偽台灣獨立聯合會〉,《外交部檔案》,檔號:406/0075/270。

[71] 「薩斯州立大學台灣同學會致駐芝加哥總領事館函」(1969 年 4 月 7 日),〈偽台灣獨立聯合會〉,《外交部檔案》,檔號:406/0075/271。

獨參加，致引起外國人士之誤會。貴會如擬趁此
次機會介紹中國文化以促進國際人士對我之瞭
解，則希在中國同學會領導之下參加為要。[72]

　　從上述可知，中華民國政府非常在意「台灣同學會」
與會所可能造成的「一中一台」誤會，因為在其眼中只有
「中國同學會」可以代表「國家」，「台灣同學會」只能
代表「地方」，因此，「台籍同學」若要參加活動就必須
在中國同學會的領導之下方可。

　　不過，台灣同學會並不領情，領事館眼看勸告無效，
同時間也密洽該校「忠貞同學」密切注意台灣同學會參加
表演人員之名單，領事館也打算於事後對於所有參加表演
者，在該館業務範圍內予以打擊。[73] 4 月 10 日，領事館
囑託中國同學會會長私下勸告魏康成，希望其能放棄參
加，不過未能成功。領事館也於 14 日去函主辦單位，詢
問台灣同學會之地位，獲得「非國家身分」（no national
identification）的答覆。[74] 即便獲得校方背書，領事館仍

---

[72] 「駐芝加哥總領事館致堪薩斯州立大學台灣同學會會長魏康成同
　　學函，芝（58）字第 215 號」（1969 年 4 月 9 日），〈偽台灣獨
　　立聯合會〉，《外交部檔案》，檔號：406/0075/272。

[73] 「駐芝加哥總領事館致駐美大使館代電，芝（58）字第 236 號」
　　（1969 年 4 月 12 日），〈偽台灣獨立聯合會〉，《外交部檔
　　案》，檔號：406/0075/267-268。

[74] 〈偽台灣獨立聯合會〉，《外交部檔案》，檔號：406/0075/287-290。

深怕台灣同學會的參加會造成外界誤會。

　　18 日當天，台灣同學會照原訂計畫參與活動，領事館根據活動節目單與校刊報導，均將 Chinese Students 與 Formosan Students 並列稱呼，認定「儼然將台灣視作中國以外之另一國家」，台灣同學會執意參加活動是「別有用心」，建議有關單位將參與表演者全數列入台獨份子名單，嗣後彼等辦理護照延期或申請證明文件時一律拒絕；此外，也建議有關機關對彼等在台家屬採取「適當之必要辦法」。對此，外交部認為拒絕護照延期及將之列入台獨份子名單應屬可行，至於是否要對其在台家屬採取「適當之必要辦法」則還要再研究。[75] 本案提報海指會第二七三次會議，關於護照延期不予核發，原則上予以同意，但應把握「打擊主要份子，爭取附從份子」原則辦理；至於對在台家屬採取行動之提議，則轉有關單位參考；另外責成國民黨知識青年黨部對魏康成之父魏火曜進言，使其勸導其兒子注意「國家利益」，遵從領事館之「輔導」。[76] 此

---

[75]　「駐芝加哥總領事館致外交部代電，芝（58）字第 273 號」（1969 年 4 月 26 日），〈偽台灣獨立聯合會〉，《外交部檔案》，檔號：406/0075/284-285。

[76]　「陸海光致外交部，海指（58）574」（1969 年 5 月 19 日）、「陸海光致駐芝加哥總領事館，海指（58）491」（1969 年 5 月 15 日），〈偽台灣獨立聯合會〉，《外交部檔案》，檔號：406/0075/300-301、312。

後，領事館便密切注意魏康成的動態；[77] 日後魏康成申請護照延期時，即被認定為休士頓地區「台獨叛國活動之積極領導份子」而否決其申請。[78] 參與活動的王康陸、方菊雄、黃靜枝等人日後護照也都遭到吊銷。[79]

三、奧克拉荷馬大學

1966 年，奧克拉荷馬大學（University of Oklahoma）台籍留學生陳唐山[80]與陳榮成、吳瑞信等人籌組「台灣同學會」（Formosan Student Association），由陳唐山擔任會長，旨在聯絡台籍同學間之感情與增進福祉，每學期會

---

[77] 「駐霍斯敦總領事館致駐美大使館代電，霍（59）字第 677 號」（1970 年 6 月 3 日）、「駐霍斯敦總領事館致駐美大使館代電，霍（59）字第 1109 號」（1970 年 8 月 24 日），〈偽台灣獨立聯合會〉，《外交部檔案》，檔號：406/0077/67-69。

[78] 「外交部致駐霍斯敦總領事館代電，外（59）領三字第 23742 號」（1970 年 12 月 31 日），〈偽台灣獨立聯合會〉，《外交部檔案》，檔號：406/0078/4。

[79] 王康陸文教基金會編，《王康陸博士紀念文集》，頁 139-140。根據黃靜枝的回憶，事後他申請護照延期時，收到「護照被吊銷，永不加簽」的回函，幸好獲得指導教授的幫忙，最終才拿到美國居留的許可。楊遠薰，《咱的故事：16 對海外台灣人夫妻的人生》（台北：望春風文化事業股份有限公司，2001 年），頁 264-265。

[80] 陳唐山 1970 年轉往普渡大學就讀，也在該校成立「台灣同學會」，後曾擔任華府台灣同鄉會會長、全美台灣同鄉會會長、世界台灣同鄉聯合會理事長、台灣人公共事務協會副會長、會長等職。陳唐山，《定根台灣陳唐山》（台北：前衛出版社，1993 年），頁 165-171。

費 1 美元，成立當時約有 25 人。[81] 台灣同學會向校方正式登記的時間，據該校中國同學會的回報是在 1967 年 11 月左右。當該校學生代表聯合大會通過台灣同學會設立案後，中國同學會隨即決定以該會名義向校方陳情，要求撤銷台灣同學會之登記，並由該校「愛國同學」張豪、孫武等人聯絡擔任台灣同學會贊助人（faculty sponsor）的教授，說服其撤回贊助，並發起抗議連署，向學生會提出交涉。陳唐山、吳瑞信得知後，也與中國同學會成員展開激辯。[82] 休士頓領事館獲悉後，除了與中國同學會共商對策外，朱晉康總領事也向該校外國學生顧問表達反對立場，理由是該校已有「中國同學會」，「台灣同學會」的設立將會分化台灣留學生，但中國同學會及領事館的種種努力仍無法改變台灣同學會成立的事實。[83]

如同 K.S.U. 一樣，陳唐山、陳榮成等對中華民國政

81　〈陳唐山訪問記錄〉，收入張炎憲、曾秋美、沈亮訪問，《青春‧逐夢‧台灣國系列 3：發芽》（台北：吳三連台灣史料基金會，2010 年），頁 92；台灣同學會申請成立的表格及會程見〈偽台灣獨立聯合會〉，《外交部檔案》，檔號：406/0075/99-102。

82　「駐霍斯敦總領事館致外交部代電，霍（56）字第 2304 號」（1967 年 12 月 14 日），〈台灣左傾〉，《外交部檔案》，檔號：406/0013/409-412。

83　〈陳唐山訪問記錄〉，頁 90-92；「駐霍斯敦總領事館致外交部代電，霍（56）字第 2304 號」（1967 年 12 月 14 日），〈台灣左傾〉，《外交部檔案》，檔號：406/0013/409-412。

府統治不滿的台籍留學生，[84] 除了散發台獨刊物外，也以刊登廣告的方式，表達紀念二二八事件及批判國民黨政府統治的聲音，中華民國政府同樣以動員中國同學會、拒絕護照延期等方式加以反制。

1966 年 12 月 16 日，陳榮成率先在校刊刊登當年 11 月 20 日 *The New York Times* 的 FORMOSA FOR FORMOSAN 廣告。[85] 休士頓領事館得知後，隨即請該校中國同學會主席童德淦探查詳情，童德淦於 12 月 30 日回信表示，當初曾邀集部分「愛國同學」阻止未果，但刊出日適逢假日，且陳榮成在校多年行蹤不定並無聲望，宣傳效果恐有限。[86] 因此，領事館並未要求中國同學會對該廣告做出公開回應。在接下來的幾年中，陳唐山、陳榮成、吳瑞信等人年年集資刊登駐外單位眼中的「反動廣告」，[87] 也讓他們成為中華民國政府的眼中釘。1967 年，兩人又籌

84　根據陳唐山的說法，他當初到奧克拉荷馬大學時，遇到同是嘉義中學畢業的陳榮成而開始閱讀《台灣青年》，對於中華民國政府在台灣的不民主及戒嚴作為有更深入的瞭解，理解到為了追求台灣人民的民主、幸福與自由，台灣必須先獨立才可能辦到，進而開始思索如何在美國為自己的故鄉盡一份心力。〈陳唐山訪談記錄〉，頁 91-92。

85　〈台灣左傾〉，《外交部檔案》，檔號：406/0013/11-12。

86　「駐霍斯敦總領事館致外交部代電，霍（56）字第 22 號」（1967年 1 月 5 日），〈台灣左傾〉，《外交部檔案》，檔號：406/0013/7-10。

87　〈陳唐山訪談記錄〉，頁 92。

資刊登「台獨廣告」，[88] 這回讓中華民國政府決定對於兩人日後申請護照延期予以拒絕，藉此讓兩人無法申請永久居留權（需持有有效期限 7 個月以上之護照）。[89] 同年 11 月，海指會提供給外交部的「美國地區各地台獨份子名單」中，兩人已「榜上有名」。[90] 不過，根據陳唐山的說法，他的護照早在 1966 年就被中華民國政府吊銷，他改申請永久居留並順利獲准。[91] 1968 年 2 月 28 日，改由吳瑞信出名刊登紀念廣告，[92] 中華民國政府也打算透過讓吳瑞信的居留產生問題來達到懲罰的效果。國安局於 4 月 19 日發函外交部，要求外交部依據美國移民法規，凡取得永久居留權之外國人均曾宣誓不從事政治活動之規定向美方交涉。[93] 但經駐美大使館洽詢移民局人員告稱，取得

---

[88] 檔案中僅稱是「台獨宣傳廣告」，但未見廣告副本，陳唐山回憶當時就讀奧大時，每年二二八事件紀念日都會舉辦活動或刊登廣告，推測 1967 年的廣告與紀念二二八事件有關。〈陳唐山訪談記錄〉，頁 92。

[89] 「國家安全局致谷振海電，（56）固基 4566」（1967 年 2 月 28 日），〈台灣左傾〉，《外交部檔案》，檔號：406/0013/206-207。

[90] 「美國地區各地台獨份子名單」，〈偽台灣獨立聯合會〉，《外交部檔案》，檔號：406/0074/31-33。

[91] 陳唐山曾於 1974 年 5 月因母親去世，向駐美大使館申請回台簽證，短暫回台 5 天。〈陳唐山訪談記錄〉，頁 92、94。

[92] 廣告署名 Sponsored by Ray H. Wu, Graduate Student in Philosophy，Ray H. Wu 即吳瑞信。〈台灣左傾〉，《外交部檔案》，檔號：406/0014/69。

[93] 「國家安全局致外交部函，（57）宏治 2134」（1968 年 4 月 19

永久居留權者以著書、演講等方式攻擊母國政府，甚至批評美國政府者大有人在，除非其言行到達危害美國政府的程度，不然美政府不會對其言行採取任何行動。[94]

1969 年，陳榮成又有意在二二八刊登紀念廣告，該校「愛國中國同學」胡兆煊預先探知陳榮成有意在 2 月 28 日在校刊刊登二二八紀念廣告，便於 1 月 30 日寫信向總領事朱晉康報告，近來該校台獨餐會頗多活動，可能於二二八當天有所活動，亦報告陳唐山之動向及中國同學會運作情況。[95] 領事館收到報告後，隨即與該校另名「忠貞同學」蕭康民聯絡。據蕭康民轉告，該校台獨份子確實曾接洽校刊準備刊登「反動廣告」，朱晉康於 2 月 4 日去函該校外國學生顧問，表示有少數「台籍學生」假藉言論自由，準備刊登不實指控的廣告，希望可以幫忙阻止，該顧問隨即回函表示同意幫忙，因此，當年 2 月 28 日該校校刊上便未見到該則廣告。[96] 當年大使館事先就準備反駁文稿發給各使領館，休士頓領事館於 2 月 27 日將該文稿轉

日），〈台灣左傾〉，《外交部檔案》，檔號：406/0014/68。

[94] 「駐美大使館致外交部代電，美領（57）第 570836 號」（1968 年 5 月 17 日），〈台灣左傾〉，《外交部檔案》，檔號：406/0014/90-91。

[95] 〈偽台灣獨立聯合會〉，《外交部檔案》，檔號：406/0075/80。

[96] 「駐霍斯敦總領事館致駐美大使館代電，霍（58）字第？號」（1969 年 2 月 7 日），〈偽台灣獨立聯合會〉，《外交部檔案》，檔號：406/0075/77-82。

寄給該校「忠貞愛國」同學，並多次以長途電話保持聯絡以便掌握狀況。[97]

　　雖然遭校刊拒絕，但陳榮成轉往學校所在地的報紙尋求機會，並順利於 2 月 28 日當天刊登 Massacre on Formosa 廣告（圖 3-2-3）。[98] 奧大中國同學會負責人孫武於 3 月 5 日寫信向朱晉康報告此事，並表示其得知後，隨即前往吳瑞信（持該廣告前往報社者）家中與之辯論三小時，孫武並向領事館請示刊登反制廣告事宜。[99] 領事館隨即囑託孫武會同其他「愛國同學」明健華、蕭康民、張豪等人會商刊登大使館所發之反制文稿，文稿由明健華予以縮減，領事館潤飾文字後，再通知孫武接洽其他「愛國同學」一起署名。[100] 反制廣告於 3 月 17 日刊在同份報紙

97　「駐霍斯敦總領事館致駐美大使館代電，霍（58）字第 459 號」（1969 年 3 月 14 日），〈偽台灣獨立聯合會〉，《外交部檔案》，檔號：406/0075/189-190。

98　廣告署名：Sponsored By Ron Chen, former University of Oklahoma Student，Ron Chen 即陳榮成，值得注意的是，廣告最後一行為 "Formosans" include those mainlanders on Formosa, who consider Formosa as their homeland（台灣人包含那些住在台灣認為台灣是故鄉的大陸人）。〈偽台灣獨立聯合會〉，《外交部檔案》，檔號：406/0075/197。

99　〈偽台灣獨立聯合會〉，《外交部檔案》，檔號：406/0075/200。

100　「駐霍斯敦總領事館致駐美大使館代電，霍（58）字第 459 號」（1969 年 3 月 14 日），〈偽台灣獨立聯合會〉，《外交部檔案》，檔號：406/0075/190-192。

上，標題為 Another View On Taiwan（圖 3-2-4），共有孫武、明健華等 24 位同學署名。[101] 刊登成功的同一天，孫武即寫信報告領事館，並請款刊登費用 75.60 美元。[102] 駐美大使館特別要求休士頓領事館，對孫武等「忠貞愛國」同學表達慰勉之意並保持聯繫。[103] 值得一提的是，檔案中留有一份 3 月 5 日孫武給朱晉康總領事的信，對於成功執行這一次的工作有以下的感言：

> 您們（按：指休士頓總領事館人員）為國家做事很辛苦，我們做的也是份內之事，不足以言謝，只要我能力可以辦到，一定會去做的。[104]

有趣的是，就在「任務」完成不久後，孫武在 3 月 17 日寫信給領事館，表示其護照將於 3 月 26 日到期，但因正在辦永久居留申請，故必須延後申請護照延期，希望領事館能幫其補辦。[105]

　〈偽台灣獨立聯合會〉，《外交部檔案》，檔號：406/0075/178。

[102]　「駐霍斯敦總領事館致駐美大使館代電，霍（58）字第 485 號」（1969 年 3 月 21 日），〈偽台灣獨立聯合會〉，《外交部檔案》，檔號：406/0075/175-176。

[103]　「駐美大使館致駐霍斯敦總領事館代電，美領（58）字第 580567 號」（1969 年 3 月 28 日），〈偽台灣獨立聯合會〉，《外交部檔案》，檔號：406/0075/210。

[104]　〈偽台灣獨立聯合會〉，《外交部檔案》，檔號：406/0075/200。

[105]　〈偽台灣獨立聯合會〉，《外交部檔案》，檔號：406/0075/177。

圖 3-2-3　奧克拉荷馬大學刊登紀念二二八事件廣告（1969 年）

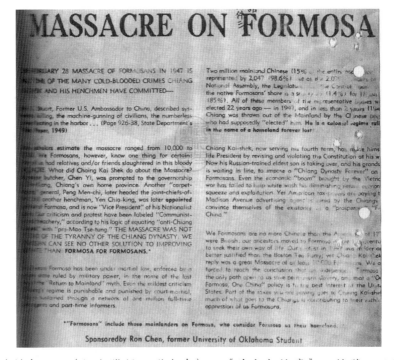

資料來源：〈偽台灣獨立聯合會〉，《外交部檔案》，檔號：406/
　　　　　0075/178。

　　雖然所謂的「反動廣告」並沒有以台灣同學會的名義
刊登，但由於主其事的陳唐山、陳榮成等人是該會成員，
陳唐山還是會長，駐外單位因而認定台灣同學會是台獨團
體的外圍組織。在駐外單位的眼中，台灣同學會經常在校
園散播台獨言論、流傳台獨刊物、募捐台獨活動經費，甚
至連赴機場接機、協助找房子、驅車代為採購等迎接新到

校台灣同學的行為，也被認定是趁機發展台獨組織。[106]

圖 3-2-4　奧克拉荷馬大學中國同學會刊登之反制廣告

（1969 年）

資料來源：〈偽台灣獨立聯合會〉，《外交部檔案》，檔號：406/
　　　　　0075/197。

---

[106]　「駐霍斯敦總領事館致駐美大使館代電，霍（58）字第 00367
　　　號」（1969 年 2 月 28 日），〈偽台灣獨立聯合會〉，《外交部
　　　檔案》，檔號：406/0075/95-98。

　　對於台灣同學會種種「台獨行徑」，領事館主要透過
中國同學會來反制，如經常性補助經費，協助舉辦活動及
成立接待小組，爭取台籍同學參與中國同學會及迎接新到
校的台灣同學，以削減台灣同學會之勢力。此外，領事館
更發動中國同學會以台灣同學會不足法定人數為由，要求
校方撤銷台灣同學會之設立，雖未獲校方同意，但由此可
以看出，中華民國政府對於校園中出現「台灣同學會」之
擔憂。[107]

　　針對部分具台灣主體意識或台獨意識的台籍留學生籌
組「台灣同學會」，中華民國政府顯然認為這樣的作法是
圖謀「一中一台」之「假象」，是刻意劃分「本省籍」與
「大陸省籍」同學間之感情，[108] 除了透過「中國同學會」
予以反制打壓外，也曾研議策動「其他省籍學生」（台籍
以外）組織其他「地方性」團體，以沖淡「台灣同學會」

---

[107]　「駐霍斯敦總領事館致駐美大使館代電，霍（58）字第？號」
　　　（1969 年 2 月 7 日）、「駐霍斯敦總領事館致駐美大使館代電，
　　　霍（58）字第 459 號」（1969 年 3 月 14 日）、「駐霍斯敦總
　　　領事館致駐美大使館代電，霍（58）字第 1230 號」（1969 年 8
　　　月 1 日），〈偽台灣獨立聯合會〉，《外交部檔案》，檔號：
　　　406/0075/77-82、192-193、359-360。

[108]　「外交部致駐外 21 使領館，外（57）禮一字第 3392 號。附件：
　　　加強留學生輔導工作防制反動份子活動之檢討改進意見」（1968
　　　年 2 月 22 日），〈偽台灣獨立聯合會〉，《外交部檔案》，檔
　　　號：406/0074/115-117。

之獨立性。[109] 這樣的想法再次反映出中華民國政府因應手法中濃厚的「省籍」味道。

第三節　校際間「台獨」活動的串連：1968 年的文宣戰

　　1966 年 7 月，U.F.I. 改組為 U.F.A.I. 後將刊登台灣人追求民主、自由和獨立的廣告列為工作項目，配合展開「自由長征」巡迴各地大學校園宣傳台獨思想，漸漸使得各校具備相同台獨理念的學生連串連結合。[110] 1966 年至 1967 年先由堪薩斯州立大學與奧克拉荷馬大學展開前哨戰，1968 年則在 U.F.A.I. 的動員下，在全美 15 所大學展

109　「陸海光致外交部，海指（58）發字 124」（1969 年 6 月 28 日），
　　〈偽台灣獨立聯合會〉，《外交部檔案》，檔號：406/0075/345。
　　此為 1969 年 3 月 26 日、27 日「第六次駐美總領事會議」中所研
　　議之辦法。對此建議，海指會原則上同意，但要求先選定一、兩
　　個勸阻無效的台灣同學會學校試行。不過，此項研議似乎只停留
　　在紙上規劃階段，海指會雖同意實行，但檔案中未見具體案例。
　　筆者推測，利用「其他省籍學生」組織其他「地方性」組織的作
　　法，在現實上恐難做到，因為若要以此來沖淡「台灣同學會」之
　　「獨立性」，那勢必是要出現其他「對等」的「地方性」團體，
　　如「福建同學會」、「江西同學會」，如此一來，勢必發生人數
　　不足的問題，因為原本的「中國同學會」乃是集結「所有省籍」
　　的留學生而成立，「其他省籍」（外省籍）留學生固然不少，但
　　若以「單一省籍」來計算的話，恐怕只有「台灣省」有此資格。
110　〈周斌明訪談記錄〉，頁 245。

開遍地開花式的文宣戰，對於「反動廣告」來勢洶洶，中華民國政府除了以過去在反制台獨言論（投書、報導）上所累積的經驗來因應外，各校的「忠貞學生」更是扮演重要的角色，負責收集各校台獨人士之動態，配合領事館刊登相關反制文宣。

　　1968 年，U.F.A.I. 策動盟員在全美各大學校園刊登紀念二二八事件的廣告。根據目前所能收集到的資料，在 1968 年 2 月 28 日前後，至少在哈佛大學、哥倫比亞大學、堪薩斯州立大學、普渡大學、奧克拉荷馬大學、密蘇里大學、加州大學洛杉磯分校、霍普金大學、馬里蘭州立大學、堪薩斯大學、威斯康辛大學等 11 所大學的校刊皆刊有紀念二二八事件的廣告。[111] U.F.A.I. 則稱有 15 所大

---

[111]　「駐美大使館致外交部代電，美領（57）第 570370 號」（1968 年 3 月 1 日）、「駐美大使館致外交部代電，美文（57）第 570616 號」（1967 年 4 月），〈台灣左傾〉，《外交部檔案》，檔號：406/0014/44-45、72-73。必須說明的是，這 11 所學校當中的堪薩斯大學（University of Kansas），是 1969 年芝加哥領事館給外交部的電文中所提到的，電文中表示上年（1968）2 月 28 日轄區內有 4 所大學的校刊刊有「二二八廣告」，其中包含密蘇里大學、普渡大學、堪薩斯州立大學及堪薩斯大學。「駐芝加哥總領事館致外交部代電，芝（58）字第 121 號」（1969 年 3 月 7 日），〈偽台灣獨立聯合會〉，《外交部檔案》，檔號：406/0075/111。威斯康辛大學的部分則是參考《自覺與認同：1950-1990 年海外台灣人運動專輯》第 477 頁，收有該廣告上半部之影像。

學。[112] 無論是 11 所還是 15 所，都展現了台獨聯盟的動員能量，也為中華民國政府帶來嚴峻的考驗，與各校忠貞學生及中國同學會間的合作成為反制台獨廣告的主要策略。

以目前可見到廣告內容的 7 所學校來分析，[113] 標題均為 MASSACRE ON FORMOSA，除奧克拉荷馬大學外，[114] 皆署名 United Formosans in America For Independence（U.F. A.I.），由此可知，這場校園「文宣戰」確實是台獨聯盟在幕後所策動，也代表其相當程度地具備串連全美各校園認同組織理念的台灣留學生之能力；此外，除霍普金大學是在 2 月 23 日刊登外，其餘皆在 2 月 28 日刊登。在內容方面，各校多一致，僅有篇幅上的差別，除普渡大學及奧克拉荷馬大學外，廣告最後皆註明 U.F.A.I. 的宗旨及一捐款表格。

廣告文案除延續前兩年引述各種對於二二八事件發生當時情況的證言並對罹難者表示哀悼外，進一步加入批判國民黨政府統治的文字，如戒嚴體制讓台灣人活在一百萬

---

[112] 「全美台灣獨立聯盟致駐美大使周書楷聲明」（1969 年 3 月 5 日），〈偽台灣獨立聯合會〉，《外交部檔案》，檔號：406/ 0075/150。

[113] 除了哈佛大學、密蘇里大學、堪薩斯大學、威斯康辛大學外。

[114] 奧克拉荷馬大學廣告最後署名 Sponsored by Ray H. Wu, Graduate Student in Philosophy，〈台灣左傾〉，《外交部檔案》，檔號：406/0014/69。

秘密警察及線民所編織的網絡中；中央民意代表長年不改
選，台灣人所占比例甚低；蔣介石違憲連任總統，並準備
由其兒子接班，締造永遠的「蔣氏王朝」；以 1776 年當
時美國人與英國人的關係，來比喻當前的台灣人之於中國
人，指出台灣人的祖先自 17 世紀移民台灣，尋找自己的
生活方式，1947 年的抗議比起波士頓茶葉事件來得溫和
也更有道理，但卻遭到蔣介石以大屠殺回應，因此，台灣
人被迫得出以下結論：唯有「台灣是台灣人的」，唯有一
個獨立的台灣才能解決台灣人民被奴役的命運；廣告最後
向美國人民喊話，呼籲督促其政府採行「一中一台」的政
策：

> 一部分你們交的稅給了蔣介石；多數給蔣家的錢
> 則是被用來無情地壓迫台灣人。難道你們不應該
> 質疑你們的錢是怎樣被花掉的？難道你們不該幫
> 助你們的政府追求一個既能符合你們國家與我們
> 家鄉利益的政策嗎？[115]

最後則是放上全美台灣獨立聯盟的宗旨：

> 全美台灣獨立聯盟致力於根據人民自決原則建立

---

[115] 廣告內容之分析以哥倫比亞大學為例。〈偽台灣獨立聯合會〉，
《外交部檔案》，檔號：406/0074/126-127。

一個自由、民主及獨立的台灣共和國，因此，我
們拒絕任何型式的極權統治；共產黨或國府。全
美台灣獨立聯盟邀請所有愛好自由的知識份子加
入或幫助我們達成建國的目標。[116]

普渡大學的廣告，則是 7 所學校中唯一有圖案者，
圖案是一座插著一把刺刀還滴著血的台灣島，象徵在
二二八事件中犧牲的台灣人民（圖3-3-1）。[117] 除了在各
校登廣告外，U.F.A.I. 也在 2 月 28 日及 3 月 3 日的 *The
Washington Post* 刊登紀念廣告（圖3-3-2），篇幅受限於
經費而較「校園版廣告」小了許多，係以一片空白來表達
對罹難者的追念之意。[118]

---

[116] 影本見〈台灣左傾〉，《外交部檔案》，檔號：406/0014/52-53。
[117] 〈台灣左傾〉，《外交部檔案》，檔號：406/0014/62；該圖案係
仿照 1967 年堪薩斯州立大學所刊登的紀念二二八事件廣告（圖
3-2-2）。
[118] *The Washington Post*, Feb. 28, 1968, p. A16. *The Washington Post*,
March 3, 1968, p. A11.

圖 3-3-1　普渡大學校刊上的二二八事件紀念廣告（1968 年）

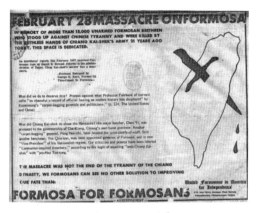

資料來源：〈台灣左傾〉，《外交部檔案》，檔號：406/0014/62。

圖 3-3-2　*The Washington Post* 上的二二八事件紀念廣告
（1968 年）

資料來源：*The Washington Post*, Feb. 28, 1968, p. A16.

　　面對 U.F.A.I. 在校園串連的文宣攻勢，中華民國政府也動員各校中國同學會及「忠貞同學」展開反擊，經過 1968 年的摸索，逐步建立起反制模式。

　　在駐外單位陸續回報各校在 2 月 28 日前後刊登「反動廣告」的情形後，駐美大使館決定擬定一份反駁文稿並於 3 月 18 日檢發給各使領館，要求轉交中國留美同學聯合會，囑其設法在同一刊物上以同樣篇幅刊登。[119]

　　在普渡大學方面，芝加哥領事館獲悉該校刊登二二八紀念廣告後，隨即中國同學會主席陳可崗聯絡，「指示」其拜訪外籍學生顧問，表達全體「中國學生」[120]之憤慨，並以「中國同學會」之名義，要求校刊日後不得再刊登類似廣告。[121]領事館也動員中國同學會投書校刊加以反駁，並於 3 月 8 日獲得刊出，內容完全未觸及二二八事件及對國民黨政府統治的批評，僅表示刊登該廣告的「全美台

---

[119]　「駐美大使館致外交部代電，美文（57）第 570616 號」（1967 年 4 月），〈台灣左傾〉，《外交部檔案》，檔號：406/0014/72-73。

[120]　這邊的「中國學生」係中華民國政府用以泛指當時的台灣留學生（包含台灣省籍及外省籍），雖然這些學生都來自「台灣」，但在當時中華民國政府的國家認同意識型態下，都以「中國學生」來稱呼，台獨人士則以「台灣同學」作為相對應的自稱。

[121]　「駐芝加哥總領事館致外交部代電，芝（57）字第 149 號」（1967 年 3 月 19 日），〈台灣左傾〉，《外交部檔案》，檔號：406/0014/58-59。

灣獨立聯盟」只是極少數人的團體，質疑校刊為何要刊登這則「垃圾廣告」，認為此舉將對讀者傳達錯誤的台灣現況。[122] 此外，領事館也多方調查刊登廣告者之身分，經查疑為該校台籍學生莊秋雄所為，經提報海指會，決議請國安局協助調查莊員在台家屬及家庭狀況，以便研議因應對策。[123]

對於中國同學會的反駁，刊登廣告的台灣留學生於3月22日以「紀念1947年台灣革命委員會」（Committee for Commemoration of the 1947 Formosan Revolution）名義投書回應，要求中國同學會指出廣告中哪一點不符合當前台灣的現況？[124] 芝加哥領事館獲悉後，將大使館所發之反駁文稿稍加刪修後，連同刊登費用美金100元，交付陳可崗，請其協助刊登。陳可崗雖同意照辦，但因中國同學會多數成員不願牽涉政治問題持反對意見而作罷，領事館認為如能由全美中國同學會出面的話，當較為妥當。[125]

在其他學校方面，4月1日，馬里蘭州立大學，11

---

[122] 〈台灣左傾〉，《外交部檔案》，檔號：406/0014/63。

[123] 「谷振海致國安局，海指（57）514」（1968年4月5日），〈偽台灣獨立聯合會〉，《外交部檔案》，檔號：406/0074/192-193。

[124] 〈台灣左傾〉，《外交部檔案》，檔號：406/0014/86。

[125] 「駐芝加哥總領事館致駐美大使館代電，芝（57）字第257號」（1968年5月3日），〈台灣左傾〉，《外交部檔案》，檔號：406/0014/83-85。

日，哥倫比亞大學、哈佛大學，17 日，堪薩斯大學陸續刊登反制廣告。[126] 在加州大學洛杉磯分校方面，更由洛杉磯領事館親自掛名刊登。[127] 以馬里蘭州立大學為例，駁斥廣告題為 THE TRUTH ABOUT THE SO-CALLED 'FORMOSA MASSACRE' ，署名 Federation of Chinese Students and Alumni Association in U.S.A.（美國中國同學聯合會及校友會）（圖 3-3-3）。內容先將 U.F.A.I. 的廣告類比為納粹德國時代愚弄大眾的宣傳，指出該廣告唯一真實的部分是，1947 年 2 月 28 日確實發生過事件，除此之外，全是歪曲事實的「謬論」；其次，針對死亡人數做辯駁，指出根據正確的消息來源，死亡人數共 190 人，當中有 43 人為當地暴民，57 名為中國來的居民，90 名為軍人（16 名軍官及 74 名士兵），絕非廣告中所言的上萬人，另有 1761 人受傷；最後指出二二八事件若非中共及少數親日份子在背後煽動，不然其與美國各地時常發生的警民衝突並無二致。[128] 通篇反制僅針對二二八事件本身，

---

[126]　「駐美大使館致外交部代電，美文（57）第 570616 號」（1967 年 4 月）、「駐美大使館致外交部代電，美文（57）第 570787 號」（1967 年 5 月 10 日），〈台灣左傾〉，《外交部檔案》，檔號：406/0014/73、96-97。

[127]　*Formosagram*, 5:9 (April 1968), pp. 6-9.「全美台灣獨立聯盟致駐美大使周書楷聲明」（1969 年 3 月 5 日），〈偽台灣獨立聯合會〉，《外交部檔案》，檔號：406/0075/150。

[128]　〈台灣左傾〉，《外交部檔案》，檔號：406/0014/74。

尤其是死亡人數做反駁，但對於批判中華民國政府統治的部分則完全沒有回應。

圖 3-3-3　馬里蘭州立大學校刊刊登之「反制廣告」
（1968 年）

資料來源：〈台灣左傾〉，《外交部檔案》，檔號：406/0014/74。

有鑑於 1968 年 U.F.A.I. 的「文宣攻勢」，中華民國政府於 1969 年展開事前的部署與因應。華興小組在當年 1 月 8 日就召集會議研商對策，除要求大使館與各地領事館密切注意各校在 2 月 28 日前後的動態外，並預先準備

駁斥文稿備用。[129] 大使館於 2 月 25 日將文稿發送各領事館，要求各館於發現轄區內報刊或學校刊物刊登二二八相關廣告時，將該文稿以當地同學會或其他適當名義刊出。[130] 外交部另指示倘若受限於刊登篇幅，應著重在台灣地位已定，強調根據「開羅宣言」與「波茲坦宣言」，台灣回歸中國絕對沒有疑義等部分。[131]

　　各地領事館也預先召開會議研商對策。紐約領事館於 2 月上旬，於轄區內的哈佛大學、哥倫比亞大學及紐約大學預先部屬人員，嚴密注意各校有無「宣傳台獨」之廣告；[132] 芝加哥領事館也於 1 月 28 日召開會議，決議由吳

---

[129] 「華興小組第四次會議記錄」（1969 年 1 月 10 日），〈台獨陳伯山〉，《外交部檔案》，檔號：406/0030/49-50。1 月 31 日，華興小組發函鈕文武、金貫之、胡子平及周遊小組，要求注意台獨份子向美國各大學校刊洽商刊登二二八廣告事。「華興小組致鈕文武、金貫之、胡子平、周游同志，（58）領字第 580208 號」（1969 年 1 月 31 日），〈偽台灣獨立聯合會〉，《外交部檔案》，檔號：406/0075/25。

[130] 「駐美大使館致駐美各總領事代電，美領（58）字第 580353 號」（1969 年 2 月 25 日），〈偽台灣獨立聯合會〉，《外交部檔案》，檔號：406/0075/123-126。

[131] 「外交部致駐美周大使，去電專號第 815 號」（1969 年 3 月 11 日），〈偽台灣獨立聯合會〉，《外交部檔案》，檔號：406/0075/121、125-126。

[132] 「鈕文武致陸海光，紐（58）字第 57691 號」（1969 年 3 月 4 日），〈偽台灣獨立聯合會〉，《外交部檔案》，檔號：406/0075/118-119。

化鵬與劉家治聯繫上年度刊登「反動廣告」四校之「忠貞同學」,除轉交大使館所發的反制文稿外,也要求協助勸阻台獨人士刊登廣告,另給各校負責同學美金 100 元作為刊登費用。[133]

　　相較於 1968 年各校刊登廣告的「盛況」,到了 1969 年,在美國部分,目前僅知有密蘇里大學及奧克拉荷馬大學有刊登 Massacre on Formosa 廣告;此外,加拿大的台灣人權委員會亦在加拿大的滑鐵盧大學(University of Waterloo)刊登相同廣告。[134] U.F.A.I. 則在 3 月 5 日發出一份聲明給駐美大使館,指出去年度所刊登的反制廣告,完全扭曲二二八事件的真相,要求與大使館共同召開記者會,將歷史真相昭告於世人。[135]

　　就廣告內容來看,與前一年大體一樣,各校僅有篇幅上的差別。以下分別以密蘇里大學為例。U.F.A.I. 於 2

---

[133] 「駐芝加哥總領事館致外交部代電,芝(58)字第 121 號」(1969 年 3 月 7 日),〈偽台灣獨立聯合會〉,《外交部檔案》,檔號:406/0075/111-113。四所學校為密蘇里大學、普渡大學、堪薩斯大學及堪薩斯州立大學。

[134] 〈台獨辜寬敏;台獨歐炯雄;台獨林榮勳;加拿大台獨運動;台獨柳文卿〉,《外交部檔案》,檔號:406/0032/133-134。

[135] 對此,中華民國政府決定不予回應。「全美台灣獨立聯盟致駐美大使周書楷聲明」(1969 年 3 月 5 日)、「外交部致駐美大使館,來電專號第 898 號」(1969 年 3 月 9 日),〈偽台灣獨立聯合會〉,《外交部檔案》,檔號:406/0075/150、120。

月 28 日，在密蘇里大學校刊刊登 Massacre on Formosa 廣告（圖 3-3-4）。[136] 國民黨在該校之小組長蔡宏榮（新聞系），居中與中國同學會聯繫，獲得同意以該會名義於 3 月 7 日刊登題為 AN OPEN LETTER TO A FEW SO CALLED "FORMASANS" 的反制廣告（圖 3-3-5）。[137] 內容除延續前一年反駁事件死亡人數之外，進一步回應關於台灣人不是中國人、台灣人民意代表比例低、警察國家等質疑。相較於前一年的回應，1969 年的反制可說是正面迎戰，然而，雙方的論點仍無交集，處於各說各話的狀態。

　　駐美大使館與國安局對於芝加哥領事館的處理都表示讚許，並要求獎勵蔡宏榮同學「忠貞愛國」的表現。[138] 同屬芝加哥領事館轄區的堪薩斯大學，則在該校中國同學會事先勸導「台獨溫和派份子」下，當年也未刊登類似廣告，事後，李惟岷總領事特致電向會長張惠生表達慰勉之意，而上年度有刊登二二八廣告的普渡大學與堪薩斯州立

---

[136] 〈偽台灣獨立聯合會〉，《外交部檔案》，檔號：406/0075/208。

[137] 「駐芝加哥總領事館致外交部代電，芝（58）字第 123 號」（1969 年 3 月 11 日），〈偽台灣獨立聯合會〉，《外交部檔案》，檔號：406/0075/153-155。

[138] 「駐美大使館致駐芝加哥總領事館代電，美領（58）字第 580570 號」（1969 年 3 月 28 日）、「國家安全局致陸海光電，（58）慎固 1987」（1969 年 4 月 3 日），〈偽台灣獨立聯合會〉，《外交部檔案》，檔號：406/0075/205-207。

大學本年度亦未刊登相關廣告。[139]

圖 3-3-4　密蘇里大學校刊刊登紀念二二八事件廣告
（1969 年）

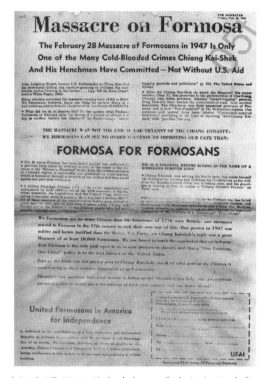

資料來源：〈偽台灣獨立聯合會〉，《外交部檔案》，檔號：406/
0075/208。

圖 3-3-5　密蘇里大學校刊刊登之「反制廣告」
（1969 年）

資料來源：〈偽台灣獨立聯合會〉，《外交部檔案》，檔號：406/
0075/155。

　　在其他學校方面，2 月上旬，駐紐約總領事館即在轄
區的哈佛大學、哥倫比亞大學及紐約大學三所上年度刊登
二二八廣告的學校內佈建工作人員，密切注意上述學校於
2 月 28 日前後活動情形。根據回報，三所學校在二二八

前後均沒有任何活動亦無刊登廣告之動作。[140]

　　相較於 1968 年的因應屬於事後反擊，1969 年除了事後刊登反制廣告外，進一步在事前就展開反制作業，包含預先擬定反駁文稿，針對轄區各大學的動態先佈建相關人員，並與各校「忠貞愛國同學」事先聯繫，囑託防範「反動廣告」的刊出，並交付反駁文稿及刊登費用，以便在第一時間以「中國同學會」之名義加以反擊，「忠貞同學」或主動或被動配合，大體上都能完成領事館所交付的任務。這種反制模式，在 1970 年之後確立下來，形成中華民國政府反制台獨廣告的基本流程。[141]

---

[140] 「駐紐約總領事館致陸海光，紐（58）字第 57691 號」（1969 年 3 月 4 日），〈偽台灣獨立聯合會〉，《外交部檔案》，檔號：406/0075/118。

[141] 1970 年之後的例子可見「駐霍斯敦總領事館致外交部代電，霍（59）字第 308 號」（1970 年 3 月 10 日），〈偽台灣獨立聯盟〉，《外交部檔案》，檔號：406/0082/353-362；「駐芝加哥總領事館致外交部代電，芝（60）字第 103 號」（1971 年 3 月 12 日）、「駐芝加哥總領事館致外交部代電，芝（61）字第 938 號」（1972 年 4 月 7 日），〈偽台灣獨立聯合會〉，《外交部檔案》，檔號：406/0078/228-233、0080/474-475。陳昱齊，〈一九六〇年代美國大學校園中的「台獨」活動〉，收入國立政治大學圖書館數位典藏組編，《左翼・民族》（台北：國立政治大學圖書館，2013 年），頁 94-96。

第四節　維持秩序：世界青（少）棒賽的戰場

　　台灣社會自 1968 年紅葉少棒隊擊敗來訪的日本少棒代表隊後進入數十年的「棒球熱潮」，這股熱潮隨著隔年金龍少棒隊奪得世界冠軍而持續加溫。進入 1970 年代，台灣各級棒球在國際賽事中無往不利，台灣代表隊只要取得亞洲代表權，世界冠軍就幾乎是十拿九穩（表 3-4-1）。[142] 這股自 1960 年代末期所掀起的全台棒球熱，隨著台灣小將每一次的奪冠，而日益狂熱，對於當時國際地位日益下降的中華民國政府而言，正好找到了一個可以鼓舞人心的機會；對台獨人士而言，台灣選手在國際上揚眉吐氣，更證明了台灣人的優秀，台灣小將的高曝光度，也為

---

[142] 有關台灣棒球在這段期間的表現可見謝仕淵、謝佳芬，《台灣棒球一百年》（台北：城邦文化，2003 年）；孟峻瑋等，《旋動歲月：台灣棒球百年史》（台北：中華民國棒球協會，2006 年）；Junwei Yu, *Playing in Isolation: A History of Baseball in Taiwan* (Lincoln: University of Nebraska Press, 2007) 等。學術研究可見劉偉君，〈敘事與台灣棒球文化的記憶建構 (1945-2006)〉（台北：中國文化大學史學研究所碩士論文，2007 年）；倪仲俊，〈國技的重量－一九六〇年代末期少棒熱相關報紙新聞論述中的國族主義話語初探〉，《通識研究季刊》，第 15 期（2009 年 6 月），頁 199-216；Andrew D. Morris, *Colonial Project, National Game: A History of Baseball in Taiwan* (Berkeley: University of California Press, 2010).

台獨人士帶來宣傳的大好機會。

表 3-4-1　台灣參加世界少棒、青少棒、青棒比賽成績
（1969 年至 1980 年）

時間 / 賽級	少棒賽	青少棒賽	青棒賽
1969	冠軍	－	－
1970	第 5 名	－	－
1971	冠軍	－	－
1972	冠軍	冠軍	－
1973	冠軍	冠軍	－
1974	冠軍	冠軍	冠軍
1975	－	冠軍	冠軍
1976	－	冠軍	冠軍
1977	冠軍	冠軍	冠軍
1978	冠軍	冠軍	冠軍
1979	冠軍	冠軍	落敗
1980	冠軍	冠軍	落敗

說　　明：「－」表示未參賽。
資料來源：張敬果主編，《中華民國少年、青少年、青年棒球發展史
　　　　　實》（台北：不詳，1983 年），頁 16-20。

　　球場上台灣小將與世界各國球員較量球技，在場邊加
油的台獨人士也趁機宣傳台獨主張，因而與親政府的僑
胞、留學生之間發生衝突。每年到了暑假期間，主辦比賽

的「球場」就成為兩者間的「戰場」，雙方在球場內外，展開一次又一次的「對抗」。本節將探討面對台獨人士將球場做為宣揚台獨的場域，中華民國政府如何運用各種方式來反制其行動，並指出其中最重要的策略為利用忠貞學生「維持秩序」。

1969 年 8 月 23 日，台灣小將組成的「台中金龍隊」，首度進軍美國威廉波特（Williamsport）世界少棒賽，就以五比零擊敗美國西區隊奪得冠軍，這也是台灣史上第一座的世界少棒冠軍。[143] 在 8 月 20 日首場比賽進行前，台獨人士就組團前往加油，當日並準備了「為台灣人爭光」、「台灣隊加油」的大型標語。[144] 據檔案記載，台獨人士另在現場散發「愛台灣」的胸章。[145] 22 日，當台灣小將於複賽擊敗美國北區隊而確定進入隔日決賽的消息傳出後，旅美的台灣同鄉或集體包車或個別駕車都踴躍前往觀戰。[146]

駐美大使館據報台獨人士屆時將租車前往球場，可能有「滋事情事」，故動員大使館及其他單位職員及眷屬約100 人前往觀賽，一方面為代表隊加油，另一方面也希望

---

[143] 謝仕淵、謝佳芬，《台灣棒球一百年》，頁 102-105。

[144] 《台灣青年》，第 106 期（1969 年 9 月 5 日），頁 4。

[145] 「國安局致陸海光」（1969 年 9 月 9 日），〈偽台灣獨立聯合會〉，《外交部檔案》，檔號：406/0073/53。

[146] 《台灣青年》，第 106 期（1969 年 9 月 5 日），頁 4。

在人數上壓過台獨陣營，另外派人在現場攝影蒐證。[147]

決賽當天，賽前 U.F.A.I. 向現場記者發出新聞稿為代表隊「正名」，表示這支代表亞洲的隊伍是「台灣隊」而不是「中華民國隊」，因為隊上所有球員及教練均是土生土長的台灣人而非中國人。[148] 除了「正名」動作外，比賽開始前，現場演奏中華民國國歌時，台獨人士在外野高處舉起先前準備好的白底紅字布條，上頭寫著 TEAM OF TAIWAN NOT REP. OF CHINA 標語（圖 3-4-1），並散發印有台灣島的小旗子；比賽開始後，以 GO GO TAIWAN 作為加油口號。大使館人員發現「正名」布條後，隨即向大會交涉要求取下，但成效不彰，「正名」布條多數時候仍高掛天空。[149] 台獨人士「正名」的舉動，激

---

[147] 「駐美大使館致外交部電，來電專號第 210 號」（1969 年 8 月 25 日），〈偽台灣獨立聯合會〉，《外交部檔案》，檔號：406/0075/369-370。

[148] 原文為 The Team that is representing Asia for the championship of the Little League World Series is the Taiwan team, not that of "the Republic of China." All its players and coaches are Taiwanese (Formosans), bore and brought up in Taiwan, not Chinese. 《台灣青年》，第 106 期（1969 年 9 月 5 日），頁 9。〈偽台灣獨立聯合會〉，《外交部檔案》，檔號：406/0073/87。當天與美國記者交涉的是 U.F.A.I. 外交部長陳隆志，他持當時新聞局駐紐約辦事處專員張超英的記者證，進入球場記者席。張超英口述，陳柔縉執筆，《宮前町九十番地》（台北：時報文化，2006 年），頁 167。

[149] 《台灣青年》，第 106 期（1969 年 9 月 5 日），頁 4-5；「駐美大使館致外交部電，來電專號第 210 號」（1969 年 8 月 25 日），

發了現場「愛國學生」潘燕南等人的不滿，在賽後以突襲方式強行扯下布條，雙方並發生鬥毆，造成台獨人士一人受傷。[150]台獨人士「正名」的訴求，不但躍上電視轉播鏡頭，也登上報紙版面，充分達到宣傳目的。對於賽後的衝突，U.F.A.I. 所發出「特報」中稱「經數回合的自衛搏鬥後，就把侵入我方陣地的蔣政權蠻橫的爪牙及大中國主義者打得東打西歪，使他們抱頭鼠竄而逃。」[151]台獨人士的描述雖有誇大之嫌，但也顯見其對抗中華民國政府的決心，更預告此類衝突往後將不斷上演。

〈偽台灣獨立聯合會〉，《外交部檔案》，檔號：406/0075/369-370。

[150] 《台灣青年》，第 106 期（1969 年 9 月 5 日），頁 5；「駐美大使館致外交部電，來電專號第 210 號」（1969 年 8 月 25 日），〈偽台灣獨立聯合會〉，《外交部檔案》，檔號：406/0075/369-370。「國安局致陸海光」（1969 年 9 月 9 日），〈偽台灣獨立聯合會〉，《外交部檔案》，檔號：406/0073/53。

[151] 《台灣青年》，第 106 期（1969 年 9 月 5 日），頁 4、8。「霍斯敦總領使館致外交部代電，電號不詳」（1969 年 9 月 2 日），〈偽台灣獨立聯合會〉，《外交部檔案》，檔號：406/0075/372-373。

圖 3-4-1　台獨人士的「正名」旗幟

資料來源：《台灣青年》，第 106 期（1969 年 9 月 5 日），頁 10。

　　對於台獨人士「公然」在數萬名觀眾前（若再加上觀看電視的人數恐更多）為代表隊「正名」，雖然沒有明白舉出「台灣獨立」的標語，但對中華民國政府而言，光是將「中華民國隊」更名為「台灣隊」就已無法容忍。賽後，駐美大使周書楷及大使館人員王廣生、鐘明智開了一個「三人小組」會議，認定台獨活動已到了「明目張膽」、「毫無顧忌」的程度，現行不給予護照延期的政策對大部分已取得永久居留權的台獨份子太過消極，主張由國內派遣一批專人，組成專案小組，籌畫以武力制裁台獨首要份子，以收殺雞儆猴之效，任務完成後，小組即

解散。[152] 對此提議，海指會隨後召開「據當地組織建議採取『以暴制暴』方式打擊在美台獨份子問題」會議，與會的國安局、警總駐美人員及國民黨駐美黨務督導員都認可「武力制裁」的作法，更進一步提議由國內派遣精通柔道者，或在美雇用職業打手，「修理」台獨份子，以期徹底壓制台獨活動。對此，北美司司長錢復則認為此類行動難以完全保密，一旦消息外洩，將使我國際聲譽大受打擊，且能否達到壓制台獨活動之效果也不無疑問，反可能使當事人成為台獨鬥士，增加台獨團體向心力，建議應再審慎考慮。[153]「武力制裁」的提議，後來被以需要進一步研究為由而暫行擱置，然而對於「忠貞學生」或「愛國僑胞」出於「義憤」而與台獨人士發生衝突，中華民國政府則嘉許此類行為，預留了日後動員「忠貞學生」或「愛國僑胞」在第一線與台獨人士對抗的伏筆。[154]

有了前一年被台獨人士「突襲」的經驗，1970 年的少棒賽，中華民國政府就預先研議因應對策。駐美大使館

<hr />

[152] 「陸海光致外交部，海指（58）1291」（1969 年 10 月 13 日），〈偽台灣獨立聯合會〉，《外交部檔案》，檔號：406/0073/118-120。

[153] 〈偽台灣獨立聯合會〉，《外交部檔案》，檔號：406/0073/47-49。

[154] 「陸海光致外交部，海指（58）1291」（1969 年 10 月 13 日），〈偽台灣獨立聯合會〉，《外交部檔案》，檔號：406/0073/119-120。

於獲悉台灣取得赴美爭取二連霸資格時，即向外交部建議
預先訂製各式國旗共 5 萬面以反制台獨人士的活動，後決
定由國民黨第三組及外交部，供應各式材質大小的國旗約
2 萬面，打算利用「國旗海」來分散媒體與觀眾對於台獨
人士旗幟與標語之注意力，就連球員衣服上的國旗圖案也
被要求放大並加註英文的中華民國名稱。[155]

　　另一方面，紐約領事館則規劃僑團、黨部、留學生、
台灣同鄉福利會等單位，組織相當人數之加油隊，嚴防台
獨人士破壞比賽，並補貼相關交通費用。[156] 紐約領事館在
賽前特地邀集各留學生團體負責人，研議於台獨人士揮
舞其旗幟時，應以大量國旗及標語回應，以分散媒體注
意力。[157] 新聞局紐約辦事處則預先聯絡報社、電台及電視

---

[155] 總計第三組負責紙質小國旗 4,000 面、布質小國旗 500 面，大型
　　布質國旗 4 面；外交部負責 15,000 面布質國旗。「駐美大使館致
　　外交部電，來電專號第 027 號」（1970 年 8 月 1 日）、「情報司
　　簽呈」（1970 年 8 月 10 日）、「陸海光致外交部」（1970 年 8
　　月 11 日），〈中華少年棒球隊〉，《外交部檔案》，國史館藏，
　　入藏登錄號：020000016850A。「國旗海」戰術也運用在反制台
　　獨示威活動上，1970 年 4 月，蔣經國訪美，中華民國政府除了發
　　動學生黨員及僑胞到場歡迎外，也由國民黨第三組提供數千面國
　　旗給各使領館於接機時使用。〈蔣經國副院長訪美〉，《外交部
　　檔案》，檔號：412.21/0306/182-183、185。

[156] 「陸海光致外交部」（1970 年 8 月 11 日），〈中華少年棒球
　　隊〉，《外交部檔案》，國史館藏，入藏登錄號：020000016850A。

[157] 「駐紐約總領事館致中央委員會第三組函」（1970 年 9 月 6
　　日），〈中華少年棒球隊〉，《外交部檔案》，國史館藏，入藏登

台,防止出現有關台獨活動的「歪曲」報導。[158] 有鑑於上年度轉播單位拍攝到台獨活動畫面,今年度大使館特別建議請國內轉播單位(台視)派人到現場「指導」美國轉播單位,以免再度拍攝到「台獨蠢動鏡頭」。[159] 從以上各種準備來看,不論是「國旗海」或是防阻台獨活動受到報導或拍攝,都是希望將台獨人士舉動的影響力降至最低。

當年度的比賽,根據當時人在現場的新聞局駐紐約辦事處專員張超英回憶,中華民國政府為了反制台獨人士在前一年的「突圍」,以每人 20 美元的酬勞,動員三部巴士的船員,準備在球場上「還以顏色」;比賽中,中國同鄉會與台灣同鄉會彼此涇渭分明,本相安無事,但球賽一結束,現場一時間石頭齊飛,棍棒如雨。[160] 由此可見,雙方依然爆發不小衝突。

到了 1971 年,台灣小將連續第三年闖入世界少棒

錄號:020000016850A。

[158] 「陸海光致外交部」(1970 年 8 月 11 日),〈中華少年棒球隊〉,《外交部檔案》,國史館藏,入藏登錄號:0200000168 50A。當時擔任台視轉播人員的盛竹如雖然在其回憶錄中提及當時球賽進行狀況,但完全未提及台獨人士在場的活動情況。盛竹如,《螢光幕前:盛竹如電視生涯回憶錄》(台北:新新聞文化事業,1995 年),頁 92-98。

[159] 「駐美大使館致外交部電」(1970 年 8 月 10 日),〈中華少年棒球隊〉,《外交部檔案》,國史館藏,入藏登錄號:0200000 16850A。

[160] 張超英口述,陳柔縉執筆,《宮前町九十番地》,頁 168。

賽。在代表隊赴美比賽前，華興小組就先召開會議擬定分工，當中也包含對台獨人士的因應（表 3-4-2）。

表 3-4-2　1971 年世界青少棒賽華興小組擬定分工表

姓名	負責工作	職務名稱、身分
陶啟湘	（1）協助代表隊對外聯絡及發佈新聞稿；（2）協調當地警方增派警力，以取締台獨份子活動。	駐美大使館新聞專員
吳化鵬	（1）注意掌握台獨份子之動態，隨時呈報大使，以採取對策；（2）秘密策動忠貞愛國義警湯岳中、陳郁芝、陳卓等及忠貞學生、青年熊園健、孫啟棠等人，組成四個維護小組及一機動小組，分散於球場四周，擔任監視、防制台獨之工作。	
胡旭光、李善中	處理少棒隊各種事務。	駐美大使館公使／大使館參事
林世源、余允剛陳訓偉、李文凱	負責聯絡及維護工作。	林世源為駐休士頓總領事館副領事（台籍）
陳翊華、苗沛霖	隨隊照料。	安全官、當地愛國華僑

資料來源：「華興致陸海光，（60）華誠字第 602 號」（1971 年 9 月 10 日），〈偽台灣獨立聯合會〉，《外交部檔案》，檔號：406/0080/52-53。粗體為作者所加。

　　從上表可知，除了沿用「國旗海」的戰術外，中華民國政府更進一步策動留學生與僑胞組成小組，分散於球場四周，擔任監視、防制的工作。而國民黨紐約地區黨部也在「黨務聯合會報」上決議動員當地留學生、學人、黨員及僑胞前往助陣。[161]

　　決賽當日，台獨人士手舉「全美台灣同鄉會」、「前進！台灣！」、「歡迎台灣隊」等中英文標語，坐於球場左側，有人帶頭喊「台灣獨立萬歲」、「打倒蔣○○」、「蔣○○滾出台灣」、「這是台灣隊不是中國隊」等口號。[162]當天比賽，最戲劇性的莫過於台獨人士租了一架小型飛機，在機尾處懸掛「台灣獨立萬歲 GO GO TAIWAN」字樣之標語，在球場上空來回飛了約 40 分鐘才停止（圖 3-4-2）。[163]

---

[161] 「紐約地區黨務聯合會報第二十次會議記錄」（1971 年 8 月 12 日），〈偽台灣獨立聯合會〉，《外交部檔案》，檔號：406/0079/302-303。

[162] 「華興致陸海光，（60）華誠字第 602 號」（1971 年 9 月 10 日），〈偽台灣獨立聯合會〉，《外交部檔案》，檔號：406/0080/53-54。

[163] 根據《台灣青年》，當國民黨人員看到拖著台獨標語的飛機在球場上空盤旋時，說出「台獨居然有空軍了！真他媽的。」「還是他們行！」、「這消息傳回去，可把老頭子氣死了！」等語。《台灣青年》，第 133 期（1971 年 11 月 5 日），頁 71；蔡同榮，《顧台灣》（台北：民視文教基金會，2010 年），頁 68-69。現場轉播單位本來要拍攝飛機，卻被一旁的中視轉播人員張繼高（中視新聞部經理）撞了一下，導致沒能拍到。當時是中視

圖 3-4-2　1971 年世界少棒賽，台獨人士利用小型飛機
　　　　拖曳「台灣獨立萬歲 GO GO TAIWAN」標語

資料來源：《台灣青年》，第 133 期（1971 年 11 月 5 日），頁 71。

記者張照堂覺得天空有架直昇機機尾拖著一條長長的布條，透過
對講機告訴在場外轉播車內的張繼高，覺得可以請攝影機帶一下
畫面，等到飛機飛得較近時，張照堂才發現布條上寫的是「台灣
獨立萬歲」，趕緊通知張繼高，就在美方轉播人員準備將飛機畫
面攝入時，張繼高用力一推，轉播人員因而在旋轉椅上轉了兩
圈，畫面自然也就沒有拍到。楊憲宏主編，《Pianissimo：張繼高
與吳心柳》（台北：允晨文化，1996 年），頁 163-165。張燦鍙
在接受公視「台灣棒球百年」紀錄片訪問時指出，該構想是由他
提出，布條由鄭自才設計，張燦鍙認為宣傳效果相當好。

　　被動員前來的「愛國華僑與留學生」一看到掛有台獨標語的飛機在球場上空盤旋時，顧不得大使館交代不可主動挑釁的叮嚀，遂上前撕毀台獨人士的標語，雙方發生小規模肢體衝突。大使館預先部署之監視小組成員熊園健、孫啟棠、湯岳中等十餘人，為避免事態擴大影響比賽進行，遂上前勸阻。[164] 根據在場台獨人士許富淵的回憶，台獨這邊有楊啟明、邱南勳、蔡同榮等人受傷，他認為這些動手打人者除了少數是職業學生外，大都是國民黨從唐人街雇來的職業打手。[165] 蔡同榮也回憶當時他頭部遭到「偷襲」，事後休養了一個禮拜。[166] 隔日的 *The New York Times* 引述現場維持秩序警察的說法，以台灣出生者（people born on Taiwan）與中國出生者（born in mainland China）間的爭吵來報導雙方衝突。[167] 雙方的肢體衝突到了下一年的比賽更加白熱化。

　　1972 年，台灣小將除了持續稱霸世界少棒冠軍外，也首度進軍世界青少棒賽並獲得冠軍。[168] 有了前幾年與台

---

[164] 「華興致陸海光，（60）華誠字第 602 號」（1971 年 9 月 10 日），〈偽台灣獨立聯合會〉，《外交部檔案》，檔號：406/0080/54-55。

[165] 〈許富淵訪談記錄〉，收入張炎憲、曾秋美、沈亮訪問，《青春‧逐夢‧台灣國系列 3：發芽》，頁 287-288。

[166] 蔡同榮，《我要回去》（高雄：敦理，1991 年），頁 65-66。

[167] "Taiwan Wins Little League Final,12 to 3," *The New York Times*, Aug. 29, 1971, p. S2.

[168] 《中央日報》，1972 年 8 月 21 日，版 3；8 月 27 日，版 3。

獨人士的衝突經驗，較早舉行的青少棒賽，中華民國政府便指示芝加哥留學生黨部負責人顏秉嶼與駐美大使館武官孫鑑林，分率留學生黨員及「軍籍同學」赴球場「維護秩序」。[169]

8 月 16 日，台灣代表隊首戰，現場台獨人士高舉「台灣隊加油！」、「台灣人打拼！」「Go Go Taiwan ！」、「Formosan Power」等標語布條，當現場演奏中華民國國歌時，台獨人士均坐下以示抗議。[170] 20 日決賽，台獨人士的加油團與親政府的加油團分據一、三壘兩側，雙方壁壘分明，當台獨人士喊出 GO GO TAIWAN 時，GO GO CHINA 的反制聲就會出現，台獨人士戲稱正好符合他們 One China, One Taiwan 的訴求。[171] 賽後，台獨人士高喊「台灣獨立萬歲」，並企圖向代表隊隊員遞送台獨標誌，但在駐外人員及軍籍學生的「嚴密保護」下，未能成功。[172] 大使館對於留學生黨員及軍籍學生的表現相當滿

---

[169] 「華興致中央海外工作會，（61）華誠字第 636 號」（1972 年 9 月 5 日），〈駐美各小組會議記錄〉，《外交部檔案》，檔號：410.14/0082/21。

[170] 《台獨月刊》，第 7 期（1972 年 9 月 28 日），頁 5。

[171] 《台獨月刊》，第 7 期（1972 年 9 月 28 日），頁 6。

[172] 《台獨月刊》，第 7 期（1972 年 9 月 28 日），頁 6；「華興致中央海外工作會，（61）華誠字第 636 號」（1972 年 9 月 5 日），〈駐美各小組會議記錄〉，《外交部檔案》，檔號：410.14/0082/17-22。

意，建請相關單位給予適當獎勵。

　　緊接著舉行的少棒賽，台獨人士依然高舉「TEAM OF TAIWAN——台灣隊加油」、「台獨」字樣的布條，揮舞台獨聯盟的旗幟為台灣小將加油。[173] 檔案中稱，決賽當天，台獨聯盟副主席張燦鍙率領洪哲勝、楊啟明、邱文宗、王康陸、陳重光等 30 餘人前往球場，「手持木棍」，「顯有預謀在球場騷擾滋事」。比賽結束後，台獨人士轉戰球場左側草皮，圍成半圓之隊形，高呼「台獨萬歲」等口號，現場「愛國僑胞」群起憤慨，一時間「打漢奸」之聲四起，被動員前往會場「維持秩序」的「愛國青年」趙健民、孫啟堂、郭純玉、劉鶴望、李健飛等 30 餘位「忠貞學生」，基於「國家榮譽之不容破壞」，乃手持旗桿木棍，衝向「叛國份子」隊伍予以「迎頭痛擊」，「台獨份子潰散」，受傷倒地者 17 人，有 4 人重傷送醫，其餘皆向山坡小樹林中逃走，「愛國青年」奪得台獨旗幟標語等，「當場引火焚燬」，博得在場僑胞一致喝采，其中趙健民、施人、郭純玉、劉鶴望、李健飛等人在衝突中負傷，由大使館人員駕車送醫；對於這些「愛國青年」為「維護國家榮譽」，「奮不顧身打擊叛國台獨份子之英勇精神」，大使館於事後造列清冊（表 3-4-3），請求相關單

---

[173]　《台獨月刊》，第 7 期（1972 年 9 月 28 日），頁 11。

位頒發獎狀「以勵忠貞」。[174] 大使館事後檢討認為當場對台獨人士之「迎頭痛擊」，對激勵華僑與留學生之愛國熱情及宣傳方面，收效甚宏。[175] 紐約的中文報紙也出現〈少棒場外一場混戰，愛國同胞痛擊台獨份子〉的報導。[176]

據台獨人士的說法，這群「愛國青年」是從台灣來美國康乃迪克（Connecticut）受訓的海軍人員。賽前張燦鍙曾利用基地開放日，率領當地同鄉拜訪並邀請他們參加同鄉會活動。然而，這群人卻被動員到場「維護秩序」，他們事先準備棍棒、石頭，趁台獨人士離開球場時，發動攻擊。[177] 當天受傷的台獨人士有林文棟、蔡芳枝（兩人為重傷）、張燦鍙、邱南勳、陳南天的日籍妻子、許富淵等

---

[174] 「駐美大使館致中央海外工作會代電，（61）華誠字第 637 號」（1972 年 9 月 9 日），〈駐美各小組會議記錄〉，《外交部檔案》，檔號：410.14/0082/33-37。1974 年世界少棒賽後，駐芝加哥總領事館也呈報一份於賽事期間「盡全力打擊台獨及左派份子，使彼輩無得逞之機」的獎勵名單，該份名單並依協助者的身分為「軍方同學」、「黨部同學」、「總領事館同仁」及「僑界領袖」四大類共 53 人，其中「軍方同學」為最大宗有 25 人。「駐芝加哥總領事館致外交部函，芝（63）字第 582 號」（1974 年 11 月 11 日），〈中華少棒、青少棒、青棒赴美比賽〉，《外交部檔案》，國史館藏，入藏登錄號：020000022028A。

[175] 「華興小組第十三次工作會議記錄」（1972 年 9 月 9 日），〈駐美各小組會議記錄〉，《外交部檔案》，檔號：410.14/0082/52-53。

[176] 《台獨月刊》，第 7 期（1972 年 9 月 28 日），頁 11。

[177] 《台獨月刊》，第 7 期（1972 年 9 月 28 日），頁 10-12；〈許富淵訪談記錄〉，頁 288。

人。[178]

表 3-4-3　1972 年世界少棒賽「打擊台獨叛國份子出力有功人員名冊」

姓名	姓名
趙健民	孫啟堂
郭純玉	劉鶴望
施　人	李健飛
王舍祥	林正易
林昌弘	湯岳中
張奐龍	張義政
馬偉雄	陳大衛
阮兆輝	李克□ （按：無法辨識）
劉正中	張煒
蕭廉棟	李約翰
伍璇卓（註1）	

說　　明：根據檔案，伍璇卓為紐約、華府著名之接骨及跌打醫生，
　　　　　　忠貞愛國，對打擊台獨份子受傷之愛國青年，給予免費醫
　　　　　　療出力甚大。

資料來源：〈駐美各小組會議記錄〉，《外交部檔案》，檔號：
　　　　　　410.14/0082/39-41。

---

[178] 〈許富淵訪談記錄〉，頁 288。據陳南天的說法，當天其日籍妻
子之所以受傷，是因為她聽不懂台語的「撤退」而未能及時離開
現場所致；隔年的少棒賽，他為了預防萬一，藏了一把手槍在一
位女性同鄉的皮包中，幸好未派上用場。李心怡，〈偷渡神出鬼
沒　陳南天如俠客〉，《新台灣新聞周刊》，第 604 期（2007 年
10 月 19 日至 26 日），頁 46-49。

小結

　　面對以留學生為主體，大學校園為主要基地的台獨運動，中華民國政府運用同樣具備學生身分的「忠貞學生」加以反制。從 1960 年代後期開始，中華民國政府開始網羅具學生身分者，主要是留學生黨部或是各校中國同學會的負責人，參與領事館內的台獨小組會議，共商因應對策。後來取才的範圍進一步擴充至「準留學生」，運用出國前夕的留學講習會提前儲備打擊台獨的部隊。檢視「徵才」條件，門檻主要是「本省籍」、「忠貞愛國」、「黨員」、「負鬥爭精神」。「本省籍」是「以台制台（獨）」思維下的考量；「忠貞愛國」與「黨員」之要求則在於確認運用員之「可靠度」；「負鬥爭精神」則是確認他們打擊台獨不會手軟。關於「中山獎學金」得主是否應賦予特殊任務的討論，也反映出中華民國政府意圖將此類由黨所培育的「優秀黨員」納入反制台獨運動機制的一環。

　　1970 年之後，中華民國政府在「安祥專案」之下，在全美各大校園設置聯絡員，將對「忠貞學生」之動員制度化。聯絡員主要負責監視、回報各校台獨活動情況，並協助執行各種反制台獨之行動。聯絡員領有報酬一點，證明了台獨人士長期所說，校園中有所謂的「抓耙仔」、

「職業學生」，「打小報告」可領酬勞的說法並非空穴來風。[179] 所謂的「忠貞」，「金錢」或許也扮演一定的角色。

佈建在校園中的「忠貞學生」與各地領事館密切配合，提供校園內包含台獨運動等異議份子之動態，並執行領事館所交付的各項任務，扮演校園中反台獨的先鋒。

值得注意的是，隨著台灣作為一個主體而非附屬於中國的「台灣意識」之逐漸崛起，1960 年代的美國校園中，開始出現以「台灣」為名的「同學會」，對於一向認為代表全中國的中華民國政府而言，「台灣同學會」的存在很可能給予外界「一中一台」的「錯誤印象」，加上領導「台灣同學會」的主要人員大多與台獨運動有關，更讓中華民國政府認定本只是聯絡鄉誼的同學會，早已變質為台獨團體的外圍組織，包藏著台獨的「禍心」，企圖離間本省與外省籍同學間的感情。對於「台灣同學會」的反制主要透過「正統」的「中國同學會」來進行，一方面提供經費強化其組織與活動，加強爭取新到留學生（尤其是「台籍」）的加入，另外一方面則設法阻止「台灣同學

---

[179] 陳重信，〈台灣門 ──（TAIWANGATE）黑名單政策與人權〉，收入張炎憲、曾秋美、陳朝海編著，《自覺與認同：1950-1990 年海外台灣人運動專輯》（台北：吳三連台灣史料基金會，2005 年），頁 555-571。

會」之成立，並破壞、分化其活動。此外，也曾研議透過「其他省籍」學生組織其他「地方性」同學會的方式，來減弱「台灣同學會」之獨立性。中華民國政府一方面對外宣稱「台灣同學會」意圖破壞台灣留學生間之感情，大家不該分「省籍」，應該同在「中國同學會」的領導之下活動，但另一方面在反制策略上卻又展現濃厚的「省籍」考量，而在「忠貞學生」的遴選上也著重「省籍」背景，這中間的矛盾不言可喻，凸顯出「省籍」做為其反制策略中強烈的工具性質，無怪乎對於「台灣同學會」成立的根本原因仍以「陰謀論」的僵固意識型態視之，自然難以阻擋其發展。

　　「忠貞學生」活動的範圍並非僅限於校園，到了1960年代末期，隨著台灣小將在國際棒壇上卓越的表現，棒球場成為台獨運動對外宣傳的極佳舞台，對於中華民國政府而言，也是提升自己日益衰退國際地位的好機會，球場因此成為雙方間對抗的戰場。台獨人士以各式包含台灣、台獨的標語、加油口號、旗幟，宣揚台灣代表隊不是中國隊，主動出擊的結果迫使中華民國政府除了動員加油群眾到場助陣外，也以「國旗海」、帶有「中華」字樣的標語來回敬；轉播方面也極力避免攝入台獨人士活動的畫面；更甚者，曾商議「以暴制暴」的策略，雖未採用，不過後來動員所謂的「愛國青年」到場「維護秩

序」，也造成與台獨人士的肢體衝突，也算是變相的「武力制裁」。值得注意的是，這些「愛國青年」雖然是被「動員」的，賽後相關單位對其的「獎勵」是否包含口頭以外的對價關係，目前不得而知，不過不應該忽略長期以來反台獨教育對這些「愛國青年」的影響。換言之，「基於國家榮譽之不容破壞」而出面與台獨人士發生肢體衝突，確實也可能出自這些「愛國青年」的真心。隨著台灣小將每年必定在美國球場上露臉，「維持秩序」成了這些「忠貞學生」既定的任務。

以「忠貞學生」來反制台獨運動的成效如何？雖然相關的反制行動對於台獨運動造成一些困擾，但從後續的發展來看，相關因應似乎成效並不那麼「理想」。

隨著中華人民共和國開放留學後，「來自中國的中國留學生」開始湧入美國校園，使得以「來自台灣的中國留學生」為主體的「中國同學會」面臨定位上的尷尬，反倒是「台灣同學會」卻因為名正言順而蔚為風潮，進入 1970 年代之後，各校的「台灣同學會」相繼成立，時至今日，更少有聽聞以台灣留學生為主體的「中國同學會」。其他像是刊登所謂的「反動廣告」，台獨人士並沒有受到反制廣告的影響，依然年年刊登，訴求更從紀念二二八躍升至「台灣獨立」；而將台獨人士列入黑名單，反而激勵一些人繼續朝台獨之路邁進，陳希寬、陳唐山、

陳榮成等人都沒有因為名列黑名單而改變其行為。至於棒球場上的對抗，雖然中華民國政府聲稱相關對策對台獨人士「迎頭痛擊，收效甚宏」，致使「彼輩叛國份子」之「陰謀」未能得逞。然而，各種反制作為卻也激發台獨人士的團結與危機意識，使其越挫越勇，不斷翻新宣傳手法，雙方的對抗戲碼不曾間斷。[180]

---

[180] 如 1973 年及 1974 年，台獨人士於進場前先穿上「台」、「獨」、「萬」、「歲」字樣的上衣並以外套遮掩，進場後再脫下外套，露出字樣；1975 年則是將寫有「台獨萬歲」四個大字的大氣球升到球場上空。《台灣青年》，第 157 期（1973 年 11 月 5 日），頁 7-12；陳銘成，《海外台獨運動四十年》（台北：自立晚報，1992 年），頁 156-157；《台獨月刊》，第 19 期（1973 年 9 月 28 日），頁 10-12；《台灣史料研究》，第 32 號（2008 年 12 月），封底照片；〈張蕭訪談記錄〉，頁 125；「駐美大使館致外交部電，來電專號第 636 號」（1974 年 8 月 19 日），〈駐美各館台獨左傾（美國大使館）〉，《外交部檔案》，檔號：406/0106/186-187。〈中華少棒、青少棒、青棒赴美比賽〉，《外交部檔案》，國史館藏，入藏登錄號：020000022028A。〈范良惠訪談記錄〉、〈鄭美華訪談記錄〉，收入張炎憲、沈亮主編，《青春‧逐夢‧台灣國系列 6：釘根》，頁 54、246。

第四章　返鄉路迢迢：對台獨運動人士居留問題之處理

　　在美國從事台獨運動的人士，除非拿到永久居留權，不然每隔一至兩年就必須向駐外使領館申請延長護照效期，否則便可能會面臨遣返出境的風險。此外，許多證明文件也必須向使領館申請或驗證，這給擁有這項職權的中華民國政府一個牽制台獨人士活動的機會，透過核發與否的策略，試圖達到威嚇、警告、勸阻台獨人士之效果；不只是台獨人士本身會面臨這樣的處境，其在台家屬亦可能受到牽連。中華民國政府甚且利用此一機會，要求台獨人士的在台家屬配合其「親情攻勢」以換取出境許可。

　　護照延期核准與否是中華民國政府因應海外台獨運動的重要策略，惟該因應策略並非在一開始就確立，而是經過了一段摸索的過程，才漸次確立相關處理原則。因應個案的特殊性或其他考量，原則也並非一體適用。隨著美國台獨運動勢力的不斷擴展及參與者日增，中華民國政府也建立「台獨份子名冊」，作為台獨人士及其家眷護照延期或其他申請案件核准與否的參考依據；對台獨人士而言，這份名冊則是阻斷他們返鄉路的「黑名單」。[1]更甚者，

---

[1]　有關「黑名單」的問題，目前多見於個人經驗的回顧或是一些新

中華民國政府亦利用台獨人士在美居留出現問題時，設法加碼要求美國政府遣返台獨人士回台。

　　本章第一節先討論中華民國政府針對台獨人士護照延期加簽案處理原則的摸索與確立過程，接著討論與之相搭配的因應手法：利用家屬規勸。第二節針對「黑名單」的建置，探討其建立歷程及所遇到的困難，並以具體案例說明進入黑名單之「條件」。第三節則以陳伯山案為例，討論中華民國政府如何促使美國政府遣返台獨運動人士及其所遭遇的困境。

聞報導，《黑名單現場報導》及《啊！黑名單》兩書則是集結對黑名單人士的訪談，見王貴全辦公室編，《黑名單現場報導》（台北：自立晚報，1991 年）；陳婉真，《啊！黑名單》（台北：前衛出版社，1999 年）等。國史館在 2014 年出版《海外黑名單相關人物訪談錄》一書，收錄王正方、林孝信、林衡哲、陳治利、陳南天、陳婉真、黃昭淵、楊樹煌、謝里法等九位曾被列入海外黑名單人士的訪談錄，由受訪者暢談其在海外的活動經歷、被政府列入禁止入境之緣由，以及歸鄉的迢迢經歷。歐素瑛、林正慧、黃翔瑜訪問記錄，《海外黑名單相關人物訪談錄》（台北：國史館，2014年）。較為系統性的整理與分析，可見陳佳宏，〈解嚴前後台獨運動之匯聚〉，《台灣風物》，第 58 卷第 4 期（2007 年 12 月），頁 1-40。此外，全美台灣人權協會（Formosan Association for Human Rights）曾於 1991 年贊助台灣國際關係研究中心（Center for Taiwan International Relations） 出 版 *Taiwangate: Documents on the Blacklist Policy and Human Rights of Taiwan*（台灣門：黑名單政策與台灣人權資料）一書，收集有關海外台灣人黑名單的資料，不過上述資料或研究都未能針對黑名單建置的緣由有太多著墨，且記錄或分析的年代多未觸及 1950 年代至 1970 年代初期。

第一節　護照延期加簽

一、原則之摸索與確立

大體從 1961 年 2 月 28 日，U.F.I. 召開記者會對外公開活動後，中華民國政府對於美國台獨運動人士的護照延期問題才開始密切關注，透過個案處理經驗的積累，從中確立處理流程與因應原則。[2]

根據紐約領事館所編「偽台獨黨在紐約地區重要份子名冊」（1962 年 9 月），U.F.I. 成員自 1960 年 1 月至 1962 年 8 月間，共有蔡啟東、郭漢清、黃藏修、劉寬平、陳伯山、盧主義、王人紀、陳阿招及歐炯雄等九人申請護照延期或換發。而副主席郭漢清自 1961 年 6 月護照到期後便未再提出延期申請，主席陳以德更是從未申請護照延期，推測兩人或已取得永久居留權。根據該名冊，蔡啟東、盧主義、王人紀、劉寬平等人於 1960 年至 1961 年 6 月間申請護照延期均獲准，延期至 1962 年底至 1964 年 6 月不等，顯見在 1961 年 6 月之前，中華民國政府並未對台獨人士的護照延期採取否決的政策。即使在公開記者會後，駐美大使館也以恐易「貽人口實」，決議針對參

---

[2] 本來外交部送存中研院近史所典藏的檔案包含「領務局」的資料，該局是主辦護照延期加簽的單位，其資料自是分析本章問題的重要史料，可惜，檔案館以該局檔案涉及「個人隱私」暫不開放。

加記者會者之護照延期案從寬辦理。[3]

　　檔案中可見具體駐外單位處理台獨人士（及其家眷）申請護照延期的案例是盧建和之妻楊壽美申請換發護照案（約 1962 年上半年）。盧建和早在 1950 年代末期就加入 3F，[4] 1962 年 9 月 2 日更當選 U.F.I. 的政策委員兼管內務。[5] 北美司針對楊壽美申請換發護照一案，認為可能是 U.F.I. 先行試探的策略，希望藉由遭到拒絕而藉機宣傳，甚至向美司法部請願。[6] 因此，北美司認為不宜僅以楊壽美為台獨份子之妻就回絕其申請，倘無適當理由即拒發，恐落台獨份子口實，建議應照准為宜。[7]

3　「駐紐約總領事館轄區偽台獨黨份子及其同情者申請護照或延期加簽情形專案報告」，〈偽台灣獨立聯合會〉，《外交部檔案》，檔號：406/0068/78-82。

4　〈陳以德訪談記錄〉，收入張炎憲、曾秋美、沈亮訪問，《青春·逐夢·台灣國系列 2：掖種》（台北：吳三連台灣史料基金會，2010 年），頁 38。

5　「駐美大使館致外交部代電，美文（51）字第 01035 號」（1962 年 9 月 15 日），〈偽台灣獨立聯合會〉，《外交部檔案》，檔號：406/0068/56。

6　〈偽台灣獨立聯合會〉，《外交部檔案》，檔號：406/0067/143。U.F.I. 於同年 9 月 8 日的內部會議中決議日後若使領館因『台獨』因素拒絕延長護照效期時，將集體向美司法部交涉，必要時將集體絕食以表達抗議。「國家安全致外交部函，（50）永靖 3061」（1961 年 10 月 5 日），〈偽台灣獨立聯合會〉，《外交部檔案》，檔號：406/0067/30。

7　〈偽台灣獨立聯合會〉，《外交部檔案》，檔號：406/0067/143。最後，外交部核可該申請案。「海外對匪鬥爭工作統一指導委員會

　　針對如何處理台獨人士的護照延期案，主管護照核發的禮賓司曾指出，在未有明確辦法依循前，即便各使領館將個案呈報部內，該司也必須等待有關機關審核回覆後方能辦理，不僅文件往返費時，且各機關又難做具體答覆，此一情況將使此等有攻訐政府之藉口，並使相關承辦人員處境尷尬。[8]禮賓司的意見，反映出中華民國政府在處理台獨人士護照延期案件時，所遇到的困境，即欠缺一套可資依循的辦法。對此，外交部於 1962 年 7 月 9 日發函駐美各使領館，宣達日後辦理台獨人士及其同情者申請護照或延期加簽案之處理原則，根據該原則，對於此類申請案，不論其原有護照上是否加蓋「本護照延期及各項加簽須經外交部核准」之戳記，一律必須連同相關申請文件呈報外交部核示，函中並要求各使領館查明以往是否曾辦過類似案例，並呈報外交部。[9]這是檔案中所見中華民國政府針對辦理台獨人士護照延期案最早的處理原則，不過僅是就流程方面規定此類申請案一律須先呈報外交部核示。換言之，駐外單位並無權自行決定核准與否。

第一四三次會議記錄」（1962 年 12 月 19 日），〈偽台灣獨立聯合會〉，《外交部檔案》，檔號：406/0074/237。

[8]　「禮賓司意見」，〈偽台灣獨立聯合會〉，《外交部檔案》，檔號：406/0067/145。

[9]　「外交部致駐美大使館代電，外禮三 10013」（1962 年 7 月 9 日），〈偽台灣獨立聯合會〉，《外交部檔案》，檔號：406/0067/144。

　　1962 年 9 月 2 日，U.F.I. 在紐約召開會議，會中有人主張若盟員護照延期申請不順利，除向主管移民的單位洽商補救措施外，也應訴諸大眾媒體，顯見已有部分成員在申請護照延期上碰到問題。[10] 不知是時間巧合，或是早有安排，隔日（9 月 3 日）外交部即發函各使領館一份「駐外使領館處處理海外台獨偽黨份子申領護照及申請護照延期加簽案原則」（下稱「延期加簽原則」），其中美、日兩地應按下列原則處理：（1）若為台獨組織之核心份子或已公開活動者，一概拒絕其申請。拒絕時，先以技術問題，如程序不完備、證件不合等理由予以駁回；若在技術層面上無問題，則對其表示在其悔改態度前，將不予辦理。倘不核准其申請，將造成政治上之不利情形，且無法使其在居留上產生問題或促其返國時，則應另外報部核准；（2）若為台獨組織之附從份子，得由使領館館長出面，對其曉以大義，如其願悔悟，則要求其提出悔過書或申辯書；若非親自到館申請，應檢具保證書，由保證人做書面擔保，保證申請人未參加違反中華民國國家利益之活動或組織。[11] 上述原則並經海指會第一三三次會議通

10　「駐美大使館致外交部代電，美文（51）字第 01035 號」（1962年 9 月 15 日），〈偽台灣獨立聯合會〉，《外交部檔案》，檔號：406/0068/57。

11　「駐外使領館處處理海外台獨偽黨份子申領護照及申請護照延期加簽案原則」，〈偽台灣獨立聯合會〉，《外交部檔案》，檔號：

過。[12] 這一份「延期加簽原則」提供駐外使領館處理相關台獨人士案件時有所依循，並將台獨份子做類型區分，並提出「悔過書」、「保證書」的作法，相較於 7 月 9 日的原則，僅觸及處理流程，更進一步嘗試將對台獨人士護照延期案件的處理予以制度化。

針對外交部頒佈的「延期加簽原則」，紐約領事館指出雖然可以據此否決台獨人士的護照延期申請，給予彼等若干麻煩且具警告意味，但此一作法並不足以使其無法拖延在美居留時間，即使其因而遭到限期出境之處分，也必將提出政治庇護，如此一來，反成為台獨人士之宣傳素材，也將引起美國民間之注意與同情，基於上述考量，建議重新研議處理原則。[13] 因此，在處理接下來的案例中，相關單位針對該原則又作了一些調整。

以下以名列「偽台獨黨在紐約地區重要份子名冊」的陳新潮、郭漢清、歐炯雄、王人紀、陳伯山、盧主義等人為例，探討前頒「延期加簽原則」之實踐與修訂情形及中華民國政府在個案中的操作手法。

406/0067/209-210。

[12]　〈偽台灣獨立聯合會〉，《外交部檔案》，檔號：406/0069/164。

[13]　「駐紐約總領事館轄區偽台獨黨份子及其同情者申請護照或延期加簽情形專案報告」，〈偽台灣獨立聯合會〉，《外交部檔案》，檔號：406/0068/78-82。

（一）陳新潮夫妻、郭漢清之妻案

　　1962 年下半年，陳新潮、其妻王淑美及郭漢清之妻周麗貞三人向紐約領事館申請生日證明，以便向美移民局申請永久居留。領事館認為陳新潮、郭漢清兩人名列台獨份子名冊，已公開宣傳台獨，自屬「罪無可逭」，不准其申請亦可使其他「台籍學生」對台獨活動有所戒心，依照前頒「延期加簽原則」應拒絕三人之申請案；但領事館也指出三人就申請手續上而言並無不合之處，按一般程序無法拒絕，且拒發生日證明，對於彼等申請永久居留影響不大（可透過其他替代證明申請），卻會造成其對於政府之仇恨心裡，促其採取報復行動。[14] 1962 年 12 月 7 日，應正本小組召開第三十三次會議討論本案，認為如果過分遷就，一律允其所請，則台獨份子將不知所警戒，且不足以鼓勵「忠貞」，決議依照前頒原則，由使領館先約其談話，加以勸誡，如其願出具書面聲明退出台獨組織，則核准其申請案，如不願則不必姑息。[15] 海指會除於 12 月 19 日第一四三次會議中決議照應正本小組之建議辦理外，在

14　「海外對匪鬥爭工作統一指導委員會第一四三次會議記錄」（1962 年 12 月 19 日），〈偽台灣獨立聯合會〉，《外交部檔案》，檔號：406/0074/237-238。

15　〈台灣獨立運動（十八）：應正本小組〉，《外交部檔案》，檔案管理局藏，檔號：0051/006.3/019。

該次會議上也對於對付台獨份子之策略做出更明確的指示，除了廖文毅、陳以德等「首腦份子」外，其餘核心份子或公開份子若能接受使館勸告放棄台獨不法活動且公開聲明者，得從寬辦理予以自新機會，倘若仍執迷不悟，政府基於其叛國違背國家大義，絕不予姑息，以儆效尤，對於「附從份子」仍依前頒原則辦理。[16] 值得注意的是，王淑美及周麗貞僅因為其丈夫被中華民國政府認定為台獨份子，而連帶致使兩人在護照延期申請上遭遇到「特殊待遇」，可謂「禍延」妻子。

上述海指會的決議，相較於 9 月 3 日頒訂的原則，進一步放寬核准尺度，除非是台獨核心人士，不然只要願意聲明放棄台獨運動者，均可核准其申請案。換言之，中華民國政府對於台獨人士仍以「規勸」其「回頭是岸」為基本原則，策略在於「孤立其少數之首腦份子」，其餘應善意聯繫，予以分化及疏導。[17] 對於台獨人士的種類，也從一開始的一種，分成核心份子與附從份子，到了 1962 年底，又進一步從核心分子中分出首腦份子，並僅以首腦份子為主要打擊對象。不過對於何謂首腦份子、核心份子或

---

[16] 「海外對匪鬥爭工作統一指導委員會第一四三次會議記錄」（1962 年 12 月 19 日），〈偽台灣獨立聯合會〉，《外交部檔案》，檔號：406/0074/239。

[17] 〈偽台灣獨立聯合會〉，《外交部檔案》，檔號：406/0069/164。

附從份子,檔案中未見具體認定標準。

(二) 歐炯雄案

歐炯雄於 1962 年 12 月,向紐約領事館申請護照延期,領事館人員懷疑其曾參加同年 9 月 3 日 U.F.I. 的會議,要求到館說明。歐炯雄透過電話與書面聲明未參加「不法組織」。根據領事館當年 9 月所編「偽台獨黨在紐約地區重要份子名冊」,歐炯雄確實名列其中,[18] 不過此時相關單位卻又不敢確定歐炯雄是否有參加 U.F.I. 會議,領事館為免「張冠李戴」,加上歐本人已出具書面聲明「表明心跡」,故同意核准其申請,延期至 1963 年 10 月 6 日,而其太太的申請也一併核准。[19] 從本案的處理過程可看出駐外單位關於台獨人士的相關資料並不齊備,資料正確性也不足,這也是日後相關單位建立「台獨份子名冊」時遭遇到的困難(詳後)。

就在核准該案不久後,領事館人員發現,U.F.I. 機關刊物 *Formosagram* 於 1963 年 2 月號中有一篇文章談到某位台灣留學生申請護照延期過程的波折,所述內容與歐炯

---

18 「偽台獨黨在紐約地區重要份子名冊」(1962 年 9 月編),〈偽台灣獨立聯合會〉,《外交部檔案》,檔號:406/0068/82。

19 「駐紐約總領事館致外交部電,紐(52)字第 623 號代電」(1963 年 4 月 2 日),〈偽台灣獨立聯合會〉,《外交部檔案》,檔號:406/0069/92。

雄案一致，故認定歐炯雄確實與 U.F.I. 有所牽扯，於是領事館人員馬上請示外交部，該如何處理明年的延期案？外交部回覆表示，未來的申請案將視歐本人今後之行動是否構成「台獨核心份子」而定。[20]

（三）王人紀、陳伯山案

王人紀於 1963 年 2 月，向紐約領事館辦理護照延期，領事館兩度函請王人紀到館晤談。王人紀於 4 月 2 日到館面談，根據領事館的報告，王人紀態度沈著，但「毫無悔意」。[21] 同時間，另一位 U.F.I. 成員陳伯山也向該館申請護照延期，[22] 並於 4 月 18 日由主席陳以德陪同到館說明，領事館人員以陳伯山「叛跡昭著」，在其悔過前，礙難辦理其申請案，但在領事館給外交部的報告中也指出，拒絕其申請，將使其護照效期不足，可能使其遭到驅

---

[20]　「駐紐約總領事館致外交部電，紐（52）字第 623 號代電」（1963年 4 月 2 日）、「外交部致駐紐約總領事館電，外（52）禮三字第 7517 號」（1963 年 5 月 28 日），〈偽台灣獨立聯合會〉，《外交部檔案》，檔號：406/0069/91-93。

[21]　「偽台獨黨在紐約地區重要份子名冊」（1962 年 9 月編）、「駐紐約總領事館致外交部代電，紐（52）字第 816 號電」（1963年 4 月 25 日），〈偽台灣獨立聯合會〉，《外交部檔案》，檔號：406/0068/81、406/0069/71。

[22]　「偽台獨黨在紐約地區重要份子名冊」（1962 年 9 月編），〈偽台灣獨立聯合會〉，《外交部檔案》，檔號：406/0068/82。

逐出境，但其勢必提出政治庇護，又可藉此攻擊政府，結果難以預料，根據檔案顯示，兩人都拒絕配合出具悔過書以換取護照延期。[23]

　　對於兩人不願配合出具悔過書，6 月 8 日所召開的應正本小組第四十三次會議對此有所檢討。外交部表示提出悔過書一點，各使領館在執行上均遇到困難，此一作法不僅不能達到爭取台獨人士之目的，反而成為其要求政治庇護之藉口，相關單位對於此類案件應做整體性檢討，外交部更進一步指出，護照僅為身分及旅行證明文件，不能視為控制當事人言行的工具，但對於少數台獨核心份子，因其對政府敵對態度明顯，應將此類人士列為「黑名單」，即令其向美政府申請政治庇護，亦在所不惜；不過，外交部也指出此類申請案件，實為我方勸導台獨人士之大好機會，並提出具體建議如下：[24]

（1）如彼等能向我領館人員做口頭上之表示，
　　　今後將不參與偽台獨活動，應即視同普通
　　　案件處理；

23　〈偽台灣獨立聯合會〉，《外交部檔案》，檔號：406/0069/73、
　　80。
24　「出席應正本專案小組第四十三次會議報告」（1963 年 6 月
　　8 日），〈偽台灣獨立聯合會〉，《外交部檔案》，檔號：
　　406/0069/101。

（2）如其不作任何表示時，亦予以比照普通案
　　件處理，但須於事後呈報外交部核備，視
　　為有疑問份子，繼續注意其言行；

（3）如其有頑抗態度，應即呈報外交部轉准有
　　關單位核示後再予辦理，亦即由有關機關
　　核定是否應將其列入黑名單之內；

（4）其核心份子，應列入黑名單，除非其出具
　　悔過書，不予加簽，惟黑名單人數不宜過
　　多，並隨時予以修正；

（5）如係首腦份子，叛國有據，自可規定概不
　　加簽，甚至吊銷其護照。

上述意見經海指會第一五四次會議通過。[25] 相較 1962
年 12 月 19 日第一四三次會議之決議，進一步放鬆提出
悔過書之規定，除非是台獨核心份子，不然無須出具悔過
書，僅需以口頭表示放棄台獨活動即可，甚至不做任何表
示亦可，只要申請人不是積極堅持台獨立場即可將其案件
比照普通案件處理，但對於首腦份子之態度依舊強硬，一
律不予核准。

---

[25] 〈偽台灣獨立聯合會〉，《外交部檔案》，檔號：406/0069/163-
165。

（四）盧主義案

　　盧主義是創建 3F 的五傑之一，之後曾擔任 U.F.I. 主席，後來因為競選主席連任時的風波，而於 1961 年 6 月間退出 U.F.I.。[26] 1963 年下半年，盧主義向紐約領事館申請護照延期，領事館根據海指會第一五四次會議之決議，要求盧主義聲明放棄台獨運動。盧主義於同年 11 月 28 日，寫了一份聲明書給領事館並同時將副本寄給外交部：

> 敬啟者，貴領事來電話要求本人申明立場，本人樂於答應，本人並無參與任何非法政治運動或組織，本人現在對於政治活動毫不關心，將來亦絕對無意染手，專此通知，並懇請由貴領事將本人之意向轉達外交部及其他有關政府機構，以免種種誤會及阻礙，是幸公安。[27]

　　領事館認為該聲明雖提及未參與不法組織，但未提及台獨活動，由於盧主義前曾參加台獨團體，領事館認為盧主義乃是刻意迴避，但如果否決其申請，可能迫使其重回

---

[26] 〈盧主義訪談記錄〉，收入張炎憲、曾秋美、沈亮訪問，《青春‧逐夢‧台灣國系列 3：發芽》（台北：吳三連台灣史料基金會，2010），頁 140-142。

[27] 〈台獨盧主義；台獨黃啟明；台獨姜渭均與龔聯禎〉，《外交部檔案》，檔號：406/0033/7。

台獨陣營，如果核准其申請，由於其對於台獨之「野心」並未改變，一旦延展其護照效期，將助其取得永久居留權，日後若其重回台獨陣營，將使其出入美國更加方便，領事館建議如果有關單位決定核准其護照延期，應趁此機會爭取其放棄台獨活動。[28]

　　本案先經應正本小組 1964 年 3 月 9 日討論，決定為利於爭取盧主義，建議核准其申請案。[29] 3 月 11 日提報海指會第一六八次會議討論，決議為避免盧主義重回台獨陣營且為達到盧主義為「我方爭取運用」之目的，核准其申請案且不必再提出任何的書面保證。[30] 從本案可以看出中華民國政府對於已經退出台獨陣營人士的處理態度，以核准護照延期作為爭取其靠向中華民國政府的有利籌碼。不過盧主義多年後仍重返台獨崗位，期間中華民國政府也派人多次寫信「招降」，但都遭到拒絕。[31]

---

[28]　「駐紐約總領事館函外交部代電，紐（53）字第 0173 號快郵代電」（1964 年 1 月 28 日），〈台獨盧主義；台獨黃啟明；台獨姜渭均與龔聯禎〉，《外交部檔案》，檔號：406/0033/12-14。

[29]　「報告」（1964 年 3 月 9 日），〈台獨盧主義；台獨黃啟明；台獨姜渭均與龔聯禎〉，《外交部檔案》，檔號：406/0033/17。

[30]　「海外對匪鬥爭工作統一指導委員會第一六八次會議」（1964 年 3 月 11 日），〈海外對匪鬥爭工作統一指導委員會〉，《外交部檔案》，檔號：817.1/0072/9-10；「唐海澄致外交部，海指（53）發字第 080」（1964 年 3 月 23 日），〈台獨盧主義；台獨黃啟明；台獨姜渭均與龔聯禎〉，《外交部檔案》，檔號：406/0033/18。

[31]　〈盧主義訪談記錄〉，頁 150-155。

綜合上述個案的分析後可以發現，中華民國政府在處理台獨人士護照延期的策略上，並非一開始就有一套完整的處理原則，而是在處理個案的過程中，慢慢建立起來。從歷次修正的原則來看，主要對於台獨人士的類型進行細分，並調整核准與否之條件，對於窒礙難行的提出悔過書要求，也修正放寬。大體上對於台獨首腦份子之申請案一律不准，核心份子則從一律不准到提出悔過書即可有條件核准，至於附從份子則是從提出悔過書方准，降低為口頭表示悔過或不做任何表示皆可有條件核准；盧主義的案例則顯示出中華民國政府欲透過核准護照延期與否之大權，藉機爭取台獨人士。

在處理流程方面，駐外使領館在接到相關申請案時並無權獨自予以核准或否決，而須將對申請人之相關調查、約談結果，轉請示駐美大使館或是外交部，接著提報應正本小組討論之後送海指會定奪，再由外交部及使領館辦理後續事宜。

二、利用家屬規勸

中華民國政府在利用護照延期核准與否的權力時，除了以此對台獨人士本身的居留問題造成壓力外，台獨人士的在台家屬也可能因此受到牽連。最常見的情況是，台獨人士的在台家屬若欲到美國探視自己的子女，中華民國政

府會以「赴美之後，必須配合規勸其子女放棄台獨運動」作為發放接眷證明書[32] 及出入境證之條件，倘若不願配合，很可能就無法獲得出境許可，以此做為「要脅」，希望藉由「溫情」攻勢，來軟化台獨人士的立場，甚至放棄台獨返台「自新」。

（一）盧主義、劉寬平案

　　1964 年 5 月，盧主義向紐約領事館申請接眷證明書，以便接其雙親來美小住，領事館接獲申請後轉請示外交部，並建議如果相關單位決議核准其雙親來美，應要求兩人於赴美後，隨時與領事館保持聯繫，配合規勸並約束盧主義之行動，使其「效忠政府」。[33] 6 月 19 日，應正本小組開會商討本案，與會者認為不久前才剛核准盧主義護照延期，現也應核准發放接眷證明書，以使其更為「傾向我方」，並認為紐約領事館的建議可行，決議由國民黨台南市黨部（盧雙親住台南）加強對盧雙親之「聯繫服務」，一等兩人申請出境時，以「不著痕跡」的方式，對兩人進行勸告，使其於赴美後，規勸其子之活動，7 月 3

---

[32]　在美人士若要接在台家屬赴美，必須先向駐外使領館申請「接眷證明書」，之後在台家屬才能向警備總部申請出入境證。

[33]　「駐紐約總領事館致外交部代電，紐（53）字第 0842 號」（1964年 5 月 28 日），〈台獨盧主義；台獨黃啟明；台獨姜渭均與龔聯禎〉，《外交部檔案》，檔號：406/0033/24-25。

日海指會第一七五次會議通過應正本小組之決議，[34] 並報 7 月 25 日國民黨中常會核定。[35] 之後，當盧主義的母親前往警備總部領取出入境證時，警總隨之派員與其談話，希望其赴美後告誡其子，不再參加不法組織或活動。[36] 台南市黨部亦派員探訪盧主義的父親，希望其抵美後勸告其子「為政府工作」並宣傳政府施政，甚至代擬家書，勸告盧主義「效忠政府」。[37]

類似的情況亦發生在劉寬平的身上。1964 年 4 月，劉寬平向紐約領事館申請護照延期及接其父親來美，案經海指會 1965 年 3 月第一九〇次會議決議援引盧主義案之處理方式，一方面核准其護照延期，另一方面由台南市黨部聯繫劉寬平的父親，使其赴美後與使領館保持聯繫，並

34　「唐海澄致外交部，海指（53）721」（1964 年 7 月 16 日）、「出席應正本專案小組會議報告」（1964 年 6 月 23 日），〈台獨盧主義；台獨黃啟明；台獨姜渭均與龔聯禎〉，《外交部檔案》，檔號：406/0033/22、29-30。

35　〈阮毅成遺作：中央工作日記（九十）〉，《傳記文學》，第 103 卷第 6 期（2013 年 12 月），頁 140。

36　「谷振海致外交部，海指（54）541」（1965 年 5 月 7 日），〈台獨盧主義；台獨黃啟明；台獨姜渭均與龔聯禎〉，《外交部檔案》，檔號：406/0033/47。

37　「谷振海致國安局，海指（54）1306」（1965 年 10 月 12 日）、「谷振海致外交部，海指（54）335」（1965 年 3 月 27 日），〈台獨盧主義；台獨黃啟明；台獨姜渭均與龔聯禎〉，《外交部檔案》，檔號：406/0033/48、54。

勸告其子不再從事台獨活動而「效忠政府」。[38]

（二）盧建和案

盧建和的父親盧慶雲於 1967 年經內政部核准赴美訪問，申請出入境證時，有關單位查出其子盧建和為旅美「偽台獨主幹份子」，經研商後認為如盧建雲同意規勸其子脫離台獨活動的話，可同意其出境。[39] 之後，國民黨地方黨部透過盧慶雲身邊的人加以勸導，盧慶雲允諾於赴美後設法使其子脫離台獨組織。在盧慶雲答應勸導其子不久後，警備總部即發給出入境證。[40] 外交部也致電芝加哥領事館，要求於盧慶雲抵美後，從旁聯繫及協助。[41] 盧慶雲抵達芝加哥後，芝加哥領事館隨即約其到館晤談，囑其勸告其子及女婿（陳隆志）不再與台獨團體有所牽扯，盧慶

---

[38] 「谷振海致外交部，海指（54）190」（1965 年 3 月 20 日），〈台獨謝扶雅；台獨林耀珊；台獨張燦鍙等人；台獨陳新潮等人；台獨劉寬平〉，《外交部檔案》，檔號：406/0034/167。

[39] 「谷振海致外交部，海指（56）1034」（1967 年 8 月 5 日），〈偽台灣獨立聯合會〉，《外交部檔案》，檔號：406/0074/71。

[40] 「谷振海致外交部，海指（57）233」（1968 年 2 月 14 日）、「谷振海致外交部，海指（57）392」（1968 年 3 月 12 日），〈偽台灣獨立聯合會〉，《外交部檔案》，檔號：406/0074/70、72。

[41] 「外交部致駐芝加哥總領事館代電，外（57）北美一05251」（1968 年 3 月 18 日），〈偽台灣獨立聯合會〉，《外交部檔案》，檔號：406/0074/73。

雲允諾盡力配合。[42]

（三）陳以德案

1965 年 5 月 14 日，台灣共和國臨時政府大統領廖文毅返台「投降」，中華民國政府除了對此「勝利」大作宣傳外，也打算藉此時機加強對台獨人士之「勸降」工作，U.F.I. 主席陳以德就被特別指明，要對其展開心裡攻勢，使其動搖台獨意志。[43]

廖文毅返台不久後，陳以德就接到父親打來的電話，說要來美國參加三兒子的畢業典禮，並重複說了兩次「我很想見你」。陳父到美國起初的三個禮拜都未提及任何關於政治或台獨的話題，直到要回台灣的前幾天，才從行李箱拿出一大捆有關廖文毅回台的報紙，表示是調查局人員在他來美的那天給他的，陳父並坦承自從陳以德在 1961 年公開身分後，調查局人員便會定期到家查訪，他為求自

---

[42] 「駐芝加哥總領事館致外交部代電，芝（57）字第 364 號」（1968 年 6 月 15 日），〈偽台灣獨立聯合會〉，《外交部檔案》，檔號：406/0074/295-297。

[43] 「駐紐約總領事館致外交部代電，紐（54）字第 1381 號」（1965 年 8 月 6 日），〈偽台灣獨立聯合會〉，《外交部檔案》，檔號：406/0071/7-15。為了在廖文毅返台後進一步爭取海外台獨份子來歸，紐約領事館建議若要運用家屬進行規勸的話，除了保證家屬出國及回台之便利外，也應提供其他若干優遇，倘若對方在談判時提出條件，我方之承諾尺度如何，也請上級給予指示。

保，已經加入他一直都很「瞧不起」的國民黨。同時間，陳以德也收到他阿姨，立委梁許春菊（陳以德出國時的保證人）寄來的信，希望陳以德能回到台灣，她可以保證其人身安全，並承諾在政府內謀得好職位，但遭到陳以德回絕。陳以德堅定的台獨意識，讓中華民國政府的「溫情攻勢」踢到了鐵板。[44]

　　上述這種要求在台家屬配合規勸其子女放棄台獨活動的手法，到了 1970 年代，更在安祥專案之下，由第三小組成立專案（國安局協同調查局）進行，雖然從相關單位的成果報告中看起來，此一策略的成效相當不錯，不過像是台獨人士家書中的「未再從事叛國活動」，究竟是實話或讓父母安心的權宜之詞，仍有待深究。[45]

---

[44]　〈陳以德訪談記錄〉，頁 61-62。

[45]　「安祥專案第三小組工作執行情形報告」（1971 年 9 月 13 日），〈陸海光會議〉，《外交部檔案》，國史館藏，入藏登錄號：020000016991A。該報告附有一份「司法行政部調查局疏導叛國份子成果統計表」，內容為針對謝英敏、鄭義和、何賢明等人在台家屬之疏導情形。

第二節 「黑名單」之建立 [46]

上一節提到紐約領事館在 1962 年 9 月編定「偽台獨黨在紐約地區重要份子名冊」，這是目前可見最早一份的美國「台獨份子名冊」。名列其上者，日後在申請護照延期時，均會遭「專案」處理，許多台獨人士便是因為「榜上有名」而導致護照失效或是無法返台，也就是一般俗稱的「黑名單」。[47] 不論是「台獨份子名冊」或「黑名單」，均是中華民國政府用來標記台獨人士的一種方式，除了以此為基礎來處理相關人士的護照延期等申請案外，也作為監控對象的參考。本小節將討論中華民國政府如何建立這一類的名冊，期間又遭遇到什麼樣的困難與挑戰。

---

[46] 對於所謂的「黑名單」，中華民國政府從來未予承認。1991 年外交部長錢復在立法院面對立委逼問時表示不知所有所謂的「黑名單」，但坦承旅外使館人員替民眾辦理來台簽證或返台加簽時，有「甲資乙資的參考資料」，正是名稱是「列註人員名單」，「甲資」是持有台灣護照的不受歡迎人士，「乙資」為持有外國護照的不受歡迎人士，甲資乙資之下還細分註一、註二、註三，列為註一者不准入境，註二者入境需經上級批准，註三者為原則上同意入境，但視情況予以監管。不過，錢復稱這份名單的主管及編列單位為內政部入出境管理局，外交部只是替境管局將名單轉發給各駐外使館，外交部部內並未存留，他本人也從未看過。《聯合報》，1991 年 4 月 2 日，版 4；《立法院公報》，第 80 卷第 66 期（1991 年 8 月 17 日），頁 44-45。

[47] 值得注意的是，中華民國政府內部也使用「黑名單」一詞來指稱「台獨份子名冊」，請參考前述所提應正本小組第四十三次會議。

雖然中華民國政府依據台獨人士屬於首腦、核心或附從份子來決定核准護照延期與否條件之寬嚴，不過究竟何謂首腦、核心或附從份子，卻一直沒有具體的標準可依循。1967 年 7 月 11 日至 12 日，駐美大使館召開第五次駐美總領事會議，針對防制美國台獨運動，決議除「首惡」外，仍以「感化疏導」為原則，但此一工作的前提是駐外單位必須有一完整且統一的台獨人士名冊，針對個別情形區分何者應予「痛擊」，何者可予以「疏導」或「爭取」。[48] 外交部後來分別函請國安局及海指會提供名單。國安局於同年 10 月 21 日提供一份「美國地區偽『台獨』核心份子名單」，名單分兩大部分：（1）偽「全美獨立聯盟」份子：陳以德、周烒明、王人紀、蔡同榮、羅福全、賴文雄、陳榮成、范良政、范良信、許正義、田弘茂、利騰俊、鄧仁守（註記「？」）；（2）無所屬份子：林榮勳、陳伯山、盧建和、陳新洋、郭漢清、曾茂德。[49] 海指會也於 11 月 27 日提供外交部一份「美國地區各地台獨份子名單」，並將名單送請國安局審定。[50]

---

[48] 「谷振海致國安局」（1967 年 11 月 27 日），〈偽台灣獨立聯合會〉，《外交部檔案》，檔號：406/0074/30。

[49] 「國安局函外交部，（56）固基 5758」（1967 年 10 月 21 日），〈台獨左傾〉，《外交部檔案》，檔號：406/0013/293-294。

[50] 「谷振海致國安局」（1967 年 11 月 27 日），〈偽台灣獨立聯合會〉，《外交部檔案》，檔號：406/0074/30。

　　檔案中未見到國安局審定後的版本，因此，先就海指會所編定的「美國地區各地台獨份子名單」進行分析。[51] 相較於 10 月 21 日國安局所提供的「美國地區偽『台獨』核心份子名單」僅有姓名，人數也才 19 人，海指會 11 月 27 日這份名單，除了人數增加至 62 人外，還列出每個人在台獨運動中的位置。如陳以德是「前偽全美台灣獨立聯盟中央委員兼執行委員會委員長台獨主要份子」、蔡同榮為「偽全美台灣獨立聯盟中央執行委員會兼情報部職務洛杉磯區負責人」，除了台獨聯盟的幹部外，名單中也包含各大學中的台獨人士。如陳榮成為「奧克拉荷馬大學台獨主要份子」、張燦鍙是「加州理工學院台獨主要份子」等。[52] 該名單後由外交部轉知駐美各使領館。1967 年 12 月，外交部再要求各使領館就轄區內台獨人士之詳細資料查明後回報，這份由各使領館增補後的名單（圖 4-2-1），除修正前一份名單中的錯誤之處，人數也增加至 83 人，並新增英文姓名及居住地地址兩項資訊，不過當中有些人的資料是缺漏的，顯見理應掌握個人基本資料的使領

51　為何在檔案中從 1962 年 9 月後，要一直到 1967 年底才又見到台獨份子名單，具體原因目前無法得知，推測以檔案缺漏的可能性較大。檔案管理局及國史館的檔案中亦未尋獲國安局審定後的名單。

52　「美國地區各地台獨份子名單」，〈偽台灣獨立聯合會〉，《外交部檔案》，檔號：406/0074/31-33。

館也無法完全掌握相關資訊。[53]

圖 4-2-1　各使領館增補後的台獨份子名冊

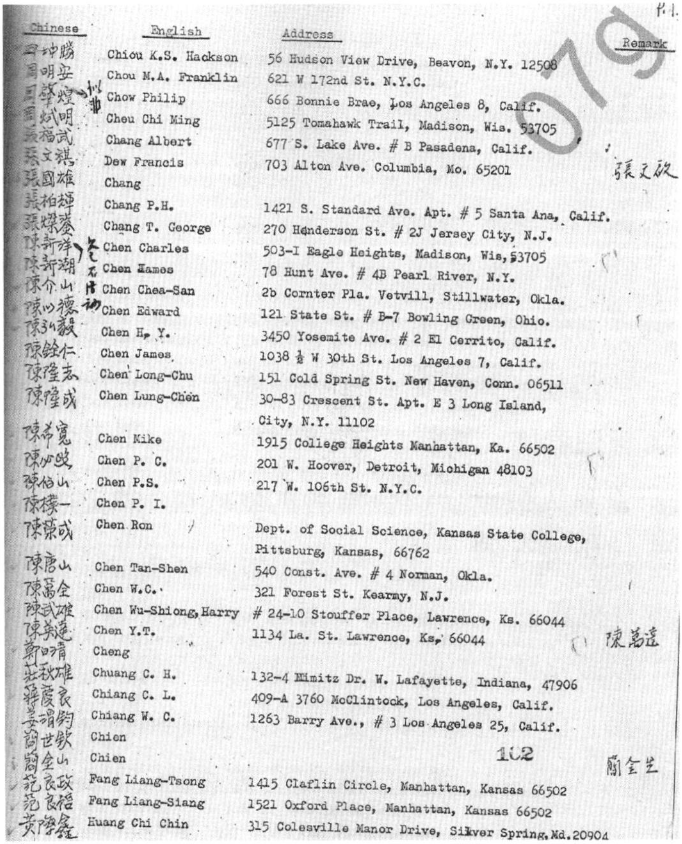

P.1

079

Chinese	English	Address	Remark
邱坤勝	Chiou K.S. Hackson	56 Hudson View Drive, Beavon, N.Y. 12508	
周明安	Chou M.A. Franklin	621 W 172nd St. N.Y.C.	
周肇煌	Chow Philip	666 Bonnie Brae, Los Angeles 8, Calif.	
周烒明	Cheu Chi Ming	5125 Tomahawk Trail, Madison, Wis. 53705	
張福武	Chang Albert	677 S. Lake Ave. # B Pasadena, Calif.	
張文祺	Dew Francis	703 Alton Ave. Columbia, Mo. 65201	張文啟
張國雄	Chang		
張柏坪	Chang P.H.	1421 S. Standard Ave. Apt. # 5 Santa Ana, Calif.	
張燦鍙	Chang T. George	270 Henderson St. # 2J Jersey City, N.J.	
陳新洋	Chen Charles	503-I Eagle Heights, Madison, Wis, 53705	
陳新湖	Chen James	78 Hunt Ave. # 4B Pearl River, N.Y.	
陳介山	Chen Chea-San	2b Cornter Pla. Vetvill, Stillwater, Okla.	
陳以德	Chen Edward	121 State St. # B-7 Bowling Green, Ohio.	
陳弘毅	Chen H. Y.	3450 Yosemite Ave. # 2 El Cerrito, Calif.	
陳銓仁	Chen James	1038 ½ W 30th St. Los Angeles 7, Calif.	
陳隆志	Chen Long-Chu	151 Cold Spring St. New Haven, Conn. 06511	
陳隆成	Chen Lung-Chen	30-83 Crescent St. Apt. E 3 Long Island, City, N.Y. 11102	
陳希寬	Chen Mike	1915 College Heights Manhattan, Ka. 66502	
陳少峻	Chen P. C.	201 W. Hoover, Detroit, Michigan 48103	
陳伯山	Chen P.S.	217 W. 106th St. N.Y.C.	
陳樸一	Chen P. I.		
陳榮成	Chen Ron	Dept. of Social Science, Kansas State College, Pittsburg, Kansas, 66762	
陳唐山	Chen Tan-Shen	540 Const. Ave. # 4 Norman, Okla.	
陳萬全	Chen W.C.	321 Forest St. Kearmy, N.J.	
陳武雄	Chen Wu-Shiong, Harry	# 24-10 Stouffer Place, Lawrence, Ks. 66044	
陳英逵	Chen Y.T.	1134 La. St. Lawrence, Ks, 66044	陳萬達
鄭[illegible]晴	Cheng		
莊秋雄	Chuang C. H.	132-4 Nimitz Dr. W. Lafayette, Indiana, 47906	
蔣慶良	Chiang C. L.	409-A 3760 McClintock, Los Angeles, Calif.	
姜渭鈞	Chiang W. C.	1263 Barry Ave., # 3 Los Angeles 25, Calif.	
簡世欽	Chien		
簡金山	Chien	102	簡金生
范良政	Fang Liang-Tsong	1415 Claflin Circle, Manhattan, Kansas 66502	
范良福	Fang Liang-Siang	1521 Oxford Place, Manhattan, Kansas 66502	
黃啟鑫	Huang Chi Chin	315 Colesville Manor Drive, Silver Spring, Md. 20904	

資料來源：〈台獨左傾〉，《外交部檔案》，檔號：406/0014/169。

53　〈台獨左傾〉，《外交部檔案》，檔號：406/0014/169-171。

　　1968 年 6 月 25 日，華興小組召開第二次會議，針對使領館無法完全掌握台獨人士資料的狀況，認為主要是因為台獨人士流動性大，且經常面臨姓名相同或無法取得譯名之困難，對此，除要求各使領館進行名單的更新外，並新增職業、最近是否從事台獨活動、是否取得永久居留權及其配偶姓名等事項，且限當年 10 月底前回報，另決議函請國內有關單位提供台獨人士之籍貫、出生年月日、譯名、護照號碼等資料，以利於「防止不法份子滲透」及「嚴密監視之防制工作」。[54] 隨後，芝加哥（圖 4-2-2）、休士頓及洛杉磯領事館分別回報轄區台獨人士名單，三個使領館採同一格式，欄位包含中英文姓名、性別、護照號碼、籍貫、出生年月日、備註，[55] 其中備註欄註記當事人最近參與台獨活動或取得永久居留權之情形。[56] 1969 年 1 月 8 日，華興小組召開第四次會議，通過修改及更新前一年各地領事館所收集之台獨人士資料，名為「旅美涉嫌參加偽台獨黨活動份子名單」，按領事館轄區分類，計有紐約（35 人）、芝加哥（24 人）、休士頓（13 人）、洛杉磯（13 人）、舊金山（1 人）、華府

54　「華興工作小組第二次會議記錄」（1968 年 6 月 25 日），〈台獨左傾〉，《外交部檔案》，檔號：406/0014/166-167。

55　僅芝加哥領事館提供的名單沒有英文姓名，其餘欄位三館皆相同。

56　〈台獨左傾〉，《外交部檔案》，檔號：406/0014/238-240、265-266、312-313。

大使館（9人），另有「行蹤不明」（6人）一類，其中部分人士被註記「已停止活動」（6人），其中有人是因為領事館「勸導」成功，自台獨活動中「覺悟」而被列為「已停止活動」。[57] 從上述可知，相關單位除了修正名單的基本錯誤外（如姓名拼音、住所地址），也密切注意台獨人士的活動動態，作為名單增刪的參考依據。[58]

---

[57]　「華興小組第四次工作會議紀錄，附件：旅美涉嫌參加偽台獨黨活動份子名單，興字第018號」（1969年1月10日），〈台獨陳伯山〉，《外交部檔案》，檔號：406/0030/46-53。

[58]　例如「全美台灣同鄉會美西分會」會長周肇煌，因為配合防範台獨人士於副總統嚴家淦訪問洛杉磯期間舉行示威，而被駐外單位評為「態度顯有良好轉變」，周肇煌原本名列「美國地區各地台獨份子名單」中，後經海經會同意刪除，原因是否與上述所提原因有關，有待進一步探查。「駐羅安琪總領事館致外交部代電，羅（56）字第658號」（1967年7月3日）、「駐羅安琪總領事館致駐美大使」（1967年5月3日）、「駐羅安琪總領事館致駐美大使」（1967年5月13日）「駐羅安琪總領事館致外交部代電，羅（56）字第684號」（1967年7月15日）、「美國地區各地台獨份子名單」，〈偽台灣獨立聯合會〉，《外交部檔案》，檔號：406/0074/4-14、31-33。

圖 4-2-2　駐芝加哥總領事館登記有案之台獨份子名冊

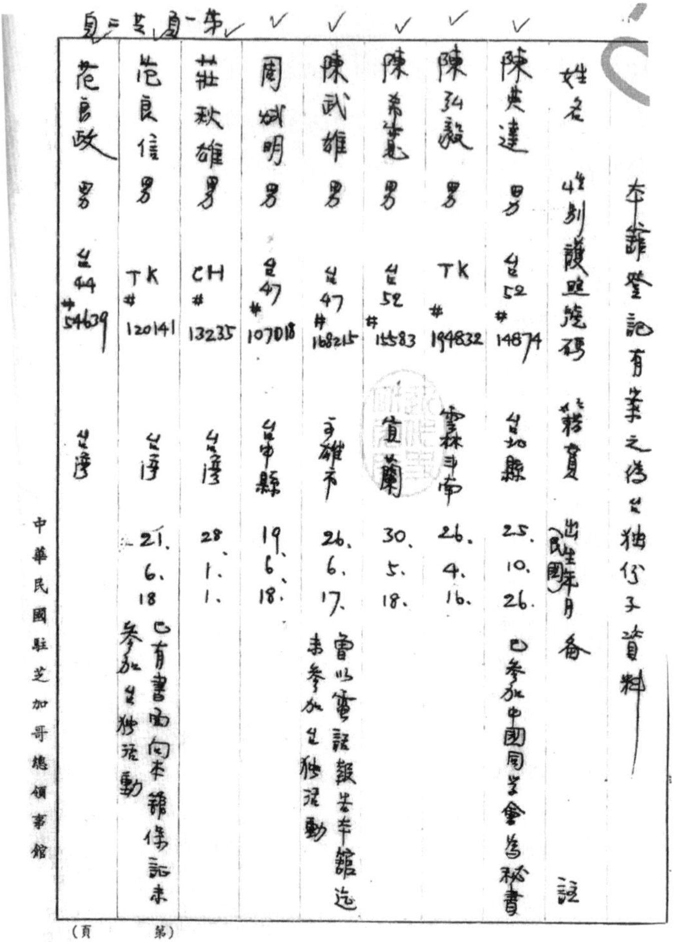

本館登記有案之台独份子資料

姓名	性別	護照號碼	籍貫	出生民國年月日	備註
陳英達	男	台52 #14874	台北縣	25.10.26.	已參加中國同學會為秘書
陳弘毅	男	TK #194832	雲林斗南	26.4.16.	
陳希寬	男	台52 #15583	宜蘭	30.5.18.	
陳武雄	男	台47 #168215	高雄市	26.6.17.	曾以電話報告本館迄未參加台独活動
周斌明	男	台47 #107018	台中縣	19.6.18.	
莊秋雄	男	CH #13235	台灣	28.1.1.	
范良信	男	TK #120141	台灣	21.6.18	已有書面向本館保証未參加台独活動
范良政	男	台44 #54639	台灣		

中華民國駐芝加哥總領事館

（頁　第）

資料來源：〈台獨左傾〉，《外交部檔案》，檔號：406/0014/239。

使領館除了收集台獨人士名單並隨時更新外，各地「台灣同鄉會」與「台灣同學會」之人事資料也在收羅之列，主要原因在於中華民國政府認為這些冠上「台灣」字樣的同鄉會或同學會大都為台獨團體之「外圍組織」。為防止赴美留學之「台籍學生」參加這類組織而遭到台獨人士吸收，並為爭取此類團體之「領導權」，海指會 1969 年 1 月第二六九次會議決議，要求使領館查報各地「台灣同鄉會」與「台灣同學會」人員之資料。[59]

上一章曾提到堪薩斯州立大學的台灣同學會參與該校「國際週」之活動，事後領事館將不聽勸阻而參加活動者均列入「堪薩斯州立大學台灣同學會不顧本館勸阻參加該校 1969 年 4 月 18 日國際週表演及有關人員名單」，建議外交部日後對於名單上之人申請護照延期或任何證明文件時均予以拒絕，並將之列入現有台獨份子名單之中。[60]

此外，投書批評中華民國政府亦是名列「黑名單」的重要條件，而在駐外使館自由心證及查證不力的情形下，也有錯殺「無辜者」的狀況發生。1965 年 12 月，五名就讀萊斯大學（Rice University）與貝勒大學（Bayloy

---

[59] 〈陸海光致外交部。海指（58）第 038 號〉（1969.1.25），〈偽台灣獨立聯合會〉，《外交部檔案》，檔號：406/0075/90。

[60] 「駐芝加哥總領事館致外交部代電，芝（58）字第 273 號」（1969 年 4 月 26 日），〈偽台灣獨立聯合會〉，《外交部檔案》，檔號：406/0075/90。

University）的台灣留學生張燦鍙、林榮長、張錦輝、李慶宗、廖明徵共同具名投書 *Houston Post*，標題為 "Should He Die Some Day, Say Five Formosa"，批評蔣介石違憲連任總統、中央民意代表長期未改選、國民大會仍有蒙古代表等。休士頓領事館獲知後，考量不宜正面駁斥以免引起無端困擾，遂由總領事周彤華找來張燦鍙「談話」，張燦鍙稱投書內容乃對國是的看法，不含有攻訐政府之意圖，周彤華告以彼等所說非事實，易流於有心人士利用，張燦鍙強調投書僅在列舉事實，事後周彤華洽商與張燦鍙友好的同學相機勸說，領事館並將五人的資料連同投書回報給外交部，並建議日後五人申請護照延期時，應先「飭令悔過」再予辦理。[61] 對此，海指會決議應視日後五人言行及接受勸導情形後再議，並要求有關單位透過其在台家屬協助疏導與約束。[62] 根據張燦鍙的說法，事後休士頓領事館便以此為由，不給予其護照延期，使他「有家歸不得」。[63]

---

[61] 「駐霍斯敦總領事館致外交部代電，霍（54）字第 2709 號」（1965 年 12 月 15 日），〈台獨謝扶雅；台獨林耀珊；台獨張燦鍙等人；台獨陳新潮等人；台獨劉寬平〉，《外交部檔案》，檔號：406/0034/80-85。

[62] 「谷振海致外交部，海指（55）021」（1966 年 2 月 15 日），〈台獨謝扶雅；台獨林耀珊；台獨張燦鍙等人；台獨陳新潮等人；台獨劉寬平〉，《外交部檔案》，檔號：406/0034/77。

[63] 黃嘉光、王康陸、陳正修編，《海外台獨運動三十年：張燦鍙選集

　　除了投書者本人可能面臨護照延期不順利的問題外，也有人並非實際投書者但卻遭受池魚之殃。1967 年 5 月，堪薩斯州威奇塔州立大學（Wichita State University）的台籍留學生許富淵在閱讀到台獨聯盟刊物 *Formosagram* 上刊載堪薩斯州大學校園筆仗的報導後，將該篇文章修改了一下，投到校刊上去。[64] 該篇投書被駐外單位認定為「反動言論」，詆毀國家元首，倡議台獨運動，雖然是匿名投書，但還是被查出身分，不過卻連累到他的同學林承志，駐外單位認定是兩人共同投書。[65] 當年 10 月，林承志向芝加哥領事館申請護照延期時，領事館便問及是否參加台獨運動及上述投書一事，對此，林承志堅決否認，為了順利換取護照延期，還提出一份「報告」，澄清領事館的疑慮：[66]

報告

（下）》（台北：前衛出版社，1991），頁 723；張燦鍙，《八千哩路自由長征：海外台灣建國運動二十個小故事》（台北：前衛出版社，2006），頁 98。

[64]　〈許富淵訪談記錄〉，收入張炎憲、曾秋美、沈亮訪問，《青春·逐夢·台灣國系列 3：發芽》，頁 277。

[65]　「谷振海致外交部，海指（56）874」（1967 年 7 月 1 日），〈台獨左傾〉，《外交部檔案》，檔號：406/0013/167-168。

[66]　「芝加哥總領館致外交部代電，芝（56）第 510 號」（1967 年 11 月 25 日），〈台獨左傾〉，《外交部檔案》，檔號：406/0013/355-357。

頃接中華民國駐芝加哥領事館通知，獲悉學生被
疑參與台灣獨立運動，事屬非實，為求澄清起
見，書此報告申明學生從未加入是項組織，今後
亦不願介入該項運動，學生深信政府當能查明事
實，使學生免蒙不白之冤。此呈
中華民國駐芝加哥領事館

　　　　　　　　　　　　學生　林承志上

　　在林承志提出報告後，領事館才准許其護照延期，但
今後仍將對其言行隨時注意。[67] 至於許富淵，之後他轉往
紐約攻讀博士，向紐約領事館申請護照延期時，反未受刁
難，不過之後申請印鑑證明時就遭到拒絕，護照內頁也被
剪掉。[68]

　　值得一提的是，檔案中還出現一份「台南縣與陳伯山
等同一鄉鎮籍留學生名冊」（圖4-2-3），主要是因為中
華民國政府發現旅美台獨人士中許多人出身台南，如陳伯
山、陳隆志、田弘茂、陳以德、黃昭堂等人，故要求查明

---

[67] 「芝加哥總領館致外交部代電，芝（56）第510號」（1967年11月25日），〈台獨左傾〉，《外交部檔案》，檔號：406/0013/355-357。根據許富淵的說法，林承志是他高中同班同學，加上平常與他常在一起而被認為與他政治理念相同才會受到牽連，事實上林承志與投書沒有關係。〈許富淵訪談記錄〉，頁277-279。

[68] 〈許富淵訪談記錄〉，頁279。

出身台南的台獨人士名單，對其家屬及師友加以勸說，使
其致函名單中之人改變其態度。[69]

圖 4-2-3　台南縣與陳伯山等同一鄉鎮籍留學生名冊

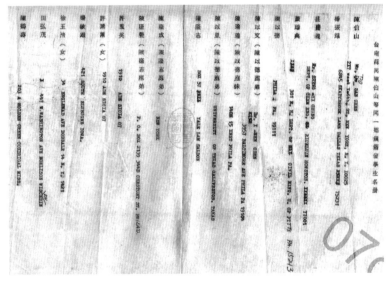

資料來源：〈台獨左傾〉，《外交部檔案》，檔號：406/0013/370。

綜合前述討論可知，台獨份子名單的建立主要是由各
地使領館負主要責任，然而，中華民國政府也自承因為留
美「台籍學生」日漸增多，且留學生流動性大，因此，對

---

[69]　「谷振海致外交部，海指（56）1566」（1967 年 11 月 29 日），
〈台獨左傾〉，《外交部檔案》，檔號：406/0013/369-370。

・293・

於台獨人士之資料難以完整收集。[70] 這裡再一次突顯出在中華民國政府的思維脈絡中，將台獨人士與「台籍」劃上等號，因此當「台籍留學生」日漸增多時，也意味著收集台獨人士資料之難度也相對提高。[71] 除了由國內外各單位通力合作外，中華民國政府也藉助於台獨人士所編纂的台灣同鄉通訊錄，從中獲知台獨人士的最新動態。1969 年 3 月，台獨人士陳希寬、王博文、王圭雄等人繼 1967 年之後，發行第二版的「全美台灣同鄉通訊錄」（Directory of Formosans in North America），羅列五千多名旅居美國及加拿大台灣同鄉之資料，包含中英文姓名、籍貫、就讀大學科系、工作機關、現居地址等。[72] 駐外單位或許怕自己出面訂購會遭拒絕，故透過收到訂購單的台灣留學生代為訂購，由於通訊錄內含台獨人士最新資料，駐外單位認定

---

[70] 「華興小組第六次會議記錄」（1969 年 10 月 24 日），〈偽台灣獨立聯合會〉，《外交部檔案》，檔號：406/0073/325。

[71] 一個簡單的邏輯是，如果中華民國政府沒有將台獨人士與「台籍」劃上等號的話，那他只需表明「留學生」日漸增多導致台獨人士資料收集日益困難即可，而無須特別指明是「台籍留學生」。

[72] 張炎憲、曾秋美主編，《一門留美學生的建國故事》（台北：吳三連台灣史料基金會，2009 年），421-435。〈王圭雄訪談記錄〉、〈鄭美華訪談記錄〉，收入張炎憲、沈亮主編，《青春‧逐夢‧台灣國系列6：釘根》（台北：吳三連台灣史料基金會，2013年），頁 199-200、241。該通訊錄收入〈台獨出版刊物〉，《外交部檔案》，檔號：406/0011/311-409。

「極具參考價值」。[73] 本來，編纂通訊錄的目的是在於使旅居海外的台灣同鄉能互相聯絡，增進鄉誼，但卻被中華民國政府拿來作為修訂增補台獨份子名單之工具，因此，進入 1970 年之後，此類的台灣同鄉通訊錄便不再公開出版，以防遭到不正之利用。[74]

此外，黑名單的建置也仰賴第一線的拍照蒐證，如此才有辦法準確確認當事人的樣貌與身分。1967 年 5 月，副總統嚴家淦訪美前夕，領事館便預先安排數位「忠貞同學」屆時到場，將現場抗議的台獨人士一律拍照蒐證，並要求儘量多拍，務求面目清楚，以利事後辨認。[75] 前面提及，美、加的台灣留學生曾針對柳文卿遭遣返一事於 1968 年 4 月 5 日示威抗議，事後經由外交部、駐美大使

73　「駐霍斯敦總領事館致駐美大使館代電，霍（58）字第 00620 號」（1969 年 4 月 11 日）、「外交部致陸海光，外（58）北美一 40」（1969 年 4 月 21 日），〈偽台灣獨立聯合會〉，《外交部檔案》，檔號：406/0075/237-239。

74　張炎憲、曾秋美主編，《一門留美學生的建國故事》，頁 430。1971 年 4 月出版的《全美台灣同鄉會會刊》就曾告知同鄉原已編輯完成的「全美台灣同鄉通訊錄」，因有多位鄉友來信反應通訊錄資料一再遭到外界盜用，故決定暫緩印發。〈通訊錄編輯委員會通告〉，《全美台灣同鄉會會刊》，2（1971 年 4 月），頁 10。（該會刊典藏於吳三連台灣史料基金會）

75　「駐羅安琪總領事館致駐美大使，不列號」（1967 年 5 月 3 日）、「駐羅安琪總領事館致駐美大使，不列號」（1967 年 5 月 13 日），〈偽台灣獨立聯合會〉，《外交部檔案》，檔號：406/0074/6-13。

館、警備總部、國安局等單位的通力合作，靠著現場拍攝的照片及其他情報，建立出一份示威者名單，內容除示威者的資料外（中英文姓名、學經歷、現居地、年齡、出生年月日、職業、籍貫、出境日期、在台獨團體中的職銜、最近言行），還擴及在台家屬（父母親、兄弟姊妹及妻子），各使領館對「榜上有名」者將視情況拒絕延長其護照效期；另外收集在台家屬的資料，透過家屬來勸導台獨人士。[76]

關於台獨人士名單之建置，到了 1970 年代之後，更進一步地制度化。1970 年，海指會成立「安祥專案」，專門因應國內外的台獨活動，其中第四小組的第五項工作項目「物色及資助在學術上有成就或善於寫作、演講之忠貞學人留學生，以撰寫文章或發表演講的方式，駁斥台獨言論。」下的實施計畫就有調查收集美、日、歐各地留學生、學人、僑民中「分歧份子」相關資料，建立「卡片制度」，內容包含個人基本資料及對政府之態度，一式三份，分送國內上級機關、駐在地單位及國外地區主辦單位，經費預算 5,000 美元，由各駐在國大使館大使主持，教育部駐外文參處、海外黨部、僑委會、新聞局駐外單位

---

[76] 〈台獨辜寬敏；台獨歐炯雄；台獨林榮勳；加拿大台獨運動；台獨柳文卿〉，《外交部檔案》，檔號：406/0032/153-212。

協辦。[77] 1971 年 3 月，在華府召開的第七次駐美總領事會議，會中採納紐約工作小組之建議，為有效統整各領事館所收集之台籍人士資料，決議在華府設立「叛國份子資料中心」，華興小組負責管理。[78]

至於是否公告「黑名單」，相關單位曾有過討論。1970 年，司法行政部調查局收到一份留美電子音樂家林二[79] 所擬定的「對付台獨叛國份子建議書」，建議有關單位公告「不穩份子」名單（即台獨人士名單），一方面使名單上之人有申辯的機會，另一方面也保證不在名單中者入出境台灣之安全。[80] 調查局將該建議書提報海指會討

---

[77] 「安祥專案第四小組第五項工作實施計畫暨預算表」，〈台獨活動〉，《外交部檔案》，國史館藏，入藏登錄號：020000019430A。

[78] 「七次駐美總領事會議綜合報告」（1971 年 3 月），〈駐美總領事會議報告〉，《外交部檔案》，檔號：410.14/0095/206。「海外對匪鬥爭工作統一指導委員會第三○八次會議記錄」（1971 年 2 月 5 日），〈陸海光會議〉，《外交部檔案》，國史館藏，入藏登錄號：020000016987A。

[79] 林二，成功中學、台大電機系、美國西北大學音樂研究所碩士。曾任中華民國台灣歌謠著作權人協會理事長、中華民國比較音樂學會理事長，1972 年以「分時電腦系統之互動音樂演奏」獲得中山學術獎、1994 年獲頒金曲獎特別貢獻獎，為著名之電腦音樂家，創作許多台灣本土音樂歌曲。林二的哥哥林一，曾在日本參與台獨活動，於 1972 年 12 月回到台灣，並在林二的陪同下召開記者會，公開表示決定脫離台獨組織，揭穿海外非法份子惡意宣傳伎倆，將全部心力貢獻給「自由祖國」。《中央日報》，1972 年 12 月 30 日，版 3。

[80] 「建議書」，〈偽台灣獨立聯合會〉，《外交部檔案》，檔號：

論，海指會於 1970 年 11 月 27 日第三〇四次會議決議先由國民黨第六組、國安局、外交部等單位就是否適宜公布、公布範圍及方式等進行研究。[81] 國安局於同年 12 月 24 日回覆海指會表示，基於以下理由，不宜公布名單：（1）名單範圍及標準難以確定；（2）部分列入名單者早已見棄於政府，公布名單恐使其變本加厲，其餘者必定矢口否認，使政府窮於應付；（3）名單多由佈建在台獨團體之內線或忠貞學生所提供，如公布名單，將對提供情資者造成困擾，且將使台獨份子有所警覺，使我方難在深入瞭解及蒐證。[82] 外交部亦認為倘無詳細資料佐證而公布名單，可能面臨台獨人士的攻訐，倘若誤植，更將造成當事人的反感，徒增困擾。[83] 隔（1971）年 3 月，第七次駐美總領事會議也建議針對台獨運動之領導人物及死硬派，

406/0077/352。

[81] 「陸海光致外交部電，海指（59）字第 1624 號」（1970 年 12 月 9 日），〈偽台灣獨立聯合會〉，《外交部檔案》，檔號：406/0077/351；「海外對匪鬥爭工作統一指導委員會第三〇四次會議記錄」（1970 年 11 月 27 日），〈陸海光會議〉，《外交部檔案》，國史館藏，入藏登錄號：020000016986A。

[82] 「國安局致陸海光電，（59）維寧 7426」（1970 年 12 月 24 日），〈偽台灣獨立聯合會〉，《外交部檔案》，檔號：406/0077/353-354。

[83] 「情報司致北美司意見」、「外交部致陸海光函」（1970 年 12 月 29 日），〈偽台灣獨立聯合會〉，《外交部檔案》，檔號：406/0077/348-349。

應由治安機關公布其姓名，明令通緝。[84] 對此，北美司認為公布人數若過多，反而造成台獨團體之團結及助長其聲勢，給予外界錯誤印象。[85] 同年 5 月 4 日，海指會邀集外交部、司法行政部、僑委會、國安局、國民黨第三組、第六組等單位會商研究，也認為參與台獨運動者多屬高級知識份子，縱使公布名單，明令通緝，能產生多少效果不無疑問，決議先由外交部收集相關人員言行資料，送司法行政部研究通緝之罪狀與方式，該決議經稍後海指會通過備案。[86]

綜上所述，中華民國政府對於是否公布台獨份子名單持保留態度，除了效果有限外，名單資料取得不易及查證困難等也是問題，各單位的考量正好反應出中華民國政府在建立黑名單過程中所遇到的困難。

---

[84] 「第七次駐美總領事會議綜合報告」（1971 年 3 月），〈駐美總領事會議報告〉，《外交部檔案》，檔號：410.14/0095/205。

[85] 「北美司簽呈：對『第七次駐美總領事會議綜合報告』之意見」（1971 年 3 月 24 日），〈駐美總領事會議報告〉，《外交部檔案》，檔號：410.14/0095/226。

[86] 「海外對匪鬥爭工作統一指導委員會第三一五次會議記錄」（1971 年 5 月 28 日），〈陸海光會議〉，《外交部檔案》，國史館藏，入藏登錄號：020000016989A。

第三節　遣返

　　前面已說明中華民國政府藉由建立黑名單的方式，來對台獨人士之護照延期問題造成困擾，而這也可能對台獨人士之居留權產生壓力，因為，倘若未持有有效之護照，當事人可能面臨限期出境或是遭到遣返，中華民國政府也會藉此機會與當地政府合作，設法使台獨人士無法再居留於當地。對中華民國政府而言，最好的狀況是能夠將台獨人士遣返回台受審或監控軟禁。這一類的例子在日本較多，如張榮魁、林啟旭（1967 年 8 月）、[87] 郭錫麟（1967 年 9 月）、[88] 柳文卿（1968 年 3 月）[89] 等人；[90] 在美國部

---

[87] 張榮魁、林啟旭的遣返案並未成功。〈張榮魁、林啟旭〉，《外交部檔案》，檔號：007.1/89006；《台灣青年》，第 82 期（1967 年 9 月 25 日）。

[88] 郭錫麟遣返案可見〈遣返偽台獨份子〉，《外交部檔案》，檔號：006.3/0038；〈台灣獨立運動（十一）〉，《外交部檔案》，檔案管理局藏，檔號：0049/006.3/012；《台灣青年》，第 85 期（1967 年 12 月 25 日），頁 20-22。

[89] 柳文卿遣返案可見〈偽台獨份子柳文卿〉，《外交部檔案》，檔號：006.3/0029；陳美蓉，〈國府統治時期對海外留學生的監控：以日本為例〉，頁 363-382；嚴婉玲、陳翠蓮，〈1960 年代政治反對人士強制遣返政策初探：以柳文卿案為中心〉，收入《戰後檔案與歷史研究：第九屆中華民國史專題論文集》（台北：國史館，2008 年），頁 873-906。

[90] 1968 年 2 月，也有一名就讀夏威夷大學的台灣留學生陳玉璽，在日本進修時遭到遣返，當時日本台獨團體也發動聲援行動，不過陳玉璽的案件與台獨沒有關係，該案可見〈留學生陳玉璽涉嫌

分，目前僅知有陳伯山一案，雖然案例有限，不過從該案例的分析仍可探知中華民國政府如何與美方交涉遣返台獨人士，以遂行其反制台獨運動的目的。

陳伯山[91]曾於1963年間向紐約領事館辦理護照延期，但因拒絕配合出具悔過書而遭到否決。1967年初，陳伯山因在美居留期間已逾期限，移民局將開庭審理決定其是否能繼續居留在美國或是限期離境。[92]對此，海指會指示紐約工作小組，應設法使陳伯山遭受離境處分，「以絕後患」。[93]領事館除持續與美方相關單位交涉，希望其能做出遣返或限期出境的裁定外，也與陳伯山接觸，希望

附匪〉，《外交部檔案》，檔號：451.5/0023-27；〈陳玉璽叛亂罪〉，《外交部檔案》，檔號：706.1/0023；〈陳玉璽〉，《外交部檔案》，檔號：007.1/89001；張炎憲、沈亮編，《梅心怡 Lynn Miles 人權相關書信集 2——跨國人權救援的開端 1968-1974》（台北：吳三連台灣史料基金會，2009年）；川田泰代，《良心の囚人：陳玉璽小伝》（東京都：亜紀書房，1972年）；《台灣青年》，第 94 期（1968年9月25日），頁 15-25。

[91] 陳伯山（1932年3月—），台南人。英文姓名為 Pecksan Tann，1958年3月赴美留學，初就讀堪薩斯州立大學，1962年轉往紐約就讀 Hunter College，在兩所學校均主修政治學。「Reference Data Concerning Pecksan Tann」（1968年12月3日），〈台獨陳伯山〉，《外交部檔案》，檔號：406/0030/64。

[92] 「駐紐約總領事館致駐美大使館代電，紐（56）字第 25 號」（1967年1月6日），〈台獨陳伯山〉，《外交部檔案》，檔號：406/0030/4-6。

[93] 「谷振海致紐約專案小組，海指（56）158」（1967年2月20日），〈台獨陳伯山〉，《外交部檔案》，檔號：406/0030/10。

其能放棄台獨主張，陳伯山初以時間無法配合婉拒會面要求，後來雙方雖會面，但陳伯山仍拒絕自動「返國自新」的請求。[94] 此外，台灣省黨部也派人與陳伯山在台灣的父親聯繫，希望其能去函勸導陳伯山。[95]

陳伯山的延期居留案，經過近一年的審理仍未有結果，紐約領事館於 1967 年 12 月去函紐約移民局探詢進度，該局稱已完成聽審程序，正交由特別審查官處理，領事館重申希望該局能判決陳伯山出境之立場。[96] 陳伯山則以遭遣返回台會有生命危險為由申請政治庇護，紐約領事館獲報後隨即向移民局表示：「我國乃為民主自由國家，一切案件均須循法律辦理，決無任意迫害人民之事實。」後該局裁定陳伯山限期離境，但遭到該局附屬移民法院檢察官向美移民行政處提出上訴，該案將移送國會裁決。[97]

---

94 「駐紐約總領事館致駐美大使館代電，紐（56）字第 25 號」（1967 年 1 月 6 日）、「外交部致中央委員會第一組，外（56）北美一 04736」（1967 年 3 月 1 日 7）、「鈕文武致華典，紐（58）字第 57639 號」（1969 年 1 月 30 日），〈台獨陳伯山〉，《外交部檔案》，檔號：406/0030/4-6、17、54。

95 「中央委員會第一組致外交部函，56 錫壹字第 1490 號」（1967 年 5 月 27 日），〈台獨陳伯山〉，《外交部檔案》，檔號：406/0030/21-22。

96 「鈕文武致谷振海，紐（57）字第 57007 號」（1968 年 1 月 9 日），〈台獨陳伯山〉，《外交部檔案》，檔號：406/0030/31-32。

97 「國安局致谷振海，（57）宏治 5796」（1968 年 8 月 15 日），〈台獨陳伯山〉，《外交部檔案》，檔號：406/0030/42-43。

　　案件進到國會之後，對陳伯山及中華民國政府而言又是一段冗長的等待。1968 年 12 月，紐約領事館致函移民局一份陳伯山的相關資料，當中通篇未提陳伯山從事台獨活動，而是指稱陳伯山在中國人社區中被視為不名譽之人（disreputable character），強調陳已非學生身分，違反美國移民法逾期居留，且無沒有正當職業，對美國社會構成負擔，希望移民局能依原裁定將陳驅逐出境。[98] 之所以未提及台獨一事，乃是因為中華民國政府評估，若以陳從事台獨活動為由，要求美方將其遣送出境，恐怕不易辦到，反而使其居留問題政治化，增加其獲准居留的機會，不過駐美大使館也評估，縱使美國會裁決陳伯山離境，但依法陳伯山仍能提起上訴，拖延居留時間。[99] 此外，大使館也

---

[98]　「Reference Data Concerning Pecksan Tann」（1968 年 12 月 3 日），〈台獨陳伯山〉，《外交部檔案》，檔號：406/0030/64。原文為 In view of the fact that Tann came to the United States as a student but has since been conducting himself as a vagrant, he has not only violated the U.S. Immigration Law but also constitutes a social burden to this country. It is evident, in our view, that with an unstable character and without any intention to pursue a decent livelihood, he cannot become an asset to the United States if he is granted permanent residence. It is therefore requested that he be deported to Taiwan as originally recommended by the Immigration Office.

[99]　「駐美大使館致外交部代電，美領（58）字第 583452 號」（1969 年 3 月 20 日收到），〈台獨陳伯山〉，《外交部檔案》，檔號：406/0030/70-71。

接觸國會移民小組主席費恩的兒子，以陳伯山品行不良、不務正業，希望其能協助轉告其父。[100]

1969 年 10 月，美國會決定維持原移民局之決議，令陳伯山限期離境，並通知移民局紐約分局執行。[101] 紐約領事館總領事俞國斌與領事鄧權昌隨即拜訪紐約移民局，希望該局趕快執行遣返案，該局表示依法該案仍須在紐約移民局法庭重行聽訊，陳的律師仍可依法拖延離境日期，且不論最後結果是自動離境或是驅逐出境，陳都有選擇前往地點之自由，不過該局也允諾協助將庭訊日期提前，以便早日結案。[102]

中華民國政府為避免陳伯山獲得政治庇護，在與美方交涉的過程中，盡量不提及陳伯山從事台獨運動的情事，不過倘若日後陳伯山順利遣返回台，卻因『台獨』問題而入罪，該如何向美方交代？有鑑於此，當美國會做出維持

---

[100] 「北美司簽呈，附件：『台獨』份子陳逆伯山遣配案說帖」（1969 年 11 月 10 日），〈台獨陳伯山〉，《外交部檔案》，檔號：406/0030/95-96。

[101] 「駐美大使館致外交部代電，美領（58）字第 581776 號」（1969 年 10 月 23 日）、「國安局致陸海光，（58）慎固 6875」（1969 年 11 月 11 日），〈台獨陳伯山〉，《外交部檔案》，檔號：406/0030/82-83、89-90。

[102] 「駐紐約總領事館致駐美大使館代電，紐（58）字第 58026 號」（1969 年 10 月 28 日），〈台獨陳伯山〉，《外交部檔案》，檔號：406/0030/87-88。

限期出境的決定後，北美司於同年 11 月 10 日就上了一份簽呈給部次長，指出若陳伯山遭遣送回台後立即因叛亂罪遭補，由陳玉璽、黃啟明等案例觀之，勢必引起國際關注而造成我方審判上之困擾，建議洽詢海指會、國安局及警總等單位研議陳員遣返回台後，先予以軟禁或是管訓，將來再以其他罪名懲處之可能性。[103] 13 日，北美司司長錢復即與海指會秘書長張炎元商討遣返後之處理方式，張炎元認為陳伯山之罪行與陳玉璽、黃啟明不同，倘將來美方同意遣返時，我方可比照柳文卿案之處置，不給予司法懲處，但仍監視其言行。[104] 對此，外交部決定必要時可由紐約領事館斟酌給予美方口頭或書面上之保證。[105] 1970 年 1 月 14 日，紐約領事館致函紐約移民局，保證陳伯山如遭遣返回台，將不會受到司法審判。[106] 雖然，中華民國政

---

[103] 「北美司簽呈，附件：『台獨』份子陳逆伯山遣配案說帖」（1969 年 11 月 10 日），〈台獨陳伯山〉，《外交部檔案》，檔號：406/0030/95-96。

[104] 張炎元並認為，此法將可以使協助我方之國會友人不致受審，也有助於日後爭取海外台獨份子之遣返及自新。「北美司簽呈」（1969 年 11 月 13 日），〈台獨陳伯山〉，《外交部檔案》，檔號：406/0030/97。

[105] 「外交部致駐紐約總領事館，外（59）北美一 385」（1970 年 1 月 9 日），〈台獨陳伯山〉，《外交部檔案》，檔號：406/0030/98。

[106] 「駐紐約總領事館致駐美大使館代電，紐（59）字第 59030 號」（1970 年 1 月 15 日），〈台獨陳伯山〉，《外交部檔案》，檔號：406/0030/105-106。

府已做好遣返準備，不過美國會做出決定後，紐約移民局法庭又重新審訊該案並同意陳伯山可再上訴至司法部。[107]司法部移民訴願委員會於 1970 年 12 月決議陳伯山免予遣送，理由是由於陳伯山長年反對台灣政府，其政治活動與意見將導致其回台後遭到台灣政府的迫害。[108]中華民國政府雖極力掩蓋本案的「政治性」，但卻未獲採納。對此結果，中華民國政府認為雖然對於「叛國份子」有鼓勵作用，但也自認該案纏訟達四年之久，耗費陳伯山金錢與精力甚大，仍能對台獨人士有所嚇阻。[109]

---

[107] 「駐美大使館致外交部代電，美領（59）字第 590267 號」（1970 年 2 月 27 日），〈台獨陳伯山〉，《外交部檔案》，檔號：406/0030/117-118。

[108] 節錄司法部決議：We have reviewed the entire record and conclude that respondent（指陳伯山）would face persecution if returned to Taiwan. The record is abundantly clear that respondent's long standing opposition to the current government of Taiwan and his activities in furtherance of his political opinions would result in his being persecuted by the present government of Taiwan. 「駐紐約總領事館致外交部代電，紐（59）字第 600305 號」（1971 年 5 月 28 日），〈台獨陳伯山〉，《外交部檔案》，檔號：406/0030/105-106。

[109] 「陸海光致外交部，海指（60）1336」（1971 年 7 月 5 日），〈台獨陳伯山〉，《外交部檔案》，檔號：406/0030/128。

小結

　　張炎憲教授對於中華民國政府採用「黑名單」來壓制海外異議份子的做法曾經提出相當精闢的分析，本章對於「黑名單」政策及第三章關於「忠貞學生」的考察可說是具體證明了張炎憲教授的看法：

> 國民黨對這群反抗份子，採取監控的方式。國民黨海工會、警總、駐外單位在各學校建立細胞，收買留學生，專門打聽留學生的思想，並參與留學生的活動，撰寫報告，將異議份子分級列管，此類留學生被通稱為「職業學生」。被打小報告的異議份子，則被列入「黑名單」，無法返台，台灣的情治單位更派人威脅其在台父母、親戚，要求管束子女，不可造反。這些恐嚇如果沒有收到效果，則以吊銷護照，讓留學生成為無國之民，走投無路，徹底毀其生路，縱使雙親亡故，國民黨也不准其返台奔喪，看父母最後一面。國民黨佈下天羅地網，層層監控，唯恐海外自由民主的風氣傳入臺灣，危害黨國安危。

> 許多台灣學生到海外時，都是 20 歲初頭，年紀輕輕，敢說敢做，縱使國民黨威脅利誘，也不為所動，不改其志，反而更加堅定決心，加入

海外臺灣人運動組織。[110]

　　中華民國政府對於海外台獨運動者，並無法像對島內政治異議份子那樣，隨意地加以逮捕入罪，護照延期加簽的權力，就成了中華民國政府的重要武器。企圖透過此一「公權力」的行使，讓台獨人士的居留產生問題，更以拒絕加簽的方式讓台獨人士無法返回家鄉而成為失根的浮萍。不過這項權力的使用，並非在一開始就確立處理原則，而是透過許多個案處理經驗的積累，才漸次摸索出一套處理流程與因應原則。從原則確立的過程當中，也可以看出中華民國政府並非食股不化，因應不同的情況仍會做彈性調整。至於成效如何？若從有限的案例來看，護照未獲延期的王人紀、陳伯山等人照樣從事台獨活動，王人紀日後還曾擔任 U.F.A.I 主席；陳伯山日後也因為從事台獨活動反獲得政治庇護；盧主義的部分，雖然國民黨想要藉由給予護照延期及發給接眷證明書來「拉攏」他，但也未奏效。[111] 以上案例說明了利用護照延期與否的策略，雖能對當事人造成一定的困擾，但未必能讓改變其態度，有時

---

[110] 張炎憲、曾秋美、陳朝海編著，《自覺與認同：1950-1990 年代海外台灣人運動專輯》（台北：吳三連台灣史料基金會，2005年），頁 5-6。

[111] 盧主義雖然退出台獨運動相當長一段時間，但並非是中華民國政府的「拉攏」奏效，更何況多年後盧主義仍重返台獨陣營。

反而造成反效果，使得台獨人士對國民黨政府的痛恨有增無減。

　　除了利用護照延期加簽之審核來牽制台獨人士之外，中華民國政府也以「半威脅」的手段向台獨人士的在台家屬進行施壓，期許透過家屬的「溫情攻勢」，軟化台獨人士的立場。但像是陳以德的例子，就說明了此策略的侷限性。而台獨人士回覆在台親人書信中所稱不再從事台獨活動，以及家屬聲稱已配合規勸，究竟是實是虛恐也得進一步考證，不能盡信。

　　面對日益增多的台獨運動者，中華民國政府透過建立「黑名單」的方式，掌握其動向，不過從名單建立的過程來看，內容雖然是益加詳盡，但始終無法克服資料取得不易，查證困難等問題，名單是否公佈的論爭也反映出以上困境。值得注意的是，台獨人士從事台獨活動之「活躍」程度是相關單位進行名單增刪的關鍵，檔案中可見部分人士被改列「已停止活動」，或是直接自名單中刪除，具體原因值得深究。

　　台獨人士雖然面臨護照失效及無法返回家鄉的問題，但大多以其專業或其他原因取得永久居留權。不過在未取得永久居留權之前，就可能碰上如陳伯山一樣的問題，因未持有有效護照而面臨遣返出境的官司。陳伯山遣返案所突顯出來的是，中華民國政府對待自己國民的心態，為

了要遣返其視為眼中釘的台獨份子，一方面毀損自己國民的聲譽，另一方面，則極力掩飾自己最終的政治目的，為的都是要對所謂的「叛國份子」有所嚇阻。不過美國冗長的官司程序及對人權保障的重視，對台獨運動者是較有利的。就遣返而言，在美國就不如在日本來得順利，兩國政府對遣返台獨人士之態度，是另一個值得深究的課題。

第五章 1970年代初期代表性台獨運動案例之因應分析

　　經過 1960 年代不斷的摸索與「實兵演練」，中華民國政府漸漸建立起因應海外台獨運動之組織與機制，進入 1970 年代，海外台獨運動的組織與活動進入整合性的發展，加上中華民國代表全中國的法統在國際間遭受極大的挑戰與挫敗，這些情勢的發展都使得中華民國政府在因應海外台獨運動上面臨更大的考驗。

　　本章將以 1970 年代初期兩個最具代表性的台獨活動案例，彭明敏逃出台灣及刺蔣案為例，一方面從個案的角度深入分析中華民國政府的因應策略，另一方面也檢視前面幾章所提之各項因應手法於 1970 年代後之運用情況。本章討論的個案，也能幫助我們將視角放到中華民國政府與美國政府間在台獨問題上的交手，進一步呈現中華民國政府面對美國的法律、政治及社會環境時的挑戰，而這些環境又是如何形塑及侷限其因應策略，當中亦可窺見美國政府對於台獨運動之態度。

第一節　彭明敏逃出台灣後

　　彭明敏原是中華民國政府極力栽培的台籍優秀青年，後來卻與之決裂，1964年9月，因意圖發表批判其統治及鼓吹建立新國家的〈台灣人民自救宣言〉而被捕，雖然當時的台灣社會大眾無緣看到該份宣言，但該宣言在日後卻流傳到海外，更名〈台灣獨立宣言〉，[1] 並被海外台獨運動人士廣為流傳，甚至集資在著名的報刊上刊登，對於當時台灣的留學生有不小影響。彭明敏雖然於1965年11月獲得特赦出獄，但此後遭到情治人員全天候的監控，宛如遭到軟禁，期間雖屢獲國外大學任教的聘書，但始終未能獲准出境，直到1970年1月，才在友人協助下逃離台灣，先到瑞典後轉赴美國，與海外台獨人士密切來往，成為領導海外台獨運動的指標人物，為當時剛整合的海外台獨運動勢力增添不少信心，中華民國政府自無法坐視不管。本節將重點集中在探討中華民國政府在彭明敏逃出台灣後之因應，分為赴美簽證攻防、抵美後活動之監控、反制與形象醜化二大部分。

---

[1] 《台灣青年》，第62期（1966年1月25日），頁4-16；黃昭堂口述，張炎憲、陳美蓉採訪整理，《建國舵手黃昭堂》（台北：吳三連台灣史料基金會，2012年），頁147-148；〈偽台灣獨立聯盟〉，《外交部檔案》，檔號：406/0082/119-120。

一、赴美簽證攻防

　　1970 年 1 月，彭明敏在友人宗像隆幸、唐培禮等人協助下，擺脫情治人員的監視，順利逃出台灣，抵達瑞典。[2] 彭明敏於 1 月 5 日抵達丹麥哥本哈根機場時，發出「success」的電報，表示脫逃成功，隨後轉往瑞典。[3] 1 月 22 日，U.F.A.I. 發出特報，表示發表〈台灣獨立宣言〉的彭明敏教授已經「脫出台灣」，特報中稱彭明敏為「台灣獨立革命」的領袖，稱此次行動的成功乃是「島內地下組織」、「海外獨立革命組織」與「國際友人」密切合作的成果，而彭明敏的逃出，也為台灣獨立革命的勝利帶來新希望，期許在 1970 年代完成「建立自己的國家」的目標。[4] 隔日（23），日本台灣青年獨立聯盟也召開記者會，宣布彭明敏逃出台灣的消息。[5]

---

[2] 有關彭明敏逃出台灣過程的規劃與進行見彭明敏，《逃亡》（台北：玉山社，2009 年）；宋重陽，《台灣獨立運動私記：三十五年之夢》（台北：前衛出版社，1996），頁 143-179；唐培禮（Milo Thornberry）著，賴秀如譯，《撲火飛蛾：一個美國傳教士親歷的台灣白色恐怖》（台北：允晨文化，2011 年）。

[3] 彭明敏，《逃亡》，頁 76-77。

[4] 「全美台灣獨立聯盟特報：台灣獨立革命的領袖 彭明敏教授冒險脫出台灣」（1970 年 1 月 22 日），〈彭明敏〉，《外交部檔案》，檔號：409/87002/82。

[5] 《台灣青年》，第 111 期（1970 年 2 月 5 日），頁 46；宋重陽，《台灣獨立運動私記：三十五年之夢》，頁 177-179。

中華民國政府並未預先掌握彭明敏的逃亡計畫，[6] 事後也是透過國外媒體的報導才得知此事，[7] 在確定彭明敏抵達瑞典後，中華民國政府將重點放在防止彭明敏轉赴他國，尤其是日、美、加拿大三國。1月28日，外交部發文給三國大使，要求備文洽駐在國政府拒絕彭明敏入境或尋求庇護。[8] 對於外界探詢彭明敏案，外交部訓令以「彭前以叛逆被判八年徒刑，嗣層峰因其曾受高等教育，且服刑時表示悔改，乃予特赦，茲竟逃逸，辜負政府之德意。」來回應。[9]

在加拿大方面，駐加大使薛毓麒隨即拜訪加拿大外交部次長柯林斯（Ralph Edgar Collins，1914-1992），請加國政府訓令駐瑞典及歐洲各使館於彭申請赴加國簽證時，予以拒絕，但柯林斯僅表示將會加以研究。[10] 在日本

---

6 有關彭明敏逃出台灣後，相關單位追查經過及檢討見侯坤宏，〈1970年彭明敏逃出台灣之後〉，收入彭明敏，《逃亡》，頁99-122。

7 「駐美大使館致外交部代電」（北美司收文1970年1月28日），〈彭明敏等被捕〉，《外交部檔案》，檔號：406/0098/16-17。

8 「外交部致駐美周大使、駐日彭大使、駐加拿大薛大使，發電總編第0492、0493、0494號」（1970年1月27日），〈彭明敏等被捕〉，《外交部檔案》，檔號：406/0098/70」。

9 「外交部致駐美周大使、駐日彭大使、駐加拿大薛大使，發電總編第0521、0522、0523號」（1970年1月28日），〈彭明敏等被捕〉，《外交部檔案》，檔號：406/0098/58。

10 「駐加拿大大使館致外交部電，來電專號第714號」（1970年1月

方面，1月30日，駐日大使館公使鈕乃聖拜訪外務省中國課課長橋本，橋本允諾與移民局協調，盡力阻止彭明敏前來日本，並電日本駐瑞典大使館調查其動向。[11] 3月初，橋本又告知駐日大使館，瑞典移民局密告日駐瑞典大使館，表示彭明敏於2月底向該局申請離境赴日、美，該局正在考慮是否核發簽證，橋本並稱已訓令日駐美、瑞典等使領館，不得給予彭赴日簽證。[12] 相較於美國政府採取相對消極的態度（詳後），日本政府倒很積極地配合中華民國政府因應彭明敏的各項對策。[13] 日後，中華民國政府

28日），〈彭明敏等被捕〉，《外交部檔案》，檔號：406/0098/181。

[11] 「駐日大使館致外交部電，來電專號第177號」（1970年1月30日），〈彭明敏等被捕〉，《外交部檔案》，檔號：406/0098/86。根據王景弘引用美方檔案，鈕乃聖在該次會面中還要求日本政府如發現彭明敏人在日本，應即將之逮捕並引渡回台灣，對此，橋本回應說，如何對待入境日本的人士是行政與司法職權，外務省無法做任何保證。王景弘，〈美國外交檔案中的「彭明敏案」〉，收入彭明敏，《自由的滋味》（台北：玉山社，2009年），頁280。

[12] 「駐日大使館致外交部電，來電專號第236號」（1970年3月6日），〈彭明敏等被捕〉，《外交部檔案》，檔號：406/0098/150。

[13] 如1971年3月，中華民國政府據報彭明敏有意赴日本與日台獨人士聯繫，駐日大使館隨即詢問日本外務省，外務省表示短期內不會改變拒絕彭入境的政策，日駐美大使館也奉令拒發簽證。「駐日大使館致外交部電，來電專號第628號」（1971年3月18日）、「駐日大使館致外交部電，來電專號第135號」（1971年3月24日）、「周書楷致外交部電，來電專號第661號」（1971年3月30日），〈彭明敏等被捕〉，《外交部檔案》，檔號：406/

在與美國交涉彭明敏赴美簽證一事時，也以日本方面早已「遵循我方要求」拒絕彭明敏入境，希望美方比照辦理。[14]

由於 1970 年時美國已成為海外台獨運動的重心，加上美國台獨表示「彭教授冒險脫出台灣，為台灣獨立革命的勝利帶來新希望」，[15] 這都讓中華民國政府將防範彭明敏入境美國列為重點。

1 月 29 日，駐美大使周書楷與美國務院東亞大平洋事務助理國務卿格林（Marshall Green，1916-1998）[16] 會晤，周書楷反覆強調不希望兩國關係，因為彭明敏獲准來美而生變，格林則稱台獨運動在美並不受媒體重視，美方希望彭明敏不要提出申請，若其申請而遭到拒絕反會引起外界關注，周書楷則表示美國台獨組織已聲稱彭明敏與台獨運動密切合作，因此寧可造成一時的輿論風波，也不希望美方「任其來美」，造成「無窮糾紛」，格林允諾將意

0099/166、169、170。

14 「周書楷致外交部電，來電專號第 058 號」（1970 年 8 月 13 日），〈彭明敏等被捕〉，《外交部檔案》，檔號：406/0098/281-284。

15 「全美台灣獨立聯盟特報：台灣獨立革命的領袖 彭明敏教授冒險脫出台灣」（1970 年 1 月 22 日），〈彭明敏〉，《外交部檔案》，檔號：409/87002/82。

16 Assistant Secretary of State for East Asian and Pacific Affairs (1969.5-1973.5).

見轉告上級；[17] 在周書楷所提交的備忘錄中，也強烈希望美方訓令駐外使領館，拒絕彭明敏赴美之任何申請。[18]

　　在格林與周書楷見面之前，美國國家安全會議職員何立志（John H. Holdridge，1924-2001）[19] 呈了一份備忘錄給總統國家安全事務助理季辛吉（Henry Kissinger，1923-），[20] 對於是否核發簽證給彭明敏進行利弊分析，指出拒發簽證於法無據，而有條件性的入境（如要求彭明敏簽署不從事推翻政府活動之保證書）在法律基礎上也同樣薄弱，不過至少可向中華民國政府有所交代；建議格林與周書楷會面時，不做出立場表態，但必須讓中華民國政府做好最壞打算（核發簽證給彭明敏）之心理準備。[21] 同時間，國務院已訓令駐瑞典大使館，倘若彭明敏提出赴美簽證申請時，必須先回報國務院。[22] 這份備忘錄大抵為日後美方處理彭明敏簽證案定調。

---

[17]　「周書楷致外交部電，來電專號第514號」（1970年1月29日），〈彭明敏等被捕〉，《外交部檔案》，檔號：406/0098/72-74。

[18]　「駐美大使館致外交部代電，美政（59）字第590141號」（1970年1月30日），〈彭明敏等被捕〉，《外交部檔案》，檔號：406/0098/83-85。

[19]　National Security Council Senior staff member for the Far East (1969-1973).

[20]　Assistant to the President for National Security Affairs (1969.1-1975.11).

[21]　*FRUS, 1969-1976, Volume XVII, China, 1969-1972.*, pp. 173-175.

[22]　*FRUS, 1969-1976, Volume XVII, China, 1969-1972.*, pp. 173-175.

　　3 月 2 日，周書楷再度訪晤格林，對於彭明敏是否藉參加 4 月初在舊金山舉行的第二十二屆亞洲學會名義申請入境，格林表示美方希望彭不做此申請，周書楷則盼美方於彭提出申請時立即轉告。[23] 3 月 9 日，駐美大使館公使吳世英會晤國務院東亞太平洋事務副助理國務卿布朗（Winthrop G. Brown，1907-1987），[24] 再度強調倘若美方允准彭明敏入境，將對兩國間友誼與互信產生極不利影響；布朗則表示已訓令美駐瑞典等地使領館，倘彭申請來美時，必須先向國務院請示，此事須等彭明敏提出申請，方能做最後決定，但也明白告知美國對於外人申請入境一事一向採取寬鬆政策。[25]

---

[23] 「駐美大使館致外交部電，來電專號第 575 號」（1970 年 3 月 2 日），〈彭明敏等被捕〉，《外交部檔案》，檔號：406/0098/ 142。

[24] Deputy Assistant Secretary of State for East Asian and Pacific Affairs (1968-1972). 王景弘的文章是寫 3 月 10 日駐美公使吳世英會晤副助理國務卿蒲威廉（William Brown），要求美方不要批准彭明敏入境美國。王景弘，〈美國外交檔案中的「彭明敏案」〉，頁 281。不過，根據《外交部檔案》記載，吳世英是會晤國務院東亞太平洋事務副助理國務卿布朗，經查應為 Winthrop G. Brown。蒲威廉的全名應是 William Andreas Brown（1930-），1978 年 7 月來台任美國駐台大使館副館長一職，台美斷交後到關閉大使館期間曾任代理館長。《中央日報》，1979 年 7 月 29 日，版 3。當時報紙翻譯其名字為威廉布朗。

[25] 「駐美大使館致外交部電，來電專號第 595 號」（1970 年 3 月 10 日），〈彭明敏等被捕〉，《外交部檔案》，檔號：406/0098/

　　3 月 16 日，彭明敏到美國駐瑞典大使館申請觀光簽證，大使館收下相關申請文件後回報國務院請示如何處理。[26] 美國駐台大使館在 3 月 21 日向國務院建議，勸阻彭明敏不要急於催促簽證，因為其預定抵美時間會對即將於 4 月 18 日訪美的蔣經國造成難堪。[27] 3 月 24 日，美國駐台大使館也告知北美司司長錢復，彭明敏申請簽證一事，並表示彭明敏稱預定 4 月 15 日赴美，或許是蔣經國即將赴美訪問，因此國務院打算擱置至該日（4 月 15 日）之後。[28] 在蔣經國訪問紐約遇刺後，駐美大使周書楷再向美方表示，一旦彭明敏入境美國，勢必成為台獨組織之「號召中心」，美方僅表示會慎重考慮。[29] 美國駐台大使館於 6 月 25 日向國務院報告表示，有鑑於彭明敏與台獨聯盟之間的關係，倘若允准彭明敏入境美國，勢必引發

157。*Lot File 74D25, POL 29 Peng,Ming-Min,1970*. RG 59: Records of the Department of State, Bureau of East Asian and Pacific Affairs, Office of the Republic of China Affairs, Subject Files (1951-1978). National Archives (U.S.).

[26]　王景弘，〈美國外交檔案中的「彭明敏案」〉，頁 281。

[27]　王景弘，〈美國外交檔案中的「彭明敏案」〉，頁 281。

[28]　錢復記載是：Department of State will delay in taking action on this matter well beyond that date。「北美司簽呈」（1970 年 3 月 24 日），〈彭明敏等被捕〉，《外交部檔案》，檔號：406/0098/162-163。

[29]　「周書楷致外交部電，來電專號第 745 號」（1970 年 4 月 29 日），〈叛徒謀刺蔣副院長〉，《外交部檔案》，檔號：406/0045/103-104。

中華民國政府的強烈反彈，建議考慮拒發簽證。[30] 7 月 31
日，彭明敏持密西根大學的聘書再度向美駐瑞典大使館申
請簽證，並被詢問是否會在美國從事政治活動？經過一些
詢問後，大使館告知其申請案將待華府定奪。[31]

　是否核發簽證給彭明敏，對美國政府而言是個兩難問
題，一方面中華民國政府反對態度堅決，甚至認為本案攸
關兩國邦誼，即使遭受輿論抨擊也在所不惜；另一方面，
美國政府也必須面對國內輿論、學術界的各方壓力；此
外，就是美方找不出「合法」拒發簽證的根據。

　8 月 13 日，周書楷會晤布朗時重申反對彭明敏入境
之立場，並表示近年來「叛國份子」利用各種場合從事
「不軌活動」，如世界少棒賽的示威、刺殺蔣副院長等；
布朗回應表示，美方願顧及兩國間之友誼，但也受到各方
壓力，若欠缺法律上的依據而拒絕入境，勢必引起輿論抨
擊；對此，周書楷表示，「主權國家拒絕任何外人入境，
無須說明理由」，強調寧願遭受抨擊，也不願意見到彭獲
准入境；布朗表示美政府一時間尚不會決定，由於周書
楷再三強調彭明敏早已脫離學術崗位，專責從事「反動
行為」，布朗希望中華民國政府多提供相關證據。[32] 8 月

30　王景弘，〈美國外交檔案中的「彭明敏案」〉，頁 281。
31　彭明敏，《自由的滋味》，頁 250-252。
32　「周書楷致外交部電，來電專號第 058 號」（1970 年 8 月 13 日），

28日，外交部長魏道明約見美國駐台大使馬康衛（Walter P. McConaughy，1908-2000），[33] 強調彭明敏雖經總統特赦，「但僅能免除其刑之執行，其罪之宣告則仍屬有效」，故其今在逃，乃為司法上之「逃犯」，深盼美政府不會允准一「逃犯」入境，只要美國願意，一定可以找到拒絕入境的理由；馬康衛則表明，實難找出拒絕根據，希望中華民國政府能對美方之困難有所瞭解。[34] 同日，助理國務卿格林向代理國務卿強森（U. Alexis Johnson，1908-1997）[35] 提出一備忘錄，條列處理彭明敏簽證案的三個選項：（1）在保證不介入台獨組織與活動的條件下，給予一年的非移民簽證；（2）現在拒絕非移民簽證，但如符合條件，願給予移民簽證；（3）拒絕核發簽證。格林認為同意彭明敏來美是最好的選擇。[36]

　　從雙方連月來的交涉可知，美方希望將問題定調為「法律問題」，依法行政，強調拒發簽證「於法無據」；中華民國政府則堅持這是「政治問題」，不該單以法律

　　〈彭明敏等被捕〉，《外交部檔案》，檔號：406/0098/281-284。

[33] Ambassador to Republic of China (1966.6-1974.4).

[34] 「部長約見馬康衛大使洽談彭明敏案談話記錄」，〈彭明敏等被捕〉，《外交部檔案》，檔號：406/0098/252-253。王景弘，〈美國外交檔案中的「彭明敏案」〉，頁282。

[35] Under Secretary for Political Affairs (1969.2-1973.2).

[36] 王景弘，〈美國外交檔案中的「彭明敏案」〉，頁282。

觀點視之，必須考量對其所造成的傷害。9月3日，代理
國務卿強森批准發給彭明敏非移民簽證，認為中華民國
政府對此會雖會感到不悅，但這是不得不的困難決定。[37]
不過，美方一直到9月16日才由助理國務卿格林告知周
書楷此項決定，[38] 周書楷強調彭明敏來美後將助長台獨團
體之氣焰，後患無窮，但格林表示美政府已做最後決定無
法挽回，周書楷也只能再次重申反對立場。[39] 隔日（17）
彭明敏即前往美駐瑞典大使館辦理簽證手續。[40] 9月17、
18兩日，北美司司長錢復、外交部常務次長沈劍虹陸續
接見美國駐台大使館人員，美方再三強調核發簽證是基於
法律上之規定，拒發簽證「於法無據」，希望中華民國政
府不要擴大解釋，如將該決定視為美國支持台獨運動的象
徵。[41]

　　即便美方已經核准簽證，但中華民國政府依舊不放棄

[37] 王景弘，〈美國外交檔案中的「彭明敏案」〉，頁282。

[38] *FRUS, 1969-1976, Volume XVII, China, 1969-1972.*, p. 234.

[39] 「駐美大使館致外交部電，來電專號第129號」（1970年9月16
日），〈彭明敏等被捕〉，《外交部檔案》，檔號：406/0098/285-
287。

[40] 彭明敏，《自由的滋味》，頁254。

[41] 「錢司長與安士德代辦洽談彭明敏案談話記錄」（1970年9月17
日）、「外交部沈代部長與美國駐華大使館代辦安士德談話簡要
記錄」（1970年9月18日），〈彭明敏等被捕〉，《外交部檔
案》，檔號：406/0098/295-301。王景弘，〈美國外交檔案中的
「彭明敏案」〉，頁283-284。

任何機會，在彭明敏還未正式踏上美國國土前，持續向美方交涉。蔣中正總統就指示駐美大使周書楷致電美國總統尼克森（Richard Nixon，1913-1994），其請即刻下令有關機關阻止彭明敏入境。[42] 9 月 21 日，周書楷再度會見助理國務卿格林，盼美方能做最後努力阻止彭明敏入境，「以免造成不必要的誤會和其他不良後果」。[43] 同日國安局長周中峰與美國大使館人員會面時，則強調美國若無法阻止彭明敏赴美，至少要勸阻其從事政治活動。[44]

然而，中華民國政府的最後努力也未奏效。彭明敏拿到簽證後，先到挪威國際特赦組織全球年會發表演講，再取道英國赴美，9 月 29 日，彭明敏在逃離台灣 9 個月後踏上美國土地，這一待就是 22 年，直到 1992 年才回到台灣。[45]

即便彭明敏已入境美國，相關單位仍未放棄做最後努

---

[42] 原文為 "I strongly urge Your Excellency to consent issuing instructions to your Government organs concerned immediately to bar Peng's admission into your country." 「外交部致駐美周大使，發電總編第 6826 號」（1970 年 9 月 21 日）、「外交部致駐美周大使，北美（59）字第 929 號」（1970 年 10 月 1 日），〈彭明敏等被捕〉，《外交部檔案》，檔號：406/0098/306-310。

[43] 「駐美大使館致外交部電，來電專號第 145 號」（1970 年 9 月 22 日），〈彭明敏等被捕〉，《外交部檔案》，檔號：406/0098/315-316。王景弘，〈美國外交檔案中的「彭明敏案」〉，頁 284。

[44] *FRUS, 1969-1976, Volume XVII, China, 1969-1972.*, p. 234.

[45] 彭明敏，《自由的滋味》，頁 254-257。

力，如北美司仍試圖替美方找出拒發簽證的依據，但被以
「已少實益」打了回票。[46] 至此，中華民國政府已體認到
彭明敏入境美國已是無法改變的事實，遂將因應重心轉往
監控及反制彭明敏在美的行蹤與活動上。

二、抵美後活動之監控、反制與形象醜化

在彭明敏抵美不久後，10月9日外交部、教育部、
僑委會、新聞局、國安局、國民黨第三、四、六組等單位
隨即舉行專案會議研議因應對策，並提報海指會第三〇一
次會議核定。當中針對反宣傳、監控及壓制彭明敏活動等

---

[46] 「北美司一科簽呈」（1970年10月9日），〈彭明敏等被捕〉，
《外交部檔案》，檔號：406/0098/338-340。行政院副院長蔣經國
與10月21日與馬康衛見面時，重申美方核准彭明敏入境一事，
乃是過去20年來，兩國間摩擦最大的事件（the most abrasive event
in Sino-US relations in the last 20 years），此舉對將對台灣的政
治、社會之穩定與安全造成直接打擊（a direct blow at the political
and social stability and security of Taiwan），並使會使外界認為美
國對於台獨運動存有同情之心，這對台獨運動將是一大鼓勵（The
results were a widespread assumption that US was sympathetic to TIM
movement, a considerable encouragement to TIM movement）；馬康
衛重申核准簽證乃是不得已的決定，原因包含於法無據，及拒絕
簽證將會對中華民國政府造成廣泛傷害，馬康衛也表示美國並未
支持或鼓勵台獨運動，且將盡一切努力修補因此事造成兩國間之
嫌隙。類似的談話也出現在10月25日，副總統嚴家淦與美國總
統尼克森及國家安全事務助理季辛吉的會談中。*FRUS, 1969-1976,
Volume XVII, China, 1969-1972.*, pp. 234-238.

都作出指示。監控部分，將由駐美各工作小組、國安局、教育部駐美人員，設法收集彭明敏在美活動資料，提供有關單位運用；壓制方面，將有計畫性地發動忠貞學人、留學生、台籍人士，以寫信或致電方式向彭明敏發出警告，以壓制其「氣焰」；宣傳方面則決議：（1）不主動刊載彭案相關消息；（2）若發現外國報章報導彭之活動或言論時，應由駐外單位透過適當關係及人士出面駁斥；（3）將第六組編印有關彭之資料轉發駐外單位運用。[47]

　　彭明敏抵美後，除在密西根大學中國研究中心擔任研究員外，主要的活動就是應邀到各大學演講，「校園」成為彭明敏主要活動的地點，各校的「忠貞學生」便被賦予打擊彭明敏的任務。中華民國政府主要動員各校的「忠貞學生」，到彭明敏演講的場合，一方面記錄演講內容，另一方面伺機發言駁斥、叫陣，透過具體案例的描繪，對於我們理解「忠貞學生」所扮演的角色與實際在第一線執行任務的狀況，當能有更清晰且具體的圖像；對於彭明敏演講活動進行監控及反制，主要是希望以其從事「政治活動」，違反當初入境時之承諾為由，要求美方將其驅逐出境或是不給予延期簽證。以下就以具體案例來看中華民國

---

[47]　「陸海光致外交部，海指（59）字第1572號」（1970年10月30日），〈彭明敏等被捕〉，《外交部檔案》，檔號：406/0098/385。

政府的反制之道及成效。

1970 年 10 月 29 日，彭明敏到紐約參加美以美教會（The Methodist Church）的午餐聚會，席間有人發表台灣主權屬中華人民共和國的說法，彭明敏隨即加以反駁表示，台灣是台灣，台灣主權不屬於中華人民共和國，在場的駐聯合國代表團成員劉毓棠雖然也起身反駁，但劉毓棠認為台灣是中華民國的一個省，認為彭明敏「台灣是台灣」的說法意味著「台灣為一獨立國家」。[48] 該議題雖非彭明敏主動挑起，但卻被中華民國政府認定為參加政治活動的表現，駐美大使館隨即將彭明敏參加餐會一事，通知美國務院。[49] 11 月 13 日海指會第三○三次會議也決議請外交部以彭明敏在紐約之行為實已違反當初入境之承諾提請美方注意。[50]

1970 年 11 月 24 日，彭明敏在密西根大學發表赴美後的第一場公開演說，講題為「1949 年至 1969 年台灣之政治措施」，內容批評中華民國政府實行戒嚴、動員戡亂

---

[48] 「鈕文武致陸海光，鈕（59）字第 59621 號」（1970 年 11 月 2 日），〈彭明敏等被捕〉，《外交部檔案》，檔號：406/0098/397-398。

[49] *Lot File 75D76, POL 29(c)Peng Ming-Min, 1971-1972.* RG 59: Records of the Department of State, Bureau of East Asian and Pacific Affairs, Office of the Republic of China Affairs, Subject Files (1951-1978). National Archives (U.S.).

[50] 〈彭明敏等被捕〉，《外交部檔案》，檔號：406/0098/405-406。

臨時時期條款違憲、台灣地位未定等。[51] 芝加哥領事館副領事盧維德也親自到場觀察並錄音，卻遭到質問錄音是否有得到彭明敏之同意？盧維德事後在胡子平小組會議上檢討此事，認為在該等場合，個人力量單薄，發言駁斥時容易遭到「圍剿」，建議平日就在各大學組織「基本群眾」，同時邀請英文程度好且能言善道的學生學人組成「機動隊」，隨時前往台獨份子活動場合對其言行予以打擊；最後決議由各校的「學生黨員」作為對抗台獨之基層人員，設法混入台獨集會演講場合中作為「基本群眾」，並以「台獨重鎮」的密西根大學、威斯康辛大學及堪薩斯大學為重點區域；另外設法邀請「愛國優秀學人」組成「機動隊」，兩者互相搭配運用隨時反擊台獨活動。[52] 相關經費（包含酬勞）由安祥專案中支用，不足時，再以小組經費支應。[53]

由上述可見，中華民國政府對於彭明敏「散播謬論」的能力不敢小覷，也知道日後類似的演講活動會接二連三

---

[51] 「國安局致陸海光，（59）維寧 7170」（1970 年 12 月 9 日），〈彭明敏等被捕〉，《外交部檔案》，檔號：406/0098/424-425。

[52] 「胡子平工作小組會議記錄」（1970 年 11 月 25 日），〈偽台灣獨立聯合會〉，《外交部檔案》，檔號：406/0077/316-318。

[53] 上述提議經海指會第三〇七次會議（1971 年 1 月 23 日）通過備查。〈偽台灣獨立聯合會〉，《外交部檔案》，檔號：406/0078/43。

登場，故決定進行有組織性的打擊。所謂的「機動隊」，便經常「光臨」彭明敏的演講現場，負責「詰問」、「挑釁」、「抗議」、「鬧場」。簡言之，就是不讓演講順利進行或是達到彭明敏預定的「宣傳」效果，這種狀況，彭明敏在其回憶錄中有清楚記載：

> 每當公布我將在某地出現，國民黨特務便事先散發這類傳單（按：誹謗傳單），接著動員該地中國留學生。國民黨領事和其他代表會邀請中國留學生吃飯，會中說明我的「叛國劣跡」，鼓勵學生抗議我的出現，其方法包括舉牌遊行、騷擾會場、打斷討論等。在每次場合，都有中國學生提出相同的問題來問我，使我感覺到這些騷擾計畫缺乏創造性、不富於想像力。[54]

具體的案例相當多，如 1971 年 1 月 31 日，彭明敏至加拿大溫沙大學演講，據其回憶：

> 在演講中，我試圖解釋在台灣極大多數的台灣人與兩百萬大陸籍中國人間的微妙關係，突然有人站起來打斷我，向我挑釁，說我做為學者，應該引用何書、何章、何頁、何行，來確實證明在台

---

[54] 彭明敏，《自由的滋味》，頁 269。

中國人的數目是二百萬，不多也不少。以後，我
每說一句話，他們就叫號，要我引經據典來證明
我話的真確。顯然，他們有意擾亂會場，有一度
幾乎作勢要攻擊我，擔任主席的該校教授不得
不以逐出會場來威脅他們，會場秩序才稍微恢
復。[55]

相同說法在駐外單位回報「戰功」的報告中也可以得到驗
證：

彭逆發表濫調約一小時（九時至十時）會場中不
論來自台灣或香港之留學生，均紛紛起立發言駁
斥及加以抨擊，彭逆至感狼狽，啞口無言，我方
同志如杜渝、孔德諄等人均起立駁斥，香港僑生
平日與來自台灣之留學生，相處不洽，但反對彭
逆之謬論則一致。[56]

　　1971 年 2 月上旬，彭明敏獲邀至哈佛大學演講「中

---

[55]　彭明敏，《自由的滋味》，頁 273。

[56]　「周書楷致外交部電，來電專號第 457 號」（1971 年 1 月 14 日）、
　　「國家安全局致陸海光函，（60）和安字第 0839 號」（1971 年
　　2 月 20 日），〈彭明敏等被捕〉，《外交部檔案》，檔號：406/
　　0099/60-61、99-100。

國內戰與殖民地主義」，[57]並受邀擔任該校刑法及國際公法課程講授諮詢，談論自身受刑罰之經驗、台灣主權爭論、聯合國中國代表權等議題。對此，波士頓領事館及國民黨美東留學生黨部均動員「忠貞同學」前往「聽課」，準備「隨時予以駁斥」。事後領事館稱「頗著效果」，黨部也稱「使彭逆窮於應付」。[58]2月19日，彭明敏參加加州理工學院青年會所辦中國大陸暨台灣問題討論會演講，洛杉磯領事館事前除全力阻止彭明敏與會外，也推派「忠貞學人」陳受康教授與會，「相機駁斥彭逆謬論」。[59]該校中國同學會主席倪維斗也允諾屆時發動「愛

---

[57] 波士頓領事館的報告寫為「內戰、殖民及法律」。「歐陽璜致外交部電，附件：彭逆明敏在波士頓活動情形專案報告（1971年2月17日），波總（60）字第22960號」（1971年2月28日），〈彭明敏等被捕〉，《外交部檔案》，檔號：406/0099/126。

[58] 「歐陽璜致外交部電，來電專號第013號」（1971年2月11日）、「彭逆明敏在波士頓活動情形專案報告」（1971年2月17日），〈彭明敏等被捕〉，《外交部檔案》，檔號：406/0099/119-120、124-125。「海外對匪鬥爭工作統一指導委員會第三一一次會議記錄，附件：安祥專案第四小組工作執行情形報告」（1971年3月19日），〈陸海光會議〉，《外交部檔案》，國史館藏，入藏登錄號：020000016988A。

[59] 「羅安琪總領事館致外交部電，來電專號第453號」（1971年1月19日）、「羅安琪總領事館致外交部電，來電專號第452號」（1971年1月12日），〈彭明敏等被捕〉，《外交部檔案》，檔號：406/0099/79-80。

國學人」到場駁斥。[60] 當天，彭明敏演講「台灣及其未來」，強調台灣國際地位未定，應由台灣人民公投決定，批評中華民國政府實行警察統治等。會後座談時間，領事館動員來的「忠貞學生」對演講內容「群起駁斥」，使彭明敏「頗感困窘」，「旋即匆匆離去」；後來演講的陳受康，也逐點駁斥彭明敏演講之內容，領事館人員評價彭明敏此次演講「未收任何效果」，「徒增一般留學生對其惡感」。[61]

又如 1971 年 3 月 11 日，彭明敏到威斯康辛大學演講，芝加哥領事館透過留學生黨部及該校中國同學會，聯繫學生黨員及「忠貞學生學人」充當基本「聽眾」，並由該校博士生莊德芠擔任「主辯人」，並在現場散發反台獨文宣；據領事館的報告，莊德芠「表現優異」，加上阮大仁、劉日華、夏元生等學生「助陣」，讓彭明敏「難以下台」；報告中更稱本次演講乃彭明敏抵美後遭到最嚴重一次之打擊，且增加一般人對彭明敏之惡感。[62] 3 月 31

---

[60]　「國家安全局致陸海光，（60）和安字第 0669 號」（1971 年 2 月 9 日），〈彭明敏等被捕〉，《外交部檔案》，檔號：406/0099/94-95。

[61]　「周游致陸海光，羅（60）字第 0490 號」（1971 年 2 月 23 日），〈彭明敏等被捕〉，《外交部檔案》，檔號：406/0099/110-111。

[62]　「駐芝加哥總領事館致外交部代電，芝（60）字第 114 號」（1971 年 3 月 16 日），〈偽台灣獨立聯合會〉，《外交部檔案》，檔號：406/0078/237-244。

日，彭明敏在密西根大學演講「以國際法觀點看台灣之法律地位」，消息由該校「聯絡同學」（姓名不詳）回報芝加哥領事館，該「聯絡同學」除以其個人關係邀請美籍友人及「忠貞同學」陳景泰準備發言駁斥外，芝加哥領事館也請留學生黨部預先安排該校學生黨員充當「聽眾」，副領事盧維德則協同芝加哥大學學生夏元生一同前往。[63] 不知道是否是因為上回在該校演講時，盧維德在現場錄音遭到質問，檔案中稱盧維德「未便進入會場」。會後「聯絡同學」則撰寫演講摘要呈給領事館。[64]

雖然駐外人員在報告中經常給彭明敏下「學養不足」、「喜怒每形於色」，演講內容「給人不良印象」之負面評語，但為了對彭明敏的活動情形有所掌握以便向美方交涉，因此除了發言「圍剿」外，針對演講內容及現場問答，都留下詳細紀錄。在前述威斯康辛大學的演講中，檔案中可見到一份由與會留學生署名天問所寫長達 24 頁的「彭明敏在威大兩次演講會經過」報告，這份報告應是天問主動撰寫然後送給領事館參考，由於內容「充實詳

63　檔案中提及原本邵玉銘及陳林兩位同學也要前往會場，但因另外有約而作罷。順帶一提，邵玉銘為中山獎學金（民國 53 年度）得主。《中央日報》，1965 年 3 月 3 日，版 8。

64　「駐芝加哥總領事館致外交部代電，芝（60）字第？號」（1971年 4 月 9 日），〈彭明敏等被捕〉，《外交部檔案》，檔號：406/0099/194-201。

細」，「頗具參考價值」，外交部還要求查明作者身分，以便運用及致謝。[65] 波士頓領事館針對彭明敏在哈佛大學演講及活動情形也撰寫一份長達 26 頁的報告，並上呈至蔣中正總統過目。[66]

　　中華民國政府也透過在演講現場拍照蒐證的方式，企圖對前來參加的留學生造成心理壓力。如彭明敏回憶有一回至到史丹佛大學東亞研究中心演講（1971 年 2 月 23 日），當場即有「特務」對提問學生一一拍照，「顯然是要藉此辨別及威脅可疑的學生」。[67]

　　以上所述主要是以動員「機動隊」對彭明敏的演講進行駁斥與反擊，透過不斷地攻擊與質問，試圖減損彭明敏

---

[65] 經查作者為前中央日報社長阮毅成的兒子阮大仁。「彭明敏在威大兩次演講會經過」、「外交部致駐芝加哥總領事館函，北美（60）字第 463 號」（1971 年 6 月 24 日）、「鄧權昌致北美司司長錢復」（1971 年 7 月 15 北美司收文），〈彭明敏等被捕〉，《外交部檔案》，檔號：406/0099/240-263、266、274。這份報告後經簡化刊在《中華青年》。天問，〈記彭明敏在威大的兩次演講〉，《中華青年》，第 3 期（1971 年 9 月 30 日），頁 19-26。

[66] 「歐陽璜致外交部電，附件：彭逆明敏在波士頓活動情形專案報告（1971 年 2 月 17 日），波總（60）字第 229 號」（1971 年 2 月 28 日）、「總統府致外交部，（60）台統（一）信 6731」（1971 年 3 月 31），〈彭明敏等被捕〉，《外交部檔案》，檔號：406/0099/121-149、173。

[67] 彭明敏，《自由的滋味》，頁 272；「駐金山總領事館致外交部代電，金（60）字第？號」（1971 年 2 月？），〈彭明敏等被捕〉，《外交部檔案》，檔號：406/0099/105-107。

演講的公信力及影響力。此外，中華民國政府也積極向美
方交涉，將彭明敏的校園演講定調為「政治活動」，以
違反當初其入境時之承諾為由，希望美方將其驅逐出境或
不給予簽證延期。前述針對演講所寫的報告，為的就是作
為彭明敏從事政治活動的證據。海指會便多次要求相關單
位多方收集此類資料，不限書面，照片乃至錄音皆可，彙
整成冊，以便向美方交涉。[68] 對此，美方並未積極回應。
中華民國政府認為美方立場曖昧，屢次以彭明敏未參加有
組織性政治活動為由作為搪塞之語。[69] 確實，初期對於彭
明敏從事政治活動的指控，美方多以尚無所悉，或是將予
調查等語帶過。[70] 檔案中見到美國較積極回應的一次是，
1972 年 3 月間，駐美大使館再度向國務院反應彭明敏從
事政治活動，當下國務院人員表示已向前美國駐日大使賴

---

[68] 「陸海光致外交部，海指（60）2207」（1971 年 10 月 22 日）、
「華興小組第九次工作會議紀錄」（1971 年 10 月 19 日）、「駐
芝加哥總領事館致外交部代電，芝（60）字第 657 號」（1971
年 11 月 1 日）、「陸海光致外交部，海指（60）2664」（1971
年 12 月 21 日），〈彭明敏等被捕〉，《外交部檔案》，檔號：
406/0100/52、78、103-104、128。

[69] 「外交部致駐美沈大使代電，外（60）北美一 019864」（1971 年
10 月 8 日），〈彭明敏等被捕〉，《外交部檔案》，檔號：406/
0100/30。

[70] 「駐美大使館致外交部代電，美政（60）字第 602097 號」（1971 年
11 月 16 日），〈彭明敏等被捕〉，《外交部檔案》，檔號：406/
0100/106。

孝和等當時擔任彭明敏入境時之保證人「有所表示」，不過尚且無法迫使彭明敏離境。[71] 關於美方是否驅逐彭明敏出境，美國中央情報局官員凱萊（Jim Kelly）在與駐美大使館人員會面時就曾明白指出，美方若將彭明敏驅逐出境，反會引起軒然大波，至於入境美國後不從事政治活動之承諾，「此種保證難以切實追究」。[72] 中華民國政府縱使透過駐外人員、各校「忠貞學生」努力收集相關證據，但仍無法促使美方驅逐彭明敏出境。即便 1971 年 9 月及 1972 年 4 月的兩場「台灣民眾大會」，證明彭明敏與台獨運動密切關連，但彭明敏仍持續獲准留在美國，繼續發揮其影響力。

　　除了向美方施壓外，根據美國外交檔案顯示，中華民國政府也曾透過自己的管道，於 1971 年 8 月間派「密使」赴美要「勸降」彭明敏回台，承諾其若願意接受「反攻大陸」的國策及中華民國政府在島上的武力控制，則可在省級政治事務上扮演活躍角色，但遭到回絕。[73]

---

[71] 「駐美大使館致外交部代電，美華（61）字第 610705 號」（1972 年 4 月 13 日），〈彭明敏等被捕〉，《外交部檔案》，檔號：406/0100/146-148。

[72] 「駐美大使館致外交部代電，美秘（61）字第 611035 號」（1972 年 5 月 31 日），〈彭明敏等被捕〉，《外交部檔案》，檔號：406/0100/160-163。

[73] 原文為 The man urged Peng to return to Taiwan and cooperate with the GRC. Peng turned down the invitation because he found the conditions

　　在反宣傳方面，中華民國政府除了全力封鎖相關消息傳入島內外，[74] 更採取「形象醜化」的手法。在一份國防部提供的資料中，除了針對彭明敏「誣指」大陸人統治台灣人、政府不重用台灣人、台灣是警察統治等論點逐一駁斥外，更從道德層面瓦解彭明敏之信譽與人格，先是指控彭明敏「品德低劣」、「生活腐化」，「用盡各種卑劣手段，追逐誘騙，其敗德亂行，寡廉鮮恥之行為，引起台大師生及輿論界的不齒，被迫辭職」，後稱彭明敏不但不思悔改，更於 1964 年成立非法組織，企圖顛覆政府，叛亂國家，潛逃出境後，更到處散播謠言，捏造事實，欺騙世

---

set by the ROC unacceptable. The emissary had told Peng that if he would accept the continued validity of the "return to the mainland" policy, and of ROC control of the military forces on the island, he would be permitted to become active in provincial political affairs. *FRUS, 1969-1976, Volume XVII, China, 1969-1972.*, pp. 624-625.

74　若是查詢中央日報及聯合報資料庫，會發現在彭明敏逃出台灣後的 1970 年代，整整十年間在國內主要報紙上，彭明敏就如同人間蒸發般沒有任何報導，就連「負面」消息也沒有。由此可見，中華民國政府在島內封鎖消息之嚴密。在國外媒體的部分，中華民國政府雖無法直接干預報導內容，但仍由警備總部以「檢扣」方式，防止相關報導流入台灣。當 *Newsweek* 於 2 月 16 日刊登彭明敏訪問報導後，就連主管美國台獨事務的北美司也必須配合將該刊繳回。「台灣警備總司令部致外交部函，（60）適柏字 0675號」（1971 年 1 月 20 日）、「安全室致北美司，安（59）字第283 號」（1970 年 4 月 23 日）、「北美司致本部安全室函，北美（59）字第 465 號」（1970 年 4 月 25 日），〈彭明敏等被捕〉，《外交部檔案》，檔號：406/0099/83、0098/171-172。

人。[75] 國民黨第六組也編印一份「彭明敏其人其事參考資料」，由紐約《美洲日報》分八天連載。[76] 彭明敏接受日本教育被說成「根深蒂固地種下了媚日的心理基礎」；在長崎被炸斷手臂一事，也被說為形成他此後「一種自卑而自大狂的變態心理」，更說彭明敏：

> 聰明不用於正途，平日放浪形骸，以殘廢者的自卑感作祟，特別偏好女色，凡其所好，不論尊卑，一概獵取，在其授業之女生中，被其脅誘成姦者不知凡幾。[77]

內文中舉出數例要來證明彭明敏「人面獸性」、「霸佔人妻」、「刁鑽刻薄」、「含血噴人」、「為人狠毒」、「驕縱盈逸」，可以想到的負面用語大概都用上了。[78] 正如彭明敏自己所說的「幾乎描寫我成為強姦殺人放火無惡不作的大壞蛋」。[79] 姑且不論這些指控內容之可信度有多少，單從近似「扒糞」的行文方式就可知道中

---

[75]　〈國防部致外交部函，（59）欣舞1709號」（1970年2月16日），〈彭明敏等被捕〉，《外交部檔案》，檔號：406/0098/100-103。

[76]　「鈕文武致陸海光，鈕發字第010號」（1970年12月11日），〈彭明敏等被捕〉，《外交部檔案》，檔號：406/0099/12。檔案中未收錄刊登出來版本之剪報。

[77]　〈彭明敏等被捕〉，《外交部檔案》，檔號：406/0098/434-441。

[78]　〈彭明敏等被捕〉，《外交部檔案》，檔號：406/0098/434-441。

[79]　彭明敏，《自由的滋味》，頁269。

華民國政府亟欲摧毀彭明敏的心態。在前述各種演講場合中，也經常出現彭明敏過去從蔣介石手中獲得私人恩賞而獲得高位，如今卻背叛蔣介石之類的「道德問題」指控。[80] 旅美期間，各式近乎「謾罵式」的傳單也如影隨行地跟著彭明敏：

> 當我旅行各地，國民黨特務的反應，都有些共同的型態，不論在麻州、密西根州、加州、威斯康辛州、俄亥俄州或加拿大。顯然，他們以為散發一連串誹謗傳單，形容我為「共產黨暴徒」、「失意政客」、「美國中央情報局特務」、「日本走狗」，這樣就能毀滅我。[81]

每當彭明敏在一地演講完畢後，隔幾日就會有美、日和香港的中文報刊，刊載所謂演講「內幕」，彭明敏認為這些報導都嚴重曲解他的本意，對他進行無理的毀謗，最標準的說法是說他英文奇糟無比，表達拙劣。[82] 駐外單位

80　彭明敏，《自由的滋味》，頁 270。

81　彭明敏，《自由的滋味》，頁 269。

82　彭明敏，《自由的滋味》，頁 272。如中華民國政府支持成立的「紐約台灣同鄉福利會」會刊《中華青年》上就有多篇批判彭明敏的文章，如孫君健，〈彭明敏在說些什麼〉，《中華青年》，第 2 期（1971 年 6 月 30 日），頁 33-35；天問，〈記彭明敏在威大的兩次演講〉，《中華青年》，第 3 期（1971 年 9 月 30 日），頁 19-26。

也會將這些文章廣為發送以打擊彭明敏之聲譽。[83] 海指會曾於 1970 年 12 月發函警備總部，請其提供彭明敏當時入獄時所寫之「悔過書」，[84] 準備廣為分送以「揭露其本來

83　如華興小組就曾要求駐外單位，將一篇《新聞天地》（吳沁仁，〈台獨「靈魂」成孤魂〉，《新聞天地》，第 1277 期（1972 年 8 月 5 日），頁 17。）批判彭明敏「不學無術」、「聲名狼藉」的文章，影印後分送給當地台籍人士。「華興小組致霍光先生，（61）華誠字第 545 號」（1972 年 12 月 21 日），〈台獨左傾〉，《外交部檔案》，檔號：406/0021/40-42。

84　根據檔案，彭明敏的辯護律師梁肅戎曾具狀給警備總部，表示彭明敏對於過去所為深知悔悟，並出示彭之親筆悔過書，呈請總統予以特赦。警備總部據此呈報國防部，擬請依赦免法特赦彭明敏免除其刑，對於謝聰敏及魏廷朝各減輕其刑二分之一，參謀總長黎玉璽於 1965 年 10 月 28 日上簽呈給蔣中正總統，總統府秘書長張群及總統府參軍長彭孟緝於 29 日轉呈總統，蔣中正親筆批示「彭明敏既親筆提其悔過書並願亟思報國以贖前愆應准赦免法准予特赦至魏謝二犯並未悔過則不准減刑」，彭明敏於 11 月 3 日出獄。「為彭明敏等叛亂案據台灣警備總部呈請赦減其刑簽請鑒核由」（1965 年 10 月 28 日）、「原件暨彭明敏悔過書呈」（1965 年 10 月 29 日）、「警備總部致總統府第二局函，（59）勁雲字第 7041 號」（1970 年 12 月 14 日），〈彭明敏等叛亂案〉，《國防部軍法局檔案》，檔案管理局藏，檔號：0054/3132534/534。檔案中未見「悔過書」原件，根據《中央日報》報導，彭明敏在「悔過書」中表示：「我之所以誤入歧途，完全是由於對時局認識不清，對自身責任不明，故一念之差，誤蹈法網。過去幾個月間，得有機會作冷靜澈底的檢討和思索，現在除對個人的錯誤行為深感慚愧以外，經過多方面的反省，已對反攻大陸前途之光明深具信心。」同年 11 月 12 日國父誕辰百年紀念日，彭明敏還發表談話表示：「明敏因一時的嚴重過錯，觸犯法網，叨國家的特殊恩典，纔有今日，願盡棉薄，為指迷破妄，反共愛國而努力，以

面目」，但經鈕文武小組及華興小組研議後認為，其內容多為洗刷罪行之一方文字，若引用此資料，恐將造成反效果，故決定暫不分發運用。[85]

第二節 刺蔣案之因應

1970 年 4 月，時任行政院副院長的蔣經國赴美訪問，所到之處除了美方安排的歡迎儀式及僑胞的熱情迎接外，將之視為「特務警察」頭子的台獨人士也隨侍在側，以抗議標語與口號迎接「獨裁者接班人」的來訪。蔣經國是蔣介石欽點的接班人，穩步接班加上島內政治控制嚴密，形成難以打破的「超穩定政治結構」，對於台獨人士而言，如何突破此一「超穩定政治結構」成了推翻中華民國政府的一個重要指標。「行刺」蔣經國成了台獨人士之間的一個選項，問題是怎麼做？何時行動？蔣經國 1970

報答總統的德意於萬一。」《中央日報》，1964 年 11 月 4 日，版 3；11 月 12 日，版 3。不過，彭明敏本人在其回憶錄中並未提到曾寫過悔過書，僅提到其母親曾上陳情書給蔣中正總統。彭明敏，《自由的滋味》，頁 190-191、194。

[85] 「俞國斌致外交部電，來電專號第 654 號」（1970 年 12 月 23 日）、〈彭明敏等被捕〉，《外交部檔案》，檔號：406/0098/442；「鈕文武致外交部電，來電專號第 651 號」（1970 年 12 月 10 日）、「華興小組致外交部電，來電專號第 409 號」（1970 年 12 月 28 日）、〈彭明敏等被捕〉，《外交部檔案》，檔號：406/0099/10、14。

年的訪美之旅，讓黃文雄、鄭自才等人看到突破的機會。
本節將探討 1970 年「刺蔣案」發生的背景、過程、事後
法庭的攻防與台灣同鄉的救援，接著討論面對「接班人」
遭槍擊，乃至「兇手」棄保逃亡後，中華民國政府的因應
策略。

一、槍響、法庭攻防與台灣同鄉的救援

　　蔣介石長期擔任總統，也逐步培養其兒子蔣經國為接
班人，透過白色恐怖的高壓統治，形成台灣島內的「超穩
定政治結構」。[86] 台獨人士則是集思如何才能打破這樣的
結構。以「刺蔣（經國）」手段來打亂蔣介石接班佈局，
鬆動家天下黨國體制的想法隨著蔣經國接班態勢明顯而
逐漸在台獨人士間流傳、討論。[87] 1969 年蔣經國赴美弔

---

[86] 黃文雄，〈424 刺蔣事件的回顧與反思〉，收入張炎憲、曾秋美、
陳朝海編著，《自覺與認同：1950-1990 年海外台灣人運動專輯》
（台北：吳三連台灣史料基金會，2005 年），頁 216。

[87] 黃文雄，〈424 刺蔣事件的回顧與反思〉，頁 216-217。1950 年，
史明就曾組織「台灣獨立革命武裝隊」，準備暗殺蔣介石，後因
事跡敗露而作罷。蘇振明，《衝突與挑戰：史明的生命故事》
（台北：草根文化，2011 年），頁 69-70、76；1950 年代，廖文毅
也曾指示島內工作人員應做出革命行動，刺殺蔣經國一度成為選
項，不過僅停留在紙上作業。張炎憲、胡慧玲、曾秋美，《台灣
獨立運動的先聲：台灣共和國》（上冊）（台北：吳三連台灣史
料基金會，2000 年），頁 63；1963 年蔣經國訪問美國時，日本台
灣青年社也曾購槍打算趁其過境日本時將之暗殺，不過也未真正

唁前美國總統艾森豪（Dwight David Eisenhower，1890-1969）時，時任台獨聯盟副主席的張燦鍙就認為，如果可以攻擊蔣經國而製造台灣內部動亂的話，蔣介石想再培養接班人也來不及，我們才有機會打破現在這個穩定的局面，尋求獨立的機會。[88] 同時期的《台灣青年》也出現影射暗殺蔣經國的文章。[89] 雖然有「刺蔣」的想法，但距離實際執行仍有一大段距離。[90] 而實際將「刺蔣」構想付諸實行的是黃文雄、鄭自才、賴文雄等當時台獨聯盟的成員。

蔣經國於 1970 年 4 月 18 日起展開為期 10 天的訪美行程。[91] 雖然當時蔣經國名義上僅是行政院副院長，不

實行。黃昭堂口述，張炎憲、陳美蓉採訪整理，《建國舵手黃昭堂》，頁 140。

[88] 〈蔡同榮先生訪問記錄〉，收入陳儀深訪問，林東璟等紀錄，《海外台獨運動相關人物口述史續篇》（台北：中央研究院近代史研究所，2012 年），頁 189。

[89] 該文將蔣經國比喻為「呆子」，認為欲使呆子改變其呆性，只有將之打死以外，別無他法。《台灣青年》，第 105 期（1969 年 8 月 5 日），頁 36-38。刺蔣案爆發後，該文成為大使館交給檢察官佐證台獨團體為暴力組織的證據之一。「駐美大使館致外交部電，來電專號第 746 號」（1970 年 4 月 30 日），〈叛徒謀刺蔣副院長〉，《外交部檔案》，檔號：406/0046/5。

[90] 〈鄭自才先生訪問記錄〉，收入陳儀深訪問，簡佳慧等紀錄，《海外台獨運動相關人物口述史》（台北：中央研究院近代史研究所，2009 年），頁 375。

[91] 《中央日報》，1970 年 4 月 19 日，版 1。

過美方卻以高規格接待，不但國務卿羅傑斯（William P. Rogers，1913-2001）[92] 親自接機，尼克森總統也在白宮歡宴。[93] 台獨人士則以示威抗議來「歡迎」蔣經國的到來。[94] 4 月 24 日，蔣經國預定在紐約的廣場飯店（Hotel Plaza）發表演講，台獨聯盟在得知消息後也緊急發出示威通知。[95]

　　鄭自才在得知蔣經國訪美的消息後，決定展開行動，先是請陳榮成提供槍枝，[96] 之後再找來黃文雄與賴文雄共商進行方式，黃文雄與鄭自才還前往偏遠樹林練習射擊。行動前一天 4 月 23 日，黃文雄、鄭自才、賴文雄三人聚

---

[92] Secretary of State (1969. 1-1973. 9).

[93] 《中央日報》，1970 年 4 月 22 日，版 1；4 月 23 日，版 1。

[94] 「駐羅安琪總領事館致駐美大使館代電，羅（59）字第 7095 號」（1970 年 4 月），〈叛徒謀刺蔣副院長〉，《外交部檔案》，檔號：406/0045/82-85；《台灣青年》，第 114 期（1970 年 5 月 5 日），頁 7；"Taiwan Group Stages Protest at White House against Chiang," *The New York Times*, Apr 21, 1970, p. 3.

[95] 張燦鍙，《八千哩路自由長征：海外台灣建國運動二十個小故事》（台北：前衛出版社，2006 年），頁 66。

[96] 根據陳榮成的說法，他在 4 月 13 日接到鄭自才的電話，請他交出兩支台獨聯盟出錢購買的手槍，陳榮成於 4 月 17 日抵達紐約將槍枝與剩餘子彈交給鄭自才，並示範槍枝的用法，但特別囑咐這兩把槍枝僅能作為練習之用，他本身並不知道後來槍枝會作為暗殺蔣經國之用。對於鄭自才宣稱是他是接獲「指令」而提供槍枝，他駁斥係「片面之詞」。陳榮成，《我所知道的四二四事件內情》（台北：前衛出版社，2014 年），頁 8、47、60。

在一起討論隔日行動事宜並探勘場地，至於由誰來開第一槍，鄭自才本自願擔任，不過最後決定由黃文雄出面，主要原因在於其他兩人都已結婚且有小孩，鄭自才則負責在一旁散發傳單。[97] 4 月 24 日中午，在廣場飯店外頭已聚集台獨聯盟成員在一旁示威抗議，[98] 黃文雄與鄭自才也準備進行「刺蔣」作業。

在蔣經國抵達前，安全人員已在飯店門口的旋轉門前排成兩行，形成一個通道，當蔣經國步入通道準備進入旋轉門時，持槍的黃文雄突然衝向蔣經國的方向，在離蔣經國 2、3 公尺的地方開槍射擊，但被一旁員警飛身將其手肘往上托，導致子彈從蔣經國頭上飛過去，黃文雄要再開第二槍時，就被身旁員警壓制在地。一旁散發傳單的鄭自才見狀衝過去要救黃文雄時，遭到警棍毆打，眼鏡被打破掉，當場血流如注。[99] 當天下午，兩人被法院裁定拘留，關押在 The Tombs 監獄。[100] 隔日美國各大報紛紛譴責此

---

[97] 〈鄭自才先生訪問記錄〉，頁 375-382；黃文雄，〈424 刺蔣事件的回顧與反思〉，頁 216-218。

[98] 張燦鍙，《八千哩路自由長征：海外台灣建國運動二十個小故事》，頁 66。

[99] 黃文雄，〈424 刺蔣事件的回顧與反思〉，頁 218-219；〈鄭自才先生訪問記錄〉，頁 381-384。《台灣青年》刊有一張鄭自才頭部流血的照片。《台灣青年》，第 114 期（1970 年 5 月 5 日），頁 13。

[100] 〈鄭自才先生訪問記錄〉，頁 383-384。

一暴力行為，不過這一槍卻也意外地讓台獨主張獲得不小篇幅的報導與評論。[101]

　　槍擊案發生後的第一時間，台獨聯盟發言人陳隆志與主席蔡同榮接受媒體訪問時均表示，聯盟與槍擊案無關，也不知道行刺者的身分。[102]當天晚上，聯盟再發表聲明表示，槍擊案並非聯盟所為，且聯盟絕對反對暴力手段。[103]「刺蔣案」確實並非台獨聯盟所策劃，只是參與者恰好都是聯盟的成員。[104]面對槍擊案，台獨聯盟一方面要避免被認定為暴力團體，影響聯盟發展，所以第一時間的「切割」是可以理解的。[105]但另一方面，「刺蔣」對台獨運動

---

[101]　A.D.Horne, "Exiles Seek Free Formosa," *The Washington Post*, Apr 25, 1970, p. A4. "Chiang's Son Shot At Here But Is Saved by a Detective," *The New York Times*, Apr 25, 1970, p. 1. J.Stuart Innerst, "Taiwan Under Chiang," *The New York Times*, May 4, 1970, p. 36. Flora Lewis, "Independent Taiwan-Way Out of Two-China Problem," *Los Angeles Times*, May 4, 1970, p. 9. Flora Lewis, "A way to solve Problem," *Chicago Sun Times*, May 5, 1970, p. 34.〈偽台灣獨立聯合會〉，《外交部檔案》，檔號：406/0077/121、148。

[102]　"Chiang's Son Shot at Here But Is Saved by a Detective," *The New York Times*, Apr 25, 1970, p. 1.

[103]　「駐紐約總領事館致外交部代電，紐（59）第 59246 號」（1970年 4 月 28 日），〈叛徒謀刺蔣副院長〉，《外交部檔案》，檔號：406/0045/86。鄭自才提到事件後，陳隆志曾投書 *The New York Times* 表示聯盟並不贊成暴力行為。〈鄭自才先生訪問記錄〉，頁 387。惟筆者未找到該篇投書。

[104]　〈鄭自才先生訪問記錄〉，頁 78。

[105]　陳儀深，〈1970 年刺蔣案——以《外交部檔案》為主的研究〉，

而言是件意義重大的事，加上兩人盟員的身分，都讓台獨聯盟不可能置身事外，隨即幫忙兩人聘請律師。台獨聯盟這樣的處境，在 4 月 27 日發出的聲明稿中清楚展現：

聯盟遺憾這件事情採取暴力手段，對於不負責任的暴力手段並不寬恕、贊同或推薦，但對於兩位當事人的命運與處境深感關心。[106]

4 月 28 日，法院首度開庭審理，檢察官以兩人罪行嚴重為由反對保釋，不過法院仍裁定兩人各以 10 萬美元交保，當庭並未決定全案是否提交陪審團，並定 3 週後開庭。[107] 雖然兩人可以交保，不過 20 萬的保釋金對當時以留學生為主體的台獨聯盟而言可說是天文數字。聯盟於 4 月 30 日發出「独立的怒吼 震驚全世界 拯救黃文雄同志運動熱烈展開」文宣，籌募保釋金及訴訟費用，目標是 50

收入《戰後檔案與歷史研究：第九屆中華民國史專題論文集》（台北：國史館，2008 年），頁 1085。

[106] 原文為 It is most unfortunate that this release took the form of an act of violence. We do not condone, approve, or recommended the irresponsibility of violence. However, we are deeply concerned over the fate and plight of Peter Huang and Tzu-tsai Cheng.《台灣青年》，第 114 期（1970 年 5 月 5 日），頁 14-15。

[107] 「駐紐約總領事館致外交部代電，紐（59）第 59246 號」（1970 年 4 月 28 日）、「黃、鄭行刺案辦理經過節要（一）自 59 年 4 月 24 日至 5 月 18 日」，〈叛徒謀刺蔣副院長〉，《外交部檔案》，檔號：406/0045/86-88、208-209。

萬美元。文宣當中未譴責刺蔣的暴力手段，反而大力稱許
黃文雄的勇氣與精神：

> 黃文雄志士突然以其無比的勇氣與犧牲的精神揭
> 開了二十年來被特務統治緊緊地關閉著的台灣歷
> 史的門扉，將台灣人被蔣家亡國集團剝奪人權自
> 由的事實赤裸裸地公諸於全世界。一夜之間轟動
> 的消息傳遍全球每一個角落，各國政府與人民瞬
> 間從國共鬥爭問題，二個中國的問題的迷霧中覺
> 醒，以嶄新的耳目深刻地認清了台灣人強烈無比
> 的獨立建國意識與台灣問題解決的途徑。黃志士
> 以必死的決心衝向儼者金湯固地的獨裁者身邊時
> 喊出的「台灣獨立萬歲！」的怒吼更喚醒了台灣
> 民族的靈魂，嚮徹了每一位台灣人的心底。[108]

---

[108] 《台灣青年》，第 114 期（1970 年 5 月 5 日），頁 22-23。關於
黃文雄與鄭自才被捕時，是否曾高喊「台灣獨立萬歲」，鄭自
才日後接受訪談時表示，他本人應該沒有喊，至於黃文雄有沒
有喊，他不知道。〈鄭自才先生訪問記錄〉，頁 384。根據 *The New York Times* 的報導，黃文雄在被押往警車途中高喊 "Long live Formosa, long live Taiwan, down with Chiang Kai-shek"." Chiang's Son Shot at Here But Is Saved by a Detective," *The New York Times*, Apr 25, 1970, p. 1.《台灣青年》則稱黃文雄被捕時喊出 "Let me stand like a man""Long live Independent Taiwan"《台灣青年》，第 114 期（1970 年 5 月 5 日），頁 19。2012 年政治大學 85 週年校慶，選出黃文雄為傑出校友，《政大校訊》（111 期，2012 年 5

　　稍後，台獨聯盟及旅美台灣同鄉也成立「黃鄭救援基金會」（Formosan Civil Liberties Defense Fund），發出「救援黃鄭兩氏呼籲書」，將該起事件定位在這一代台灣人共同的悲劇命運並訴諸同胞愛：

> 這一次事件的發生實在是這一代台灣人共同悲劇命運的反映；不論大家對此事件的看法如何，眼看黃鄭兩氏及其家族所遭遇的困難和痛苦，同胞愛、憐憫之情不覺油然而生。站在黃鄭兩氏友人及純然同情者的立場，在徵求黃晴美女士的同意後，我們發起成立這個救援基金會，從心底深處呼喚各位體念同胞兄弟姊妹手足之情，一致來分承這一份貴重的共同情感，盡最大的立場來援助已經陷于無依無恃的兄弟！（中略）二十幾年來，我們台灣人已經共同嘗盡了血淚痛苦，際此艱難時刻，謹請大家共勉互助。[109]

月 15 日）上的報導則稱當時黃文雄喊的是 "Let me stand up like a Taiwanese"。而當時參與台獨運動的邱義昌及黃雪香則回憶新聞轉播說的是 "Let me stand up like a Man"，〈邱義昌訪談記錄〉、〈黃雪香訪談記錄〉，收入張炎憲、沈亮主編，《青春・逐夢・台灣國系列 6：釘根》（台北：吳三連台灣史料基金會，2013 年），頁 124、177。

[109]　《台灣青年》，第 114 期（1970 年 5 月 5 日），頁 24。

　　此外，日本、歐洲及加拿大的台獨聯盟也發出公開信，呼籲台灣同鄉出錢出力將「走在革命先鋒」的黃文雄、鄭自才拯救出來。[110]台獨刊物也藉此機會鼓舞士氣，不但稱讚「刺蔣」為「除暴義舉」，更稱這一槍讓「每個角落的台灣人熱血沸騰、人心振奮」，直言「充滿台灣人憤怒的槍彈與刀劍，總有一天必會射穿蔣經國的心臟」。[111]這些言論當然是為了激勵人心與士氣，不過不可否認的是，「刺蔣」的這一槍對於當時的台灣留學生而言是相當震撼的。[112]

　　在法庭攻防方面，5月4日，檢方正式向陪審團提出控告，並陸續傳喚鄭自才妻子黃晴美、台獨聯盟主席蔡同榮、提供槍枝的陳榮成等人出庭作證；根據紐約領事館的紀錄，蔡同榮對重要問題均援引美國憲法修正案第5條規定未做答覆，陳榮成則坦承槍擊係由其購買提供，於4

---

[110] 《台灣青年》，第114期（1970年5月5日），頁25-28；黃昭堂口述，張炎憲、陳美蓉採訪整理，《建國舵手黃昭堂》，頁199、210。

[111] 《台灣青年》，第114期（1970年5月5日），頁1、27。

[112] 王秋森（1966年加入U.F.A.I.）於2000年吳三連台灣史料基金會舉辦的「424刺蔣事件與台灣」座談會上表示，刺蔣案最大的意義是喚醒海內外的台灣人，讓大家開始產生「認同」，他指出台灣留學生在出國以前，很難有什麼精神價值可以認同，但這聲槍響，喚起了所有他知道的留學生、各處同學會的熱情與認同感，這是前所未見的。《台灣史料研究》，第15號（2000年6月），頁175-176。

月16日送達紐約，價款係向台獨聯盟報銷。5月15日，陪審團確定黃、鄭兩人有罪，以意圖謀殺及非法持有武器向紐約地方法院起訴，黃、鄭兩人律師當庭要求降低保釋金，但未獲准，全案訂5月25日移送紐約州最高法院審判，屆時再針對保釋金額作裁定。[113] 黃、鄭兩人遭起訴後，其律師希望傳喚威斯康辛大學教授 Douglas Mendel 及駐美大使館法律顧問出庭作證，以說明本案的政治背景並釐清兩人之在台家屬是否被捕及中華民國政府是否向檢方施壓以維持高額保釋金等，惟均遭到法官駁回。[114] 5月25日，法院裁定黃文雄保釋金維持不變，鄭自才降至9萬元。鄭自才並於隔（26）日獲得保釋，保釋金係由蔡同榮、張燦鍙、黃呈嘉、沈雲夫婦、葉國勢等人分以股票、存款、房屋等作為抵押品，由紐約「公共服務互助保險公司」（Public Service Mutual Insurance Co.）出面向法院繳納。[115] 鄭自才保釋出獄後，台獨聯盟及「黃鄭救援基金

---

[113] 「黃、鄭行刺案辦理經過節要（一）自59年4月24日至5月18日」，〈叛徒謀刺蔣副院長〉，《外交部檔案》，檔號：406/0045/212-214。

[114] 「黃、鄭兩逆行刺案最近發展摘要（59年5月19日至6月19日）」，〈叛徒謀刺蔣副院長〉，《外交部檔案》，檔號：406/0046/7；陳儀深，〈1970年刺蔣案——以《外交部檔案》為主的研究〉，頁1086。

[115] 「黃、鄭兩逆行刺案最近發展摘要（59年5月19日至6月19日）」，〈叛徒謀刺蔣副院長〉，《外交部檔案》，檔號：406/

「會」紛紛發出文宣，希望各界繼續支援捐款，使黃文雄也能早日恢復自由。[116] 黃文雄的保釋金直到7月7日始湊足，但又因為在美居留逾期，於保釋後隨即遭到移民局拘押，於隔日（8）再繳交1萬元保釋金後方正式出獄。[117] 台獨聯盟於9日發出「勝利的號角 團結的鐵證：黃文雄出獄」文宣，募捐運動的主軸也由籌措保釋金及訴訟費用，轉往支援「倒蔣建國」工作上。[118]

　　在黃、鄭兩人陸續保釋後，法院的審理卻進展緩慢，黃文雄還獲准到全美各地演說，中華民國政府雖要求國務院設法阻止，但只得到「歉難為助」的回覆。[119] 法院直到

0046/8-9；〈鄭自才先生訪問記錄〉，頁384-385；陳儀深，〈1970年刺蔣案——以《外交部檔案》為主的研究〉，頁1086。

[116] 台獨聯盟文宣標題為「鄭自才出獄 全民革命春雷初動」；「黃鄭救援基金會」的為「黃文雄猶身繫牢獄 殷待諸位惠予拯救」。前項文宣更將各界熱烈響應捐款的情況，認定為「證明我們已經團結一致立下決心共赴台灣獨立建國之路，全民革命已是春雷初動」。《台灣青年》，第116期（1970年7月5日），頁9-10；〈叛徒謀刺蔣副院長〉，《外交部檔案》，檔號：406/0045/434-435。

[117] 「俞國斌致外交部電，來電專號第603號」（1970年7月8日），〈叛徒謀刺蔣副院長〉，《外交部檔案》，檔號：406/0045/441；「黃、鄭兩逆行刺案最近發展摘要（59年5月19日至6月19日）」，〈叛徒謀刺蔣副院長〉，《外交部檔案》，檔號：406/0046/8。

[118] 《台灣青年》，第118期（1970年9月5日），頁5-6。

[119] 「外交部致駐美周大使電，去電專號第323號」（1970年10月14日）、「周書楷致外交部電，來電專號第209號」（1970年10

隔年（1971）4月28日才開始庭訊。[120] 在正式庭訊前，檢辯雙方還經過一段冗長挑選陪審團成員的過程。[121] 5月4日，法院正式開庭審理，黃文雄當庭認罪，坦承企圖謀殺與非法持有武器兩項罪名，依法黃文雄的部分不需再審理，法官訂7月6日宣判；[122] 鄭自才則不承認有罪，必須由陪審團審理，另外亦傳喚當天的巡邏員警及警方攝影官作證。[123] 5月5日，傳喚槍擊案飯店警衛及現場員警作證；[124] 5月6日，傳喚陳榮成出庭作證，陳榮成坦承

月15日），〈叛徒謀刺蔣副院長〉，《外交部檔案》，檔號：406/0046/61、64。

[120] 「駐美大使館致外交部電，來電專號第736號」（1971年4月27日），〈叛徒謀刺蔣副院長〉，《外交部檔案》，檔號：406/0046/134。

[121] 「駐美大使館致外交部電，來電專號第742號」（1971年4月29日）、「俞國斌致外交部電，來電專號第691號」（1971年5月3日），「中央社紐約二十八日專電」、「中央社紐約二十九日專電」、「中央社紐約三十日專電」，〈叛徒謀刺蔣副院長〉，《外交部檔案》，檔號：406/0046/136、143、179-182、184。

[122] "Taiwanese Admits Attempt to Murder Chiang's Son," *The New York Times*, May 5, 1970, p.12. 黃文雄認罪的主要原因在於，認罪後他就無須再出庭接受檢方詰問，以免供出不必要的證詞，可以讓鄭自才找機會脫罪。張燦鍙，《八千哩路自由長征：海外台灣建國運動二十個小故事》，頁70。

[123] 「俞國斌致外交部電，來電專號第693號」（1971年5月5日）、「中央社紐約四日專電」，〈叛徒謀刺蔣副院長〉，《外交部檔案》，檔號：406/0046/146、185-187。

[124] 「中央社紐約五日專電」，〈叛徒謀刺蔣副院長〉，《外交部檔案》，檔號：406/0046/188。

去年（1970）2 月及 3 月間購買兩把手槍及彈藥，並親自交給鄭自才，但否認是受到台獨聯盟的指示，經費也非來自聯盟。[125] 之後，新聞局駐紐約辦事處主任陸以正（5月 7 日）、鄭自才妻子黃晴美（5 月 10 日）、台獨聯盟組織部負責人賴文雄（5 月 11 日）等人也陸續被傳喚作證。[126] 5 月 11 日，鄭自才作證承認其原有計畫謀刺蔣經國，不過在行動前夕放棄，認為此舉恐激起美國民眾對「台獨運動」的反感，他也否認事先知情黃文雄當天的行動。[127] 5 月 13 日，證人傳訊完畢，檢辯雙方就證人證詞及應判決有罪無罪之理由，向陪審團做總結說明。[128] 5

---

[125] 「俞國斌致外交部電，來電專號第 694 號」（1971 年 5 月 6 日）、「中央社紐約六日專電」，〈叛徒謀刺蔣副院長〉，《外交部檔案》，檔號：406/0046/148、189-191。根據陳榮成的說法，1970年 3 月間台獨聯盟主席蔡同榮有來找他，認為應該趁蔣經國來訪時有所行動，但他認為條件與時間都不夠成熟，因此積極反對，後來他就被解除聯盟職務，他後來雖將槍枝移交給鄭自才，但並不知道後續刺蔣的行動與規劃。〈陳榮成訪談記錄〉，收入張炎憲、沈亮主編，《青春・逐夢・台灣國系列 6：釘根》，頁 89-90。陳榮成，《我所知道的四二四事件內情》，頁 158、164。

[126] 「駐美大使館致外交部電，來電專號第 771 號」（1971 年 5 月7 日）、「沈劍虹致外交部電，來電專號第 780 號」（1971 年 5月 11 日），〈叛徒謀刺蔣副院長〉，《外交部檔案》，檔號：406/0046/151-152。

[127] 「紐約總領事館致外交部電，來電專號第 697 號」（1971 年 5 月12 日）、「中央社紐約十二日專電」，〈叛徒謀刺蔣副院長〉，《外交部檔案》，檔號：406/0046/158、196-197。

[128] 「駐紐約總領事館致外交部代電，紐總（60）字第 60028 號」

月 17 日，陪審團做出鄭自才觸犯企圖謀殺與非法持有武器兩項罪名之決定。[129] 整個庭訊的過程，包括證人證詞的內容，新聞局駐紐約辦事處及紐約領事館均留下詳細紀錄。[130]

駐外單位認為，雖然兩人所犯之罪最重可至 25 年徒刑，但由法官允准兩人保釋來看，判刑應當不致過重，一旦判刑不重，兩人可能也不會上訴。[131] 7 月 6 日，兩人均未出庭聆聽判決，延至 8 日，兩人依然未現身，法官再定 28 日宣判，但兩人早已展開逃亡，使得原由保險公司代繳的 19 萬美元保釋金遭法院沒收，中華民國政府至此研判兩人已「畏罪逃亡」，[132] 張燦鍙等人則面臨保險公司追

（1971 年 5 月 19 日），〈叛徒謀刺蔣副院長〉，《外交部檔案》，檔號：406/0046/267。

[129] "TAIWANESE GUILTY IN FOILED MURDER," *The New York Times*, May 18, 1970, p. 35.

[130] 「行政院新聞局駐紐約辦事處致行政院新聞局代電，（60）紐正字第 432 號」（1971 年 5 月 19 日）、「駐紐約總領事館致外交部代電，紐總（60）字第 60028 號」（1971 年 5 月 19 日），〈叛徒謀刺蔣副院長〉，《外交部檔案》，檔號：406/0046/224-258、261-275。

[131] 「駐紐約總領事館致外交部代電，紐總（60）字第 60028 號」（1971 年 5 月 19 日），〈叛徒謀刺蔣副院長〉，《外交部檔案》，檔號：406/0046/270。

[132] 「駐紐約總領事館致外交部電，來電專號第 718 號」（1971 年 7 月 9 日）、「俞國斌致外交部電，來電專號第 725 號」（1971 年 7 月 30 日），〈叛徒謀刺蔣副院長〉，《外交部檔案》，檔號：

討保釋金。[133]

二、案發初期因應對策研議

在案發初期，海外僑界及國內輿情多力主美方應依法嚴懲，甚至科處最高刑期。[134] 中華民國政府除了向院檢表達反對保釋的立場外，亦針對是否「引渡」或「遣返」兩人有所討論。在「引渡」方面，台北市議會於4月27日，曾通過決議要求政府向美方交涉引渡兩人回台受審；[135] 由於中華民國與美國之間並未簽訂引渡條約，外交部條約司經研究後認為，即使簽有引渡條約，依照國際法，美方亦無引渡政治犯之義務，條約司的見解顯然意識到「刺蔣案」的「政治性」，但條約司也指出依照我國刑法規定，我國法院對於國人在國外所犯之罪行仍有管轄

406/0046/285、288。

[133] 陳儀深，〈1970年刺蔣案——以《外交部檔案》為主的研究〉，頁1089-1090；張燦鍙，《八千哩路自由長征：海外台灣建國運動二十個小故事》，頁72-73。

[134] 社論，〈美國司法當局應科黃鄭兩暴徒最高刑罰〉，《聯合報》，1970年4月30日，版2；〈暴徒侵襲蔣副院長 僑胞促美依法嚴懲〉，《聯合報》，1970年4月30日，版2。

[135] "Angry Taipei Council Asks Extration," *The New York Times*, Apr 28, 1970, p. 7. 紐約台灣同鄉福利會內國民黨人員也建議引渡兩兇手，並設法遣返台獨份子回台。「中央委員會第三組致外交部，海三（59）3865」（1970年5月6日），〈叛徒謀刺蔣副院長〉，《外交部檔案》，檔號：406/0045/131。

權，如無其他政治顧慮，自可商請美方將人犯遣返回台受審；[136] 北美司司長錢復則提出應考慮假若美方同意引渡，屆時我方應由何機關（軍法或一般法院）來審理本案以及量刑等問題；[137] 不過，既然雙方沒有簽署引渡條約，因此不論是條約司或錢復的分析與考量，在現實上都不具可行性。駐美大使周書楷則認為處理本案應兼顧法律、政治等方面之利弊考量，就法律面而言，不同於條約司從國內刑法的角度分析，周書楷認為紐約市法院對於本案有完全之管轄權，我國無法有所主張；此外，本案並非在國內犯罪而潛逃至美國，故根本不構成一般國際法上所稱的引渡，周書楷也指出更遑論雙方並無引渡條約存在，一旦提出引渡要求，不但於法無據，更會成為台獨人士的宣傳題材。[138] 經過法律及政治面上的分析，中華民國政府決定放棄「引渡」的想法，而將重心放在審判上。

---

[136] 〈叛徒謀刺蔣副院長〉，《外交部檔案》，檔號：406/0045/71-72。

[137] 「北美司簽呈」（1970 年 4 月 29 日），〈叛徒謀刺蔣副院長〉，《外交部檔案》，檔號：406/0045/107-109。

[138] 「周書楷致外交部長，秘字第 758 號」（1970 年 5 月 14 日），〈叛徒謀刺蔣副院長〉，《外交部檔案》，檔號：406/0045/312-314。領事館的法律顧問亦指出本案不符合一般引渡的狀況。「黃、鄭行刺案辦理經過節要（一）自 59 年 4 月 24 日至 5 月 18 日」，〈叛徒謀刺蔣副院長〉，《外交部檔案》，檔號：406/0045/217。

　　在黃文雄與鄭自才遭到羈押後，駐外單位人員陸續向紐約檢警單位探詢該案處理情況。4 月 25、26 日，先由紐約領事館法律顧問李格曼（Harold Riegelman），向檢警探詢兩人拘押情形，並表示反對保釋的立場；27 日，李格曼又陪同紐約領事館總領事俞國斌及陸以正會見主辦該案之檢察官，以兩人若獲保釋，則中華民國駐美高級官員將會遭受生命威脅為由，重申反對保釋的立場；[139] 周書楷也於 29 日向國務院助理國務卿格林表示，近年台獨刊物上已公然主張以暴力手段推翻政府，他本人也曾收到恐嚇信，而根據可靠情報，此次謀刺係有計畫性的預謀，周書楷稱台獨組織已成為「暴亂」團體，要求美方加以取締，以防類似案件再度發生。[140] 對於中華民國政府指控台獨組織公開倡議暴力，美國方面也認真研析台獨刊物上所謂的「暴力言論」，也檢視聯邦調查局（FBI）內有關台獨運動的檔案，結論是，不論根據美方自己收集的資料或

---

[139]　「駐紐約總領事館致外交部代電，紐（59）第 59246 號」（1970年 4 月 28 日），〈叛徒謀刺蔣副院長〉，《外交部檔案》，檔號：406/0045/86-88。

[140]　「周書楷致外交部電，來電專號第 745 號」（1970 年 4 月 29日），〈叛徒謀刺蔣副院長〉，《外交部檔案》，檔號：406/0045/103-104。檔案中甚至出現美國台獨人士將組織「行動隊」，針對駐美機構及重要人員進行破壞及暗殺行動之情資。「外交部安全室致北美司函，安（59）字第 370 號」（1970 年 5 月 20 日），〈叛徒謀刺蔣副院長〉，《外交部檔案》，檔號：406/0045/421。

是中華民國政府所提供的資料，都不足以支持在美的台獨運動涉及任何有組織性的暴力行動。[141]

不論美方如何看待台獨組織的「暴力性」，中華民國政府依然積極收集台獨聯盟的傳單、文宣，尤其是當中涉及鼓吹暴力手段者，轉送檢察官參考，希望作為台獨聯盟為槍擊案幕後指揮者之證據。如日本台灣青年獨立聯盟發行的《独立台湾》在 1969 年 10 月載有「暗殺國民黨要員及半山走狗」、「火燒或爆炸國民黨機關及特務治安機關」等字眼；1969 年底該聯盟寄回台灣之聖誕節卡片傳單中亦有「暗殺蔣幫要員及特務人員」等文字。[142] 台獨人士發起募捐的文宣，亦被研究是否可作為台獨聯盟介入槍擊案之「物證」，以供美方取締該組織之依據。[143]

在 5 月 15 日陪審團決定黃、鄭兩人有罪後，中華民國政府進一步研商本案整體的因應之道。新聞局駐紐約辦

---

[141] *Lot File 74D25, POL 23 Formosans for Independence (Taiwan Independence Movement), 1970.* RG 59: Records of the Department of State, Bureau of East Asian and Pacific Affairs, Office of the Republic of China Affairs, Subject Files (1951-1978). National Archives (U.S.).

[142] 「陸海光致外交部，海指（59）584」（1970 年 5 月 15 日），〈叛徒謀刺蔣副院長〉，《外交部檔案》，檔號：406/0045/240-242。

[143] 「中央委員會第三組致國家安全局，海（三）4402」（1970 年 5 月 21 日），〈叛徒謀刺蔣副院長〉，《外交部檔案》，檔號：406/0045/238。

事處於 5 月 19 日呈報外交部一份「黃、鄭案可能發展之研判及我方對策」，當中除說明法庭審理程序外，也對未來應採取之對策提出建議：

一、對叛亂集團方面：設法使兩犯不能保釋，協助檢方密查共謀之其他叛逆份子，務期將偽「台獨」圖使用暴力推翻政府之醜惡面目公諸於世，並使其首腦份子無所遁形。

二、在對外宣傳方面：（一）在審判過程中避免任何可被曲解為影響美國司法獨立之舉動與言論。（二）強調本案為單純之刑事案件。（三）對於我方秘密協助承辦檢察官偵察本案及提供各項證據事，應注意保密。[144]

辦事處也評估兩人即使被判有罪，量刑也很難從重，建議在判決前，由蔣經國副院長具名致函本案承辦檢察官，請其對兩人「從寬議處」，以此獲得輿論讚揚，也避免台獨人士藉機攻訐政府，外交部於 5 月 28 日將該建議呈報蔣經國本人。[145]紐約領事館則指出「從寬議處」的作

---

[144]　「外交部致行政院蔣副院長經國函，北美（59）字第 600 號」（1970 年 5 月 28 日），〈叛徒謀刺蔣副院長〉，《外交部檔案》，檔號：406/0045/253-258。

[145]　「外交部致行政院蔣副院長經國函，北美（59）字第 600 號」（1970 年 5 月 28 日），〈叛徒謀刺蔣副院長〉，《外交部檔

法雖有利於爭取國際輿論的同情，但如此一來無異於「縱
容顛覆我政府為目的之叛亂組織及全體叛亂份子」，將使
其「肆無忌憚、變本加厲」，故仍建議對台獨人士「予以
無情打擊」。[146] 海指會第二九四次會議（1970 年 7 月）
決議將紐約領事館的建議，由外交部報請行政院指示。[147]
外交部因而研議「處理黃文雄暨鄭自才兩逆叛國案我政府
應採態度選擇方案」說帖，指出由於美國法律講求保障人
權，黃、鄭兩人自稱基於政治動機而行兇，加上台獨聯盟
的救援行動及事件中無人受傷，兩人恐難被科處重刑，建
議從以下三個面向思考處理原則：

（1）能否對叛亂份子及類似之顛覆活動發生抑
　　　制作用？

（2）能否減少國際間對我之誤解？

（3）能否使國人更瞭解政府之德意？[148]

案》，檔號：406/0045/253-258。

[146] 「黃、鄭兩逆行刺案最近發展摘要（59 年 5 月 19 日至 6 月 19
日）」，〈叛徒謀刺蔣副院長〉，《外交部檔案》，檔號：406/
0046/10-11。

[147] 「陸海光致外交部，海指（59）954」（1970 年 7 月 17 日），
〈叛徒謀刺蔣副院長〉，《外交部檔案》，檔號：406/0046/29。

[148] 「處理黃文雄暨鄭自才兩逆叛國案我政府應採態度選擇方案」，
〈叛徒謀刺蔣副院長〉，《外交部檔案》，檔號：406/0046/34-
35。

基於上述三點考量，說帖中進一步提出三個建議方案：（1）採取寬容態度：於判決前，由蔣副院長以個人名義致函法院與檢察單位，請求對兩人從寬量刑，再由新聞局或外交部出面對本案發表評論及闡述政府立場，藉此使國內外人士瞭解到蔣副院長個人之雅量；（2）採取嚴正態度：繼續運用各種方法，使兩人之量刑達到最高限度，並於服刑期滿後遣返兩人，以對台獨組織產嚇阻效果；（3）採取緘默態度：在本案宣判前後，保持緘默，而對叛亂份子及其組織予以打擊，既收抑制叛亂活動之效果，也無損於國際間對我政府之觀感。其中採取寬容態度的缺點是將助長台獨活動之聲勢；採取嚴正態度，則可能引起國際人士對政府之誤解，換言之，外交部傾向採取緘默態度。[149] 行政院於 8 月 11 日覆函外交部，決議採取第三種方案，即在判決前後保持緘默態度，而對「叛亂份子」多方打擊。[150]

對於台獨人士發起「黃鄭救援基金會」向旅美人士籌募保釋金及訴訟費用，中華民國政府也有所因應。駐美大

---

[149] 「處理黃文雄暨鄭自才兩逆叛國案我政府應採態度選擇方案」，〈叛徒謀刺蔣副院長〉，《外交部檔案》，檔號：406/0046/34-35。

[150] 「行政院致外交部代電，（59）院機興字第 577 號」（1970 年 8 月 11 日），〈叛徒謀刺蔣副院長〉，《外交部檔案》，檔號：406/0046/39。

使館的法律顧問李格曼認為該基金會應向美司法部登記，方可對外募捐，且須向司法部報告相關情形，否則相關人士可能遭到驅逐出境。對此提議，駐外單位考慮一旦該基金會向美司法部登記，則其文宣上就必須註明登記字號，如此一來恐使外界誤以為美方認可此一組織，因此暫不考慮此一策略。[151]

對於台獨聯盟的募款行動，中華民國政府主要是透過「反宣傳」的方式加以反制。紐約領事館總領事俞國斌於5月9日，召集何維行、汪榮安、陳鵬仁等人商議，並經《中國時報》[152] 同意，決定先以「忠貞台籍人士」名義投書該報，說明該募款活動之危險性，接著將該投書連同回覆報導複印後，透過全美中國同學聯合會、紐約台灣同鄉福利會等團體分寄旅美「台籍人士」，藉以勸阻台灣同鄉資助捐款。[153]《中國時報》於5月14日刊出署名鄭金銘的台籍留學生投書：

編者先生：我是一個台籍學生，現在此間一所大

---

151 「黃、鄭兩逆行刺案最近發展摘要（59年5月19日至6月19日）」，〈叛徒謀刺蔣副院長〉，《外交部檔案》，檔號：406/0046/9-10。

152 這邊的《中國時報》是在紐約出版者。

153 「黃、鄭行刺案辦理經過節要（一）自59年4月24日至5月18日」，〈叛徒謀刺蔣副院長〉，《外交部檔案》，檔號：406/0045/210-211。

學研究歷史，本月初收到所謂「台灣獨立聯盟」
為黃文雄及鄭自才捐款的一封信，就我個人來
說，我認為大家都是中國人，不應該有分裂自由
中國的企圖，所以我自對獨立運動的主張，對四
月二十四日他們在巴拉莎大飯店的行動是反對，
但我對黃鄭兩人的家屬生活問題很為關懷，站在
同鄉愛的立場，我很想捐款，（中略）上週末我
與未婚妻談及此事，她說有一次同一個與獨立聯
盟有關係的親戚談話，他無意中透露他們每一個
捐款人的姓名及有關資料保存得很完全，捐款人
如將來不繼續捐款，準備將姓名公佈，作為懲罰
的一種方法，我將未婚妻的話與同鄉的警告仔細
研究一下，嚇得不敢再存捐款之心，我到此不
久，對一切情形不熟，我一向閱讀貴報，請你給
我指教。並祝平安。[154]

《中國時報》也「順應」讀者請求做出回覆：

> 為了反對中國分裂，以及避免個人日後可能遭遇
> 無窮的困擾起見，我們認為閣下最好站定立場，
> 在開始的時候，即予拒絕。如果，你有親友受到

---

[154] 〈叛徒謀刺蔣副院長〉，《外交部檔案》，檔號：406/0045/363。

威脅或恫嚇，你最好請他們向治安當局報告，方
不致泥足愈陷愈深。[155]

這篇投書與回覆，試圖將台獨聯盟的募款行為醜化為
利用「威脅」及「恫嚇」之手段，目的是當然是希望讓旅
美人士（尤其是「台籍」）對捐款感到疑慮，除了延續上
一章所提利用「台籍」身分遂行反制之外，也再次突顯
出在中華民國政府眼中，「台籍」人士是潛在的台獨運動
支持者的設想。該投書雖是「自導自演」的產物，但駐美
大使館仍將之英譯後送請美國務院及聯邦調查局多加注
意。[156]

此外，中華民國政府也要求駐日各領事館轉知轄區台
灣同鄉會或華僑總會等團體，全力阻止當地台獨團體的募
捐活動。[157] 檔案中也顯示，黃呈嘉、沈雲夫婦等人因為提
供抵押品籌措保釋金而遭到國安局盯上，開始對其進行調

---

[155] 〈叛徒謀刺蔣副院長〉，《外交部檔案》，檔號：406/0045/363。
[156] 「駐美大使館致外交部代電，美政（59）字」（1970 年 5 月 27 日），〈叛徒謀刺蔣副院長〉，《外交部檔案》，檔號：406/0045/361-362。
[157] 「國家安全局致外交部函，（59）維寧 3307」（1970 年 6 月 5 日）、「駐日大使館致外交部代電，日領（59）字第 1693 號」（1970 年 6 月 23 日）、「駐橫濱總領事館致外交部代電，橫（59）字第 2345 號」（1970 年 6 月 30 日），〈叛徒謀刺蔣副院長〉，《外交部檔案》，檔號：406/0045/365、429、437。

查。[158]

三、鄭、黃兩人逃亡後之因應

根據鄭自才的說法，早在 1971 年 5 月 17 日陪審團做出有罪決定前，他與黃文雄就已展開逃亡；鄭自才以台獨聯盟盟員的護照飛抵瑞士，後在申請政治庇護的考量下，轉往瑞典，並在數個月後取得臨時護照及政治庇護。[159] 如前所述，中華民國政府卻直到兩人缺席審判後，才驚覺兩人可能已經逃亡，在此之前還在設想如何在判決之後將兩人遣返回台。[160] 在兩人缺席審判後，中華民國政府的重心自然擺在掌握兩人的下落上，不過根據檔案顯示，相關單位在掌握兩人行蹤上比兩人逃亡的進程慢上好多拍，甚至完全無法確知黃文雄的下落。

在兩人實際逃亡近四個月後，9 月 14 日，駐美大使館才接到法律顧問李格曼的信函表示，鄭自才已在瑞典被捕，而黃文雄亦可能在瑞典，只是尚未被發現。對於能否引渡鄭自才回美國，雷格曼指出瑞典與美國在引渡人犯的

---

[158] 「國家安全局致外交部函，（59）維寧 4941」（1970 年 8 月），〈叛徒謀刺蔣副院長〉，《外交部檔案》，檔號：406/0045/458-460。

[159] 〈鄭自才先生訪問記錄〉，頁 387-389。

[160] 〈叛徒謀刺蔣副院長〉，《外交部檔案》，檔號：406/0046/116-120。

合作紀錄並不好，尤其「政治性」的引渡案尤然。[161] 10月22日，李格曼復建議若希望引渡鄭自才回美國，可向國務院提出，對此提議，駐美大使館認為國務院未必會照辦，建議暫不向國務院提出引渡要求，並獲得行政院秘書長蔣彥士的認可。[162]

對於兩人棄保逃亡後的行蹤，由於中華民國政府欠缺直接掌握兩人行蹤的管道，多半只能透過台獨刊物或國外媒體的報導「間接得知」，相關單位僅能不斷進行事後查證，過程費時且正確性也不足。

1971年12月6日，海指會發函外交部表示，《台灣青年》於臨時增刊第132號（1971年10月28日）內刊載鄭自才於十月底正式獲得瑞典政府政治庇護之消息，要求進行查證。[163] 由於中華民國與瑞典無邦交關係，在瑞典亦未設置任何官方單位，僅能透過新聞局駐瑞典聯絡員進

---

[161] 「駐美大使館致外交部代電，美政（60）字第601788號」（1971年9月24日），〈叛徒謀刺蔣副院長〉，《外交部檔案》，檔號：406/0046/297-299。

[162] 「駐美大使館致外交部代電，美政（60）字第602030號」（1971年11月2日）、「外交部致行政院秘書處函，外（60）北美一022194」（1971年11月16日）、「行政院秘書處致外交部函，台六十外11402」（1971年11月24日），〈叛徒謀刺蔣副院長〉，《外交部檔案》，檔號：406/0046/304-309。

[163] 《台灣青年》，第132期（臨時增刊，1971年10月28日），頁6；「陸海光致外交部，海指（60）2525」（1971年12月6日），〈叛徒謀刺蔣副院長〉，《外交部檔案》，檔號：406/0046/311。

行查證。[164] 其他資料也顯示，直到 1971 年底，中華民國政府仍無法確切掌握兩人行蹤。如當年 12 月底，有香港報紙稱兩人離美後逃往加拿大，後又轉往香港進入中國，但也有報紙稱只有黃文雄一人進入中國，[165] 對此消息，國安局雖立即要求外交部轉飭駐香港人員查證，但僅能確定兩人曾赴加拿大，是否赴「匪區」或赴「匪區」後又返加，則無由查證。[166] 後國安局又據報，兩人於 12 月 25 日由加拿大抵達香港，27 日，在「港匪新華社副社長」等人陪同下進入「匪區」，[167] 此一消息經外交部轉駐美大使館、紐約領事館及駐香港辦事處查證，紐約領事館回報表示兩人應仍在瑞典、香港辦事處則表示查證困難，駐美大使館則透過接近前台獨聯盟主席蔡同榮身邊人士的多方查

---

[164] 「行政院新聞局致郝志翔函，（60）局景際甲字地 7794 號」（1971 年 12 月 30 日）、「外交部致行政院新聞局函，外（60）北美一 024970」（1971 年 12 月 24 日），〈叛徒謀刺蔣副院長〉，《外交部檔案》，檔號：406/0046/316-317。

[165] 「中央社香港 29 日美聯電」、「羅致遠致外交部代電，港（60）字第 2158 號」（1971 年 12 月 30 日），〈叛徒謀刺蔣副院長〉，《外交部檔案》，檔號：406/0046/318-319、330-331。

[166] 「國家安全局致外交部函，（60）和安 7166」（1971 年 12 月 30 日）、「羅致遠致外交部電，來電專號第 432 號」（1972 年 1 月 6 日），〈叛徒謀刺蔣副院長〉，《外交部檔案》，檔號：406/0046/325、314。

[167] 「國家安全局致外交部函，（61）安詳 0420」（1972 年 1 月 27 日收文），〈叛徒謀刺蔣副院長〉，《外交部檔案》，檔號：406/0046/336。

證後，確定兩人前往「匪區」之說並不正確，而鄭自才人
在瑞典並已取得政治庇護，至於黃文雄行蹤仍不明。[168] 新
聞局直到 1972 年 5 月 12 日，才向外交部回報表示，從瑞
典移民局那邊證實鄭自才確實居於瑞典，但該局不願透露
有關黃文雄及政治庇護的任何消息。[169] 根據以上的分析，
中華民國政府大約是等到兩人逃亡近一年後（1971 年 5
月至 1972 年 5 月），才確定鄭自才逃至瑞典，不過逃亡
路線卻無法掌握（如鄭自才根本未赴香港、加拿大），至
於黃文雄則始終未能查出其下落。

　　鄭自才於 1971 年 5 月間抵達瑞典，在瑞典民俗博物
館工作，隔約一年左右，突然遭到逮捕，原來是美方要求

---

[168] 「外交部致駐美大使館、駐紐約總領事館代電，外（61）北美一
2228」（1972 年 2 月 3 日）、「駐紐約總領事館致外交部代電，
紐總（61）字第 10735 號」、「外交部致駐港羅秘書致遠代電，
外（61）北美一 2227」（1972 年 2 月 3 日）、「羅致遠致外交部
代電，港（61）字第 0233 號」（1972 年 2 月 22 日）、「駐美大
使館致外交部代電，美華（61）字」（1972 年 3 月 6 日），〈叛
徒謀刺蔣副院長〉，《外交部檔案》，檔號：406/0046/337、338-
339、345、346-348、352-353。

[169] 「外交部致行政院新聞局函，外（61）北美一 03712」（1972 年
2 月 28 日）、「行政院新聞局致外交部函，（61）局景際甲字
第 1408」（1972 年 3 月 10 日）、「行政院新聞局致外交部函，
（61）局景際甲字第 2959」（1972 年 5 月 12 日），〈叛徒謀刺
蔣副院長〉，《外交部檔案》，檔號：406/0046/340-341、344、
355。

引渡他回美受審。[170] 中華民國政府陸續透過美國國務院及外電報導得知引渡訴訟的進展。1972 年 8 月 16 日，駐美大使館致電外交部表示，美國務院告知正設法引渡鄭自才回美受審。[171] 同月 24 日，駐外單位由法新社發自瑞典的新聞得知，瑞典最高法院裁定瑞典法律並不阻止將鄭自才引渡回美國。[172] 由於鄭自才表示槍擊案與台獨聯盟無關，瑞典最高法院據此認定其案件並非政治案件，最後裁定將其引渡回美國受審。同一時間，鄭自才被羈押在看守所內，並展開絕食。同年 9 月 4 日，鄭自才遭遣返回美國，由於絕食導致身體虛弱，飛機被迫轉降丹麥哥本哈根，後來在陰錯陽差下又轉往倫敦，展開另一場引渡官司。[173]

鄭自才在英國期間所進行的引渡官司，駐外單位依然只能透過媒體報導來掌握案情進展。9 月 12 日，*The New York Times* 報導，美方正式向英國提出引渡鄭自才的要求，一位倫敦律師向記者表示，將替鄭自才尋求政治庇

---

[170] 〈鄭自才先生訪問記錄〉，頁 389-390。

[171] 「駐美大使館致外交部代電，美政（61）字第 611664 號」（1972 年 8 月 16 日），〈叛徒謀刺蔣副院長〉，《外交部檔案》，檔號：406/0046/359-360。

[172] 「外交部致中央海外工作會、國家安全局函，外（61）北美一 0227」（1972 年 8 月 28 日），〈叛徒謀刺蔣副院長〉，《外交部檔案》，檔號：406/0046/356-358。

[173] 〈鄭自才先生訪問記錄〉，頁 390-394。

護。[174] 10 月 18 日，紐約報紙報導英國法院將於 24 日判決是否將鄭自才引渡回美國。[175] 11 月 26 日，英國地方法院判決將鄭自才引渡回美國，並駁回政治庇護之申請。[176] 鄭自才上訴至上議院（最高法院），但於隔年（1973）4 月 16 日遭 3 比 2 駁回，主要理由是認定其所涉案件是「非政治性」。[177] 鄭自才被引渡回美後，案件於 1973 年 8 月 8 日宣判，被判企圖殺人罪 5 年，非法持有武器 5

---

[174] "Extradition Asked In '70 Plot to Slay Official of Taiwan," *The New York Times*, Sep 12, 1972, p. 11.「駐紐約總領事館致外交部代電，紐總（61）字第 611450 號」（1972 年 9 月），〈叛徒謀刺蔣副院長〉，《外交部檔案》，檔號：406/0046/375。

[175] 「駐紐約總領事館致外交部代電，紐總（61）字第 611601 號」（1972 年 10 月 20 日），〈叛徒謀刺蔣副院長〉，《外交部檔案》，檔號：406/0046/383-385。

[176] 「行政院新聞局致外交部函，（62）局復際乙字第 0103 號」（1973 年 1 月 8 日），〈叛徒謀刺蔣副院長〉，《外交部檔案》，檔號：406/0046/386。

[177] "BRITISH EXTRADITE CHINESE ATTACKER," *The New York Times*, Apr 17, 1973, p.20. 根據鄭自才的說法，由於被引渡的國家是美國而非台灣，故理論上沒有被迫害的問題，所以上議院才會裁定引渡。〈鄭自才先生訪問記錄〉，頁 392-394。國安局「英國上議院駁斥鄭自才庇護案」報告中亦指出，「任何政治性質之罪行，如引渡法與引渡條約所瞭解者，必涉及罪犯與請求引渡國（美國）之間，有關於政治控制或政治統治之歧見存在。如謂任何對抗第三國之罪行，犯於請求引渡國（美國）境內者，均有政治性質，實為法律權威所無法採納。」「國家安全局致外交部函，秘書處收文第 1098 號」（1973 年 5 月 3 日），〈叛徒謀刺蔣副院長〉，《外交部檔案》，檔號：406/0046/393-395。

年，合併執行不超過5年。[178]鄭自才於服刑1年8個月後假釋出獄，之後前往瑞典定居。[179]

綜上所述，中華民國政府對於兩人逃亡後之行蹤，僅能間接透過媒體報導得知，查證過程不但費時且遇到不少困難，因而直到兩人逃亡近一年後，才確定鄭自才落腳瑞典。而鄭自才在瑞典及英國的引渡官司，中華民國政府也只能倚靠美國國務院或是美國、瑞典、英國三地的新聞報導來掌握情況，對於兩人逃亡後的行蹤談不上有什麼策略可以施展，更別說完全無法掌握到黃文雄的消息。[180]

---

[178] 「陸以正致外交部電，來電專號第411號」（1973年8月8日），〈叛徒謀刺蔣副院長〉，《外交部檔案》，檔號：406/0046/399。

[179] 〈鄭自才先生訪問記錄〉，頁394-397。

[180] 「駐芝加哥總領事館致外交部代電，芝（61）字第1272號」（1972年9月8日）、「駐紐約總領事館致外交部代電，紐總（61）字第611413號」（1972年9月6日）、「中央社哥本哈根四日美聯電」（1972年9月4日），〈叛徒謀刺蔣副院長〉，《外交部檔案》，檔號：406/0046/368-370、377-378、407-408。有關黃文雄逃亡後的行蹤，至今仍不清楚。1968年加入全美台灣獨立聯盟的邱義昌曾從張啟典口中得知，黃文雄棄保逃亡後，是由他安排偷渡到美國境外的第一站：加拿大，見〈邱義昌訪談記錄〉，收入張炎憲、沈亮主編，《青春・逐夢・台灣國系列6：釘根》，頁127。筆者曾於2014年間就此問題詢問黃文雄，他依然對這段細節保密。

小結

1970 年這一年，對於海外台獨運動而言無疑是令人振奮的一年，先是美、日、歐、加拿大等地台獨團體共同成立世界性台獨聯盟，後又有彭明敏逃出台灣的消息，以及台獨團體日夜所思要推翻的國民黨政權的繼承人，蔣經國遭到暗殺，雖然沒有成功，但也因為訴求明確，讓美國輿論對於台灣問題有所關注。

1970 年初彭明敏「神奇」地逃出台灣，對於當時的海外台獨運動而言無疑是令人振奮的消息，也為剛整合的台獨運動帶來勝利的新希望；對中華民國政府而言，彭明敏的脫逃卻顯示出國內情治監控系統的失靈，不但顏面無光，更嚴重的是，彭明敏一旦與海外台獨合流，將助長海外台獨之聲勢。

在中華民國政府亡羊補牢，試圖阻止彭明敏前往台獨運動有發展的國家的過程中，日本政府對於各種要求多所配合；相對之下，美國政府雖也考量到彭明敏入境後的「政治效應」以及中華民國政府之強烈反對立場，但最後仍以「以法行政」作為底線而核發簽證。從與美方交涉的過程來看，中華民國政府將彭明敏赴美一事拉高層級至兩國邦誼，甚至願意承擔美國輿論的抨擊，也不願意見到彭明敏入境美國，彭明敏赴美對其所造成之壓力與威脅由此

可見一斑。

　　彭明敏抵美後，各校演講邀約不斷，「校園」成為其與中華民國政府間的下一個戰場。為了避免彭明敏在各校「大發謬論」，中華民國政府透過留學生黨部、駐外使領館、各校中國同學會等單位，動員「忠貞學生學人」，組織所謂的「機動隊」，發動質問乃至挑釁、鬧場，主要的目的就是希望不讓演講順利進行，並減損其公信力與影響力。在此也能進一步補充說明上一章關於「忠貞學生」運用的部分。除了公開「圍剿」彭明敏外，中華民國政府也積極向美方交涉，收集各式「證據」，將彭明敏的演講視為從事政治活動的表現，要求將其驅逐出境或不給予簽證延期。然而彭明敏入境美國如同「覆水難收」的事實，所謂「赴美後不得從事政治活動」的承諾也成為難以切實追究的保證，中華民國政府的心願終究無法實現。

　　在反宣傳方面，中華民國政府除了封鎖相關消息傳入島內及對彭明敏的言論予以駁斥外，更對彭明敏進行「形象醜化」，貫穿所有近似「扒糞」的負面攻訐，都是想從「道德面」上來徹底瓦解彭明敏的人格信譽。這種言論打擊策略，實已超越過去對台獨運動者整體之批判，進一步縮小到對個人的攻訐，彭明敏的特殊身分與影響力，自是促使其採取此一策略的主要原因。

　　緊接著彭明敏逃出台灣不久後所爆發的刺蔣案，黃文

雄希望藉由「刺蔣」來製造中華民國政府的內部權力鬥
爭，打破當時的「超穩定政治結構」，一方面告訴世人，
台灣人不願意接受這種「父傳子」的安排，也對當時島內
低沈的反對運動有所鼓舞。[181] 這一槍是否有達到這樣的效
果，難有定論，不過這一槍無疑對當時海外台獨運動具有
鼓舞士氣的作用，採取「槍擊」的手段雖然難在輿論上取
得優勢，但明確的行刺訴求卻也讓美國輿論沒有一面倒的
譴責，反而讓台獨主張一時間佔據美國各大媒體。台獨聯
盟更將這一槍視為「獨立革命的槍聲」，代表「沈默的台
灣人怒吼了」，希望大家及時響應「革命的行列」，鼓舞
士氣的意圖相當明顯。[182] 台獨聯盟雖撇清與槍擊案間的關
係，但積極援救兩人，台灣同鄉踴躍的捐款，更讓台獨人
士認為台灣人願意共赴獨立建國之路。之後，黃文雄與鄭
自才的棄保潛逃，除了造成大家辛苦籌措的保釋金遭沒收
外，聯盟後續處理的進退失據，更造成聯盟分裂，一時士
氣消沈，[183] 不過這已非「刺蔣案」發生當時所能預料的。

　　就中華民國政府而言，案發初期除反對法院保釋兩人
外，也曾研議向美方交涉「引渡」，但因本案「政治性」

181　黃文雄，〈424刺蔣事件的回顧與反思〉，頁217。
182　《台灣青年》，第114期（1970年5月5日），頁7、27。
183　陳儀深，〈1970年刺蔣案——以《外交部檔案》為主的研究〉，
　　　頁1093。

濃厚且兩國間未簽訂引渡條約，只好作罷。中華民國政府清楚知道本案的「政治性」，因此刻意在審判過程中保持低調態度，希望將本案定位在單純的刑事案件。一方面避免讓外界有干預美國司法的印象，另一方面則讓台獨人士無法藉機發揮，這或許可以解釋為何中華民國政府並未藉機公開且大力地在美國宣傳台獨聯盟為「暴力組織」，而僅是私下作業。在陪審團做出有罪決定後，中華民國政府開始研商整體的因應策略，考慮到採取「寬容態度」將助長台獨聲勢；採取「嚴正態度」則不利爭取輿論支持；故採取所謂的「緘默態度」，亦即訴訟過程中保持低調，對台獨運動之打擊則私下進行。此外，對台獨人士所發起的募款活動加以「醜化」，阻擾募款之進行，對於募捐者也展開調查。

對於黃文雄與鄭自才的棄保潛逃，中華民國政府是直到兩人未出庭聆聽判決時才驚覺到兩人或已逃亡，顯然在訴訟過程中無法有效掌握兩人的策略與行蹤；而美國注重人權保障的司法訴訟程序，導致案件的審理無法像中華民國政府在島內司法審判般如此神速，也影響到其在本案的處理因應。由於發現得晚，導致事後在追查行蹤上效率頗差，不但僅能間接透過媒體報導或美方的告知得知兩人消息，由於是二手消息，因此必須加以查證，過程費時且遇到不少困難，在兩人逃亡近一年後，中華民國政府才確定

鄭自才落腳瑞典，至於黃文雄則像是人間蒸發般完全無法掌握其行蹤。而後來鄭自才在瑞典及英國的引渡官司，國民黨方面依然只能經由二手消息來探知進展，以上都突顯出中華民國政府在兩人逃亡後近於「無計可施」的困境。

在因應彭明敏及刺蔣案上，中華民國政府明顯採取不同的因應策略，當中的關鍵在於兩案的屬性及美國政府的態度。在與美方交涉彭明敏入境及限制其在美活動時，不斷強調彭明敏案所代表的「政治意涵」，甚至將該案拉高至兩國邦誼的層級；但在刺蔣案上，卻極力保持低調，鮮少就「政治面」進行交涉，之所以有這樣的差別，主因在於交涉對象的不同。在彭明敏案中，中華民國政府交涉的對象是美國行政當局，就其認知，不論是拒絕彭明敏入境或是限制其在美活動，都是可以透過「行政」手段來解決，因此強調其「政治性」；但在刺蔣案上，交手的對象是美國司法單位，而且涉及的又是刑事案件，「依法」成為中華民國政府難以跨越的紅線，避免論及「政治」面向是不得不的選擇。由此可見，美國的法律、政治及社會環境，相當程度限制了中華民國政府因應策略的選擇空間，也影響其實行成效，這是觀察中華民國政府因應美國台獨運動發展時不可忽視的面向。

結　論

所謂「臺獨運動」同樣是毛共的一項虛偽宣傳。
毛共為著企圖分離中華民族，以遂行其狼子野
心，所以時時刻刻都在盤惑構煽，實際上今天在
臺灣根本沒有所謂「臺獨份子」，只有在國外那
一小撮職業學生，受著歹徒的引誘，在和毛共暗
通聲氣，明被毛共指罵，暗中卻接受毛共收買，
成為「毛共化的臺獨份子」。

　　蔣中正總統接見「國際新聞學會」訪台代表致詞[1]

　　在海外發展起來的台獨運動，藉由批判中華民國政府
在台的統治，及主張異於官方版之台灣地位論述及台灣人
民公投決定台灣前途等，對其統治台灣的「正當性」與
「合法性」構成雙重挑戰。歷史的諷刺在於，台獨在戰後
作為一組織性並擁有理論基礎之運動，相當程度必須「歸
功」於中華民國政府自身，若將之比喻為台獨運動的「催
生者」亦不為過。戰後「接收」以來的各種「失政」，不
但澆熄原本台灣人民對「祖國」的熱情與盼望，更讓部分
台灣人重新思考「回歸祖國」的意義，台灣社會也開始出

---

[1]　《中央日報》，1970 年 5 月 24 日，版 1。

現各種對台灣前途走向的不同聲音。經過二二八事件之後，部分台灣人更選擇流亡海外，而島內窒悶的政治氛圍，也讓許多年輕學子赴海外留學，在較不受限制的環境中展開政治上的重新啟蒙，兩者在海外共同構成推動台獨運動的主力。

中華民國政府以「中國」正統代表自居，自然無法接受台獨運動「分裂國土」的主張，不但稱台獨運動的主張「荒謬可笑」，只是「一小撮人」所進行的「卑鄙無恥勾當」，更扣上「民族敗類」及「數典忘祖」的大帽子；然而，「一小撮人」的台獨運動不斷地發展與茁壯卻也是事實。中華民國政府除了對其進行「譴責」外，究竟採取了哪些因應策略？這是本研究關懷的焦點。

中華民國政府因應海外台獨運動並非在一開始就有一套完整的因應策略可供依循，而是在與台獨運動不斷「交手」的過程中，經過一段摸索與修正的過程，才逐步建立起一套因應機制，包含組織建置及各項手法的確立。機制建立的過程中，一方面反映出台獨運動發展的態勢，另一方面則顯示出中華民國政府對台獨運動之評估。本文研究發現，雖然中華民國政府對於台獨運動充滿許多「偏見」，不過其倒也沒有完全被自身的「偏見」所蒙蔽。換言之，中華民國政府清楚知道各種因應手法所可能遭遇到的困境與挑戰，這種「自知之明」展現在相關單位對於各

種因應對策的利弊得失及可行性的討論上。針對同一台獨活動個案，各單位間的意見並非所有時候都一致，對立或是相反的意見亦經常並存，但最後多會做出調整與折衷，展現出一定彈性，部分原擬定的策略因而暫緩實行或是大幅修正的情況也不少見，事後針對實行成效的檢討，也促成整體策略的再次修正。經過這種摸索→修正→確立→檢討的過程，在 1970 年代初期，針對海外台獨運動的各種活動形式，大體都有了一套因應機制，該機制有以下幾點特色：

　　一、在「對匪鬥爭」的框架下因應：中華民國政府係將海外台獨運動置於「對匪鬥爭」的框架下來因應，反映其將台獨運動與「共匪」劃上等號的一貫設想。隨著海外台獨運動不斷地擴展，至 1970 年代初期，中華民國政府完成以國民黨中央黨部下的海指會為核心主辦單位，統領大使館及各使領館內的台獨專案小組，配合「安祥專案」，整合國內各黨政機關力量，試圖全面性打擊海內外的台獨運動之因應架構。此一架構也突顯出中華民國政府「以黨領政」、「黨政不分」的特色。

　　二、「以台制台（獨）」：此一手法反映出在中華民國政府眼中，「台籍」身分者為參與或認同台獨運動之「高危險群」，「省籍」成為區分「敵我」的指標。為了營造同為「台籍」卻反對「台獨」的現象，中華民國政府

採取「以台制台（獨）」的手法，顯示出其嗅出海外台獨運動中的「省籍」問題，然而，「台籍」身分卻只是作為一種策略性的工具來運用，並未真正理解「省籍」問題在台獨運動中所代表的意義，因此，這種「以子之矛，攻子之盾」的做法難以達到預期的成效。

三、運用「忠貞學生」：「忠貞學生」在中華民國政府因應海外台獨運動上扮演相當重要角色。所謂的「忠貞」雖無一定標準，但本文研究發現，國民黨留學生黨員幹部、各校中國同學會負責人，乃至「中山獎學金」得主，因其身分的屬性，經常被設想為「忠貞」而為中華民國政府所運用；值得注意的是，還有「忠貞台籍同學」這一類，「忠貞」配上「台籍」，顯示出在前述「以台制台（獨）」策略下，中華民國政府雖然倚重「台籍」身分作為反制台獨運動之工具，但尚須通過「忠貞度」的考核方可勝任。進入 1970 年代，中華民國政府更將對「忠貞學生」之動員予以制度化，領有固定酬勞的安祥專案聯絡員，加上既有的留學生黨務系統及各校「愛國忠貞」的學生，共同構成了反台獨的先鋒部隊，在校園內外執行各種文攻武鬥的任務。

四、利用護照延期加簽：利用護照延期加簽與否的權力來牽制台獨運動，可以說是中華民國政府是最重要的武器，也是最具爭議的手法。此一手法，直接影響到台獨人

士能否繼續居留美國，影響可謂重大。藉由審核過程中的面談、勸說，或好言勸說或威脅恫嚇，以換取台獨人士的「悔過書」，爭取其「自新」，就連台獨人士的在台家屬也在「親情攻勢」的策略下受到牽連，被迫配合規勸行動，以換取出境探親的機會。中華民國政府更進一步建置「台獨份子名冊」，將其認定「言行不妥」者打入「黑名單」之列，阻斷其返鄉路，這當然嚴重侵害到當事人的基本人權。〈世界人權宣言〉（Universal Declaration of Human Rights）中規範「人人有權返回他的國家」（Everyone has the right to return to his country）；〈公民權利和政治權利國際公約〉（International Covenant on Civil and Political Rights）也規定「人人進入其本國之權，不得無理褫奪」（No one shall be arbitrarily deprived of the right to enter his own country）。中華民國政府將政治意見納入護照延期核准與否的考量，顯然違背了上述國際宣言及公約的標準，也突顯出海外台獨運動者所需面臨的風險及須具備的勇氣。

　　探討中華民國政府對海外台獨運動之因應，除了瞭解其手法與特色外，更重要的是檢視其成效。成效的檢視可以從幾個指標來觀察：

　　一、台獨人士的回應：中華民國政府的各項反制策略無非是針對台獨人士而來，因此運動者的回應成了檢視策

略成效最重要的指標。從事後的角度來看，顯而易見地，台獨運動在各方面的活動並沒有因為中華民國政府的反制而有退卻之情形，進入 1970 年代之後，海外台獨運動的發展更為擴大，參與者也持續增加。部分案例更顯示出，中華民國政府的反制行動反而強化台獨人士與之對抗的決心。

二、中華民國政府的認知：雖然在檔案中，不時可見到駐外人員認定相關反制行動效果顯著，但若從中華民國政府本身對台獨運動因應之相關建置來看，如「對台獨鬥爭」從「對匪鬥爭」事務的一小部分提升至重點工作，以及 1970 年成立專門因應台獨活動之「安祥專案」等措施，台獨運動發展的態勢顯然迫使中華民國政府必須採取更積極的對策來回應。從以上兩個面向觀之，中華民國政府的相關因應策略，成效顯然有限。

導致因應成效有限的原因，除了台獨運動者本身「不屈服」的回應之外，尚有各種主客觀環境的侷限，形成中華民國政府因應海外台獨運動時的挑戰與困境，也使得這一套兼具彈性且軟硬兼施的因應機制，始終無法達成消滅台獨運動的目標。

就客觀環境的侷限來說，這方面主要指的是美國環境所帶來的限制。面對在海外發展的台獨運動，中華民國政府必須面臨到壓制島內政治異議活動時所沒有的挑戰，也

就是海外（美國）環境因素的影響。本研究雖是討論中華民國政府如何因應美國台獨運動，但不應忽視美國政府在其中所扮演的角色。第五章藉由 1970 年初期兩個具代表性的台獨活動案例，包含彭明敏逃出台灣及刺蔣案，說明了當戰場由台灣島內移到美國時，美國的法律、政治、社會環境及對人權保障之標準等，都相當程度影響了中華民國政府因應策略的選定與實行成效。換言之，中華民國必須調適於美國環境對其所造成的侷限，但結果顯示，未必都能稱心如意；台獨人士也多利用此一「優勢」，為自己創造活動舞台與擴大生存空間，更增添中華民國政府因應時的挑戰。其他諸如動員各校「中國同學會」時未必順遂；建置「黑名單」的過程中資料取得不易，正確性不足等問題，也都是客觀環境所帶來的限制，中華民國政府雖然可以透過調整策略來克服，但成效有限。

中華民國政府在打擊海外台獨運動有其主觀上無法超越的侷限，也就是對於海外台獨運動的發展，中華民國政府自始在主觀上囿於偏見，而無法對於其發展的根本原因及具體訴求有正確理解，結論首段所引述的蔣中正之談話大體上就是長久以來中華民國政府對台獨運動所持的基調，如今看來這種相當偏離當時台獨運動發展的背景與實況的評價卻一直為中華民國政府所深信不疑，也因此，即便中華民國政府能在因應台獨運動上建立一有彈性且不

僵化的機制，對於各種因應手法所可能遇到的挑戰與困難，也頗有「自知之明」，但在與台獨運動不斷交手的過程中，卻始終無法對早已是「耳熟能詳」的台獨主張與訴求有切中核心的分析與回應，使得因應機制所具備的彈性被主觀上僵化的思維所抵銷。中華民國政府這種將台獨運動去主體化與中共連結起來的作法，自是受限於內戰經驗與兩岸對峙情勢下的產物，當然也導致了其對於包含台獨運動在內的異議言論或行動背後的原因難以真正釐清與化解。在此一脈絡下，台獨運動是「共匪統戰」的「陰謀」，是少數「台籍人士」顛覆政府之「野心」，對台獨運動產生與發展的根本原因無法正視的結果，當然也就無法「對症下藥」，反應到因應策略上便是以反制、防堵為主的打壓措施，就使台獨運動「煙消雲散」之終極目標而言，無疑是「治標不治本」，這也是台獨運動能夠持續存在與發展的重要原因，不但促使台獨運動者更加堅持其目標，也加深雙方陣營間之鴻溝。

當年中華民國政府所極力打壓的台獨運動與台獨思想，如今卻在台灣社會開花結果，而主張台灣應該獨立的聲音更已遠遠超過主張統一者，當年被視為荒謬主張的台灣人民自決論，如今更成為朝野間的最大共識。即便是極力主張兩岸統一反對台獨者，如前行政院長郝柏村，也坦言「台灣前途由台灣人民決定，這在民主常態上是正確

的」，不敢斷然否認人民自決論，顯見住民自決論有其絕對的道理與依據，也是一地住民所應享有的基本人權，任何政權都無權剝奪。回顧這段歷史，除了對於中華民國政府如何因應威脅其政權存續的台獨運動有所了解外，更應該對於中華民國政府迫害包含台獨運動在內「異議言論及運動者」的作法提出深刻的反思。台獨運動所提出的各項主張，除了台灣獨立建立新國家外，其他各種民主化、自由化的訴求也無一不在後來成為社會的主流，國民黨所領導的中華民國政府也不得不逐步正面回應，然而，在當時的時空環境下，懷抱改變台灣社會的熱血青年卻必須面臨有家歸不得，言論受到監控，活動受到限制等種種侵害人權的待遇，這些豈能以「歷史使然」四個字就輕輕帶過，歷史責任的追究應該持續下去。

　　本文探討的雖然是當時執政者對於海外台獨運動之因應，但相當程度地也提供中華民國政府統治機制一個「島外」的參考案例，對於更加深入瞭解中華民國政府統治手法背後的思維與想法當有所助益。此外，本研究透過官方檔案與海外台獨運動本身一手史料的爬梳，對於目前過於簡明的海外台獨運動史也能有所補充。關於未來研究可以深化的面向，筆者提出幾點觀察與想法。有關海外台獨運動之研究，除了官方檔案外，不可忽視的是近年來大量出

土的海外台獨運動者的口述歷史與當時出版的刊物，[2] 尤其是後者數量相當龐大，利用的人還非常少，本研究雖然使用了其中一部分，但仍有極大挖掘的空間，若能進一步爬梳這些史料，搭配與官方檔案的對照，對於掌握海外台獨運動之發展定能有所突破，也可使研究區段向 1970 年中後期，乃至 1980 年代推進。此外，由於海外台獨運動的發展基地主要在海外，所在地政府如何看待及評價該運動，自然也會影響到運動本身的發展及中華民國政府採行策略的取捨，因此，若能進一步運用如日本、美國方面的資料，應能對海外台獨運動之發展及中華民國政府之因應提供另一個重要的觀察面向，這些都是未來海外台獨運動研究可以繼續深化的方向，也希望有志者能投入此一領域的研究。

2　政治大學圖書館建置之「臺灣政治與社會發展海外史料資料庫」收藏大量海外民主運動的期刊雜誌可供利用。

徵引書目

一、檔案

（一）《總統府檔案》（台北：總統府藏）

50/31412/0007/001，〈台籍留美少數學生不法活動〉。

（二）《外交部檔案》（台北：中研院近史所檔案館藏）

006.3/0029，〈偽台獨份子柳文卿〉。

006.3/0030，〈偽台獨份子陳中統叛亂〉。

006.3/0036，〈偽台灣青年會〉。

006.3/0038，〈遣返偽台獨份子〉。

007.1/89001，〈陳玉璽〉。

007.1/89006，〈張榮魁、林啟旭〉。

007.1/89010，〈顏尹謨、劉佳欽〉。

012.8/0001，〈日人小林正成叛亂〉。

406/0011，〈台獨出版刊物〉。

406/0013，〈台獨左傾〉。

406/0014，〈台獨左傾〉。

406/0021，〈台獨左傾〉。

406/0030，〈台獨陳伯山〉。

406/0032，〈台獨辜寬敏；台獨歐炯雄；台獨林榮勳；加拿大台獨運動；台獨柳文卿〉。

406/0033，〈台獨盧主義；台獨黃啟明；台獨姜渭均與龔聯禎〉。

406/0034，〈台獨謝扶雅；台獨林耀珊；台獨張燦鍙等人；台
　　獨陳新潮等人；台獨劉寬平〉。

406/0045，〈叛徒謀刺蔣副院長〉。

406/0046，〈叛徒謀刺蔣副院長〉。

406/0047，〈叛偽在歐活動〉。

406/0066，〈偽台灣獨立聯合會〉。

406/0067，〈偽台灣獨立聯合會〉。

406/0068，〈偽台灣獨立聯合會〉。

406/0069，〈偽台灣獨立聯合會〉。

406/0070，〈偽台灣獨立聯合會〉。

406/0071，〈偽台灣獨立聯合會〉。

406/0072，〈偽台灣獨立聯合會〉。

406/0073，〈偽台灣獨立聯合會〉。

406/0074，〈偽台灣獨立聯合會〉。

406/0075，〈偽台灣獨立聯合會〉。

406/0076，〈偽台灣獨立聯合會〉。

406/0077，〈偽台灣獨立聯合會〉。

406/0078，〈偽台灣獨立聯合會〉。

406/0079，〈偽台灣獨立聯合會〉。

406/0080，〈偽台灣獨立聯合會〉。

406/0081，〈偽台灣獨立聯合會〉。

406/0082，〈偽台灣獨立聯盟〉。

406/0098，〈彭明敏等被捕〉。

406/0099，〈彭明敏等被捕〉。

406/0100，〈彭明敏等被捕〉。

406/0106，〈駐美各館台獨左傾（美國大使館）〉。

407.2/0163，〈美籍人士孟德爾教授〉。

409/87002，〈彭明敏〉。

410.14/0082，〈駐美各小組會議紀錄〉。

410.14/0095，〈駐美總領事會議報告〉。

412.21/0306，〈蔣經國副院長訪美〉。

451.5/0023-27，〈留學生陳玉璽涉嫌附匪〉。

633/90048，〈聯合國大會第 25 屆常會「台獨份子」要求台灣問題列入議程〉。

706.1/0023，〈陳玉璽叛亂罪〉。

707.5/0024，〈谷振海會議海外宣傳〉。

707.5/0025，〈谷振海會議海外宣傳〉。

707.6/0012，〈提報總統府宣外小組資料〉。

707.6/0025，〈總統府宣外小組資料〉。

814/0015，〈總統府宣傳外交綜合研究組〉。

814/0017，〈總統府宣傳外交綜合研究組〉。

816.9/0003，〈海外對匪鬥爭指導委員會〉。

816.9/0005，〈海外對匪鬥爭指導委員會〉。

816.9/0006，〈海外對匪鬥爭指導委員會〉。

817.1/0071，〈海外對匪鬥爭工作統一指導委員會〉。

817.1/0074，〈海外對匪鬥爭工作統一指導委員會〉。

817.1/0075，〈海外對匪鬥爭工作統一指導委員會〉。

817.1/0078，〈海外對匪鬥爭工作統一指導委員會〉。

817.1/0079，〈海外對匪鬥爭工作統一指導委員會〉。

818.11/0005，〈周海通宣傳小組〉。

818.11/0007，〈周海通宣傳小組〉。

818.11/0009，〈周海通記錄對匪鬥爭〉。

818.11/0010，〈周海通記錄對匪鬥爭〉。

818.12/0026，〈周海通宣傳資料〉。

818.12/0027，〈周海通宣傳資料〉。

（三）《外交部檔案》（台北：國史館藏）

020000012533A，〈安祥專案〉。

020000019430A，〈台獨活動〉。

020000016850A，〈中華少年棒球隊〉。

020000016983A，〈陸海光會議〉。

020000016985A，〈陸海光會議〉。

020000016986A，〈陸海光會議〉。

020000016987A，〈陸海光會議〉。

020000016988A，〈陸海光會議〉。

020000016989A，〈陸海光會議〉。

020000016990A，〈陸海光會議〉。

020000016991A，〈陸海光會議〉。

020000022028A，〈中華少棒、青少棒、青棒赴美比賽〉。

（四）《外交部檔案》（台北：檔案管理局藏）

0049/006.3/012，〈台灣獨立運動（十一）〉。

0050/006.3/018，〈台灣獨立運動（十七）：應正本小組〉。

0051/006.3/019，〈台灣獨立運動（應正本小組）（十八）〉。

0052/006.3/020，〈台灣獨立運動（十九）：應正本小組〉。

0050/006.3/021，〈台灣獨立運動（二十）〉。

0051/006.3/023，〈台灣獨立運動（二十二）〉。

0052/006.3/027，〈台灣獨立運動（二十六）〉。

0065/409/0219，〈陳中統〉。

（五）《國防部軍法局檔案》（台北：檔案管理局藏）

0054/3132534/534，〈彭明敏等叛亂案〉。

（六）《胡適檔案》（台北：中研院胡適紀念館藏）

HS-NK05-144-019，〈南港檔〉。
HS-US01-088-003，〈美國檔〉。

（七）《美國外交檔案》

Confidential U.S. State Department Central Files: Formosa, 1945-1949: Internal Affairs. 檔號：894A.01/1-1248.

Confidential U.S. State Department Central Files: Formosa, 1945-1949: Internal Affairs. 檔號：894a.01/2-949.

FRUS, 1947. Volume VII,The Far East:China.

FRUS, 1961-1963. Volume XXII, Northeast Asia.

FRUS, 1969-1976. Volume XVII, CHINA1969-1972.

Lot File 75D76, POL 29(c)Peng Ming-Min, 1971-1972. RG 59: Records of the Department of State, Bureau of East Asian and Pacific Affairs, Office of the Republic of China Affairs, Subject Files (1951-1978). National Archives (U.S.).

Lot File 74D25, POL 29 Peng Ming-Min,1970. RG 59: Records of the Department of State, Bureau of East Asian and Pacific Affairs, Office of the Republic of China Affairs, Subject Files (1951-1978). National Archives (U.S.).

Lot File 74D25, POL 23 Formosans for Independence (Taiwan Independence Movement), 1970. RG 59: Records of the Department of State, Bureau of East Asian and Pacific Affairs,

Office of the Republic of China Affairs, Subject Files (1951-1978). National Archives (U.S.).

二、報紙、期刊、政府公報

《人民日報》，1971 年。

《中央日報》，1960 年、1964 至 1967 年、1970 至 1972 年、1979 年。

《中華青年》，1971 年。

《日本週報》，1950 年。

《台獨月刊》，1972 年至 1973 年。

《台灣》，1968 年。

《台湾の聲》，1955 年。

《台灣青年》，1960 年至 1973 年、2002 年。

《台灣評論》，1995 年。

《台湾独立通信》，1961 年。

《全美台灣同鄉會會刊》，1971 年。

《立法院公報》，1991 年。

《民報》，1946 年至 1947 年。

《自由台湾》，1960 年。

《前鋒》，1945 年、1947 年。

《望春風》，1975 年。

《傳記文學》，2013 年。

《新台灣新聞周刊》，2007 年。

《聯合報》，1970 年、1991 年。

Far Eastern Economic Review

Foreign Affairs

Formosagram

Ilha Formosa

Independent Formosa

The Nation

The New Republic

The New York Times

The Washington Posts

Los Angeles Times

Chicago Sun Times

三、史料彙編

中央研究院近代史研究所編，《二二八事件資料選輯
（六）》。台北：編者，1997 年。

中國國民黨中央委員會第三組印行，《四十二年度的海外黨
務》。台北：編者，1954 年。

中國國民黨中央委員會第三組編印，《四十六年海外黨務上
篇》。台北：編者，不詳。

李祖基編，《「二二八」事件報刊資料彙編》。台北：海峽學
術，2007 年。

周美華編，《戰後台灣政治案件：陳中統案史料彙編》。台
北：國史館，2008 年。

林元輝編註，《二二八事件台灣本地新聞史料彙編（第一
冊）》。台北：二二八基金會，2009 年。

張炎憲、沈亮編，《梅心怡 Lynn Miles 人權相關書信集 2——
跨國人權救援的開端 1968-1974》。台北：吳三連台灣史
料基金會，2009 年。

張敬果主編，《中華民國少年、青少年、青年棒球發展史
實》。台北：不詳，1983 年。

劉維開編，《中國國民黨職名錄》。台北：國民黨黨史會，
　　1994 年。

魏永竹、李宣峰主編，《二二八事件文獻補錄》。南投：台灣
　　省文獻委員會，1994 年。

蘇瑤崇編，《葛超智先生相關書信集（上）》。台北：台北
　　二二八紀念館，2000 年。

四、個人傳記、回憶錄、口述訪談、文集

川田泰代，《良心の囚人：陳玉璽小伝》。東京都：亜紀書
　　房，1972 年。

王泰和等著，李天福編，《自由的呼喚：台美人的心聲》。台
　　北：前衛出版社，2000 年。

王能祥、張文隆，《前進 D.C.：國會外交的開拓者 - 王能祥
　　八十回憶暨台灣前途文集》。台北：遠景，2012 年。

王康陸文教基金會編，《王康陸博士紀念文集》。台北：編
　　者，1995 年。

王貴全辦公室編，《黑名單現場報導》。台北：自立晚報，
　　1991 年。

史明口述史訪談小組，《史明口述史》。台北：行人文化實驗
　　室，2013 年。

朱昭陽口述，吳君瑩記錄，林忠勝撰述，《朱昭陽回憶錄：風
　　雨延平出清流》。台北：前衛出版社，1994 年。

宋重陽，《台灣獨立運動私記：三十五年之夢》。台北：前衛
　　出版社，1996 年。

李天福編，《自由的呼喚》。台北：前衛出版社，2000 年。

邵玉銘，《保釣風雲錄：一九七〇年代保衛釣魚台運動知識分
　　子之激情、分裂、抉擇》。台北，聯經文化出版事業有限

公司，2013 年。

邵玉銘主編，《風雲的年代：保釣運動及留學生生涯之回憶》。台北：聯經文化出版事業有限公司，1990 年。

唐培禮（Milo Thornberry）著，賴秀如譯，《撲火飛蛾：一個美國傳教士親歷的台灣白色恐怖》。台北：允晨文化，2011 年。

張炎憲、胡慧玲、曾秋美，《台灣獨立運動的先聲：台灣共和國》（上冊），台北：吳三連台灣史料基金會，2000 年。

張炎憲、曾秋美、沈亮訪問，《青春·逐夢·台灣國系列 2：掖種》。台北：吳三連台灣史料基金會，2010 年。

張炎憲、曾秋美、沈亮訪問，《青春·逐夢·台灣國系列 3：發芽》。台北：吳三連台灣史料基金會，2010 年。

張炎憲、沈亮主編，《青春·逐夢·台灣國系列 6：釘根》。台北：吳三連台灣史料基金會，2013 年。

張炎憲、曾秋美主編，《一門留美學生的建國故事》。台北：吳三連台灣史料基金會，2009 年。

張超英口述，陳柔縉執筆，《宮前町九十番地》。台北：時報文化，2006 年。

張燦鍙，《八千哩路自由長征：海外台灣建國運動二十個小故事》。台北：前衛出版社，2006 年。

盛竹如，《螢光幕前：盛竹如電視生涯回憶錄》。台北：新新聞文化事業，1995 年。

莊秋雄，《海外遊子台獨夢》。台北：前衛出版社，1993 年。

許世楷、盧千惠著，邱慎、陳靜慧譯，《台灣：新生的國家》。台北：玉山社，2011 年。

陳中統，《生命的關懷》。台北：印刻文學，2010 年。

陳唐山，《定根台灣陳唐山》。台北：前衛出版社，1993 年。

陳榮成，《我所知道的四二四事件內情》。台北：前衛出版社，2014 年。

陳婉真，《啊！黑名單》。台北：前衛出版社，1991 年。

陳逸松口述，吳君瑩記錄，林忠勝撰述，《陳逸松回憶錄：太陽旗下風滿台》。台北：前衛出版社，1994 年。

陳儀深訪問，林東璟等紀錄，《海外台獨運動相關人物口述史續篇》。台北：中央研究院近代史研究所，2012 年。

陳儀深訪問，簡佳慧等紀錄，《海外台獨運動相關人物口述史》。台北：中央研究院近代史研究所，2009 年。

彭明敏，《自由的滋味》。台北：李敖，1991 年。

彭明敏，《逃亡》。台北：玉山社，2009 年。

曾品滄、許瑞浩訪問，曾品滄記錄整理，《一九六〇年代的獨立運動：全國青年團結促進會事件訪談錄》。台北：國史館，2004 年。

黃昭堂口述，張炎憲、陳美蓉採訪整理，《建國舵手黃昭堂》。台北：吳三連台灣史料基金會，2012 年。

黃界清編著，《1980 年代史明與《台灣大眾》政論選輯》。台北：台灣教授協會，2010 年。

黃紀男口述，黃玲珠執筆，《《老牌台獨》：黃紀男泣血夢迴錄》。台北：獨家，1991 年。

黃嘉光、王康陸、陳正修編，《海外台獨運動三十年：張燦鍙選集（上）》。台北：前衛出版社，1991 年。

黃嘉光、王康陸、陳正修編，《海外台獨運動三十年：張燦鍙選集（下）》。台北：前衛出版社，1991 年。

愛盟編著，《愛盟保釣：風雲歲月四十年》。台北：風雲時代，2011 年。

楊憲宏主編，《Pianissimo：張繼高與吳心柳》。台北：允晨

文化，1996 年。

劉寬平，《遊子傷飄泊：台美紳士劉寬平回憶錄》。台北：典藏世家創意文化，2010 年。

歐素瑛、林正慧、黃翔瑜訪問記錄，《海外黑名單相關人物訪談錄》。台北：國史館，2014 年。

蔡同榮，《我要回去》。高雄：敦理，1991 年。

蔡同榮，《顧台灣》。台北：民視文教基金會，2010 年。

鄭欽仁口述，薛化元、潘光哲、劉季倫訪問，《鄭欽仁先生訪談錄》。台北：國史館，2004 年。

謝小岑、劉容生、王智明主編，《啟蒙、狂飆、反思：保釣運動四十年》。新竹：清華大學，2010 年。

蘇振明，《衝突與挑戰：史明的生命故事》。台北：草根文化，2011 年。

五、專書

Geoffroy, Claude 著，黃發典譯，《台灣獨立運動：起源及 1945 年以後的發展》。台北：前衛出版社，1997 年。

王景弘，《第三隻眼看二二八》。台北：玉山社，2002 年。

史明，《台湾人四百年史—秘められた植民地解放の一断面》。東京都：音羽書房，1962 年。

任孝琦，《有愛無悔：保釣風雲與愛盟故事》。台北：風雲時代，1997 年。

行政院研究二二八事件小組，《二二八事件研究報告》。台北：時報文化，1994 年。

吳振南，《世界平和は台湾独立から》。東京都：台灣民報社，發行年份不詳。

李世傑，《台灣共和國臨時政府大統領廖文毅投降始末》。台北：自由時代，1988 年。

李逢春等，《風起雲湧：北美洲台灣獨立運動之發展》。Kearny，N.J.：世界台灣獨立聯盟，1985 年。

李筱峰，《島嶼新胎記》。台北：自立晚報，1993 年。

孟峻瑋等，《旋動歲月：台灣棒球百年史》。台北：中華民國棒球協會，2006 年。

張炎憲、曾秋美、陳朝海編著，《自覺與認同：1950-1990 年海外台灣人運動專輯》。台北：吳三連台灣史料基金會，2005 年。

張炎憲等，《二二八事件責任歸屬研究報告》。台北：二二八事件紀念基金會，2006 年。

陳佳宏，《台灣獨立運動史》。台北：玉山社，2006 年。

陳佳宏，《海外台獨運動史》。台北：前衛出版社，1998 年。

陳佳宏，《鳳去台空江自流——從殖民到戒嚴的台灣主體性探究》。台北：博揚文化，2010 年。

陳芳明編，《二二八事件學術論文集：台灣人國殤事件的歷史回顧》。台北：前衛出版社，1988 年。

陳隆志，《台灣的獨立與建國》。美國：耶魯大學法學院，1971 年。

陳銘城，《海外台獨運動四十年》。台北：自立晚報，1992 年。

陳銘城、施正鋒主編，《台灣獨立建國聯盟的故事》。台北：前衛出版社，2000 年。

陳慶立，《廖文毅的理想國》。台北：玉山社，2014 年。

曾健民編著，《一九四五光復新聲：台灣光復詩文集》。台北：印刻，2005 年。

葛超智（George H. Kerr）著，陳榮成翻譯，《被出賣的台灣》。台北：前衛出版社，1991 年。

廖文毅，《台湾民本主義》。東京都：台湾民報社，1956 年。

謝仕淵、謝佳芬，《台灣棒球一百年》。台北：城邦文化，2003 年。

簡文介，《台湾の独立》。東京都：有紀書房，1962 年。

楊遠薰，《咱的故事：16 對海外台灣人夫妻的人生》。台北：望春風文化事業股份有限公司，2001 年。

Chen, Lung-Chu（陳隆志）, and Lasswell, Harold D. *Formosa, China, and the United Nations: Formosa in the World Community*. New York: St. Martin's Press, 1967.

Chiu, Hungdah（丘宏達）, ed. *China and the Question of Taiwan: Document and Analysis*. New York: Praeger,1973.

Mendel, Douglas. *The Politics of Formosan Nationalism*. Berkeley: University of California Press, 1970.

Morello, Frank P. *The International Legal Status of Formosa*. The Hague: Martinus Nijhoff, 1966.

Morris, Andrew D. *Colonial Project, National Game: A History of Baseball in Taiwan*. Berkeley: University of California Press, 2010.

Wang, Mei-ling T. *The Dust that Never Settles: the Taiwan Independence Campaign and U.S.-China Relations*. Lanham: University Press of America, 1999.

Yu, Junwei. *Playing in Isolation: A History of Baseball in Taiwan*. Lincoln: University of Nebraska Press, 2007.

六、會議、期刊、專書論文

王景弘，〈美國外交檔案中的「彭明敏案」〉，收入彭明敏，《自由的滋味》。台北：玉山社，2009 年。

吳叡人，〈祖國的辯證：廖文奎（1905-1952）台灣民族主義思想初探〉，《思與言》，第 37 卷第 3 期（1999 年 9 月）。

李喬，〈「二二八」在台灣人精神史的意義〉，收入張炎憲、陳美蓉、楊雅慧編，《二二八事件研究論文集》。台北：吳三連台灣史料基金會，1998 年。

李筱峰，〈從《民報》看戰後初期台灣的政經與社會〉，《台灣史料研究》，第 8 號（1996 年 12 月）。

侯坤宏，〈1970 年彭明敏逃出台灣之後〉，收入彭明敏，《逃亡》。台北：玉山社，2009 年。

柳金財，〈台獨論述理論的建構：以史明、彭明敏、黃昭堂及陳隆志為中心的探討〉，收入胡健國編，《二十世紀台灣歷史與人物：第六屆中華民國史專題論文集》。台北：國史館，2002 年。

柳金財，〈國府遷台以來反對勢力台獨論述的形成、理論建構與轉型〉，《台灣史料研究》，第 17 號（2001 年 5 月）。

倪仲俊，〈國技的重量——一九六○年代末期少棒熱相關報紙新聞論述中的國族主義話語初探〉，《通識研究季刊》，第 15 期（2009 年 6 月）。

張文琪，〈海外台灣人運動刊物介紹——其涵蓋的意義及所反應的歷史條件〉，《台灣史料研究》，第 16 號（2000 年 12 月）。

張炎憲，〈戰後初期台獨主張產生原因的探討：以廖家兄弟為
　　例〉，收入陳琰玉、胡慧玲編，《二二八學術討論會論文
　　集（1991）》。台北：二二八民間研究小組，1992 年。

許文堂，〈建交與斷交：1964 年台北、巴黎、北京的角力〉，
　　收入黃翔瑜執行編輯，《戰後檔案與歷史研究：第九屆中
　　華民國史專題論文集》。台北：國史館，2008 年。

許建榮，〈國府統治時期對海外留學生的監控——以美國為
　　例〉，收入張炎憲、陳美蓉主編，《戒嚴時期白色恐怖與
　　轉型正義論文集》。台北：吳三連台灣史料基金會，2009
　　年。

許維德，〈發自異域的另類聲響：戰後海外台獨運動相關刊物
　　初探〉，《台灣史料研究》，第 17 號（2001 年 5 月）。

許維德，〈評陳佳宏著《台灣獨立運動史》〉，《台灣國際研
　　究季刊》，第 3 卷第 3 期（2007 年 9 月）。

許瓊丰，〈戰後日本的台灣獨立運動：以廖文毅及其台灣共和
　　國臨時政府為中心〉，發表於中央研究院台灣史研究所主
　　辦，「台灣人的海外活動國際學術研討會」（2011 年 8 月
　　25 日至 26 日）。

陳正茂，〈戰後臺獨運動先驅：廖文毅與「台灣再解放聯盟」
　　初探〉，《台北城市大學學報》，第 35 期（2012 年 5
　　月）。

陳佳宏，〈解嚴前後台獨運動之匯聚〉，《台灣風物》，第 58
　　卷第 4 期（2007 年 12 月）。

陳昱齊，〈一九六〇年代美國大學校園中的「台獨」活動〉，
　　收入國立政治大學圖書館數位典藏組編，《左翼‧民
　　族》。台北：國立政治大學圖書館，2013 年。

陳美蓉，〈國府統治時期對海外留學生的監控：以日本為

例〉，收入張炎憲、陳美蓉主編，《戒嚴時期白色恐怖與轉型正義論文集》。台北：吳三連台灣史料基金會，2009年。

陳翠蓮，〈去殖民與再殖民的對抗：以一九四六年「台人奴化」論戰為焦點〉，《台灣史研究》，第9卷第2期（2002年12月）。

陳儀深，〈1970年刺蔣案：以外交部檔案為主的研究〉，收入黃翔瑜執行編輯，《戰後檔案與歷史研究：第九屆中華民國史專題論文集》。台北：國史館，2008年。

陳儀深，〈台獨主張的起源與流變〉，《台灣史研究》，第17卷第2期（2010年6月）。

陳儀深，〈彭明敏與海外台獨運動（1964-1972）——從外交部檔案看到的面向〉，收入薛月順執行編輯，《台灣1950-1960年代的歷史省思：第八屆中華民國史專題論文集》。台北：國史館，2007年。

陳慶立，〈廖文毅在日臺獨活動與國民黨政府的對策〉，《台灣風物》，第63卷第2期（2013年6月）。

湯熙勇，〈戰後台灣駐美外交人員對留美學人學生的態度〉，收入李又寧編，《華族留美史：160年的學習與成就論文集》。紐約：天外，2009年。

黃富三，〈戰後在日台人之政治活動：以林獻堂、廖文毅為中心〉，2004年度財團法人日台交流中心歷史研究者交流事業報告書。2005年6月。

蔡景仁，〈威斯康辛大學「台灣問題研究會」的來龍去脈〉，《台灣史料研究》，第18號（2002年3月）。

藍適齊，〈再討論戰後海外台獨運動相關刊物及「海外台灣人史」〉，《台灣史料研究》，第18號（2002年3月）。

嚴婉玲、陳翠蓮，〈1960 年代政治反對人士強制遣返政策初
　　探：以柳文卿案為中心〉，收入黃翔瑜執行編輯，《戰後
　　檔案與歷史研究：第九屆中華民國史專題論文集》。台
　　北：國史館，2008 年。

蘇瑤崇，〈葛超智（George H. Kerr）、託管論與二二八事
　　件之關係〉，《國史館學術集刊》，第 4 期（2004 年 9
　　月）。

Shu, Wei-der (許維德), "Who Joined the Clandestine Political Orga-
　　nization?: Some Preliminary Evidence from Overseas Taiwan
　　Independence Movement." In Corcuff, Stephane, ed. *Memories
　　of the Future: National Identity Issues and the Search for a New
　　Taiwan. Armonk*, New York: M.E. Sharpe, 2002.

Chen, Lung-Chu (陳隆志), Richard M. Goodman, William P. Bundy,
　　"Chinese Participation In The United Nations: The Imperatives of
　　a Negotiated Settlement," *The American Journal of International
　　Law*, 65:4 (Sep., 1971).

Chen, Lung-Chu (陳隆志) and W.M.Reisman, "Who Owns Taiwan:
　　A Search for International Title," *The Yale Law Journal*, 81:4
　　(Mar., 1972).

七、學位論文

吳任博，〈中華民國政府與駐外人員的折衝：以一九七一年前
　　後留美學界保釣運動為中心〉，台北：台灣師範大學歷史
　　學系碩士論文，2011 年。

吳純嘉，〈人民導報研究（1946-1947）──兼論起反映出的
　　戰後初期台灣政治、經濟與社會文化變遷〉，桃園：中央
　　大學歷史研究所碩士論文，1999 年。

吳錦煊，〈「世界台灣獨立聯盟」組織發展與實力分析〉，桃園：中央警察大學警政研究所碩士論文，1985年。

陳欣欣，〈廖文毅與「台灣共和國臨時政府」〉，台北：淡江大學公共行政學系公共政策碩士論文，2006年。

彭佩琪，〈國民黨政府在美僑社的僑務工作（1949-1960）〉，台北：台灣師範大學歷史學系碩士論文，2009年。

曾咨翔，〈台灣國際地位與中國流亡政府〉，台北：政治大學台灣史研究所碩士論文，2010年。

葉川睿，〈中國國民黨海外黨務發展（1950-1962）〉，南投：暨南大學歷史學系研究所碩士論文，2011年。

劉冠麟，〈1960年代前期中華民國對日外交之研究〉，台北：台灣師範大學歷史學系碩士論文，2010年。

劉偉君，〈敘事與台灣棒球文化的記憶建構（1945-2006）〉，台北：中國文化大學史學研究所碩士論文，2007年。

蔡佳真，〈二二八事件後之海外台獨運動1947-1970〉，台中：東海大學歷史所碩士論文，2005年。

嚴婉玲，〈1960年代《台灣青年》的民族主義論述〉，台北：政治大學台灣史研究所碩士論文，2010年。

楊欽堯，〈二二八事件前後廖文毅思想轉變之研究〉，台中：中興大學歷史學系研究所博士論文，2013年。

Shu, Wei-der (許維德), "Transforming National Identity in the Diaspora: An Identity Formation Approach to Biographies of Activists Affiliated with the Taiwan Independence Movement in the United States." Ph.D. dissertation, Syracuse University, 2005.

Tang, Kuo-Yang, "The formation and decline of the Taiwan independence organization in the United States of America 1950's-1990's: A case study of social organization." MA thesis. University of Missouri - Columbia, 2005.

索　引

臺灣史研究論叢（18）

中華民國政府對海外臺灣獨立運動之因應──以美國爲中心（1956-1972）

發 行 人：呂芳上
作　　者：陳昱齊
出版機關：國史館
　地址：臺北市中正區長沙街 1 段 2 號
　網址：http://www.drnh.gov.tw
　電話：（02）2316-1000
　郵撥帳號：15195213
封面封底設計：林冠瑜
設計美編印刷：捷騰數位科技有限公司
　地址：臺北市大安區和平東路 1 段 8 號 5 樓
　電話：（02）2368-5353
初版一刷：2015 年 12 月
定　　價：新臺幣 400 元
~~~~~~~~~~~~~~~~~~~~~~~~~~~~~~~~~~
GPN：1010402978
ISBN：9789860472707（精裝）

展售處：

國史館

地址：臺北市中正區長沙街 1 段 2 號

電話：（02）2316-1071

網址：http://www.drnh.gov.tw

國家書店松江門市

地址：臺北市中山區松江路 209 號 1 樓

電話：（02）2518-0207

網址：http://www.govbooks.com.tw

五南文化廣場（發行中心）

地址：臺中市中區中山路 6 號

電話：（04）2226-0330

網址：http://www.wunan.com.tw

國家圖書館出版品預行編目（CIP）資料

中華民國政府對海外臺灣獨立運動之因應：以美
國為中心. 1956-1972 / 陳昱齊作.

-- 初版. -- 臺北市：國史館, 2015.12

面；　公分. --（臺灣史研究論叢；18）

ISBN 978-986-04-7270-7（精裝）

1. 中華民國史 2. 臺灣史 3. 臺灣獨立運動

733.2928　　　　　　　　　　　104027137